JN098504

現代保険法・海商法

岡田豊基
Okada Toyoki

中央経済社

序　文

　21世紀は20年を迎え，元号が平成から令和に変わった。このような時代の変化に伴い，個々人の意識が変わっているだけでなく，社会環境が大きく変わっている。すなわち，わが国が直面している少子化・高齢化，地球規模で起こっている異常気象現象，AI（人工知能）の急激な進化，外国との間の輸出入量の増大などに対して，我々は迅速かつ的確な対応が求められている。

　保険の分野についてみると，自動運転の自動車が事故を起こした場合，被害者に対して責任を負う者を明らかにしなければならない。台風や暴風雨といった巨大な自然災害に対して，家庭・企業では損害保険が不可欠であるし，高齢化に対して，生命保険・傷害保険・疾病保険が不可欠である。一方，海上運送の分野についてみると，海に囲まれているわが国では，輸出入量の増大に対応する海上運送の役割が増している。このような状況下にあっては，これらの変化に対応できる知識の修得や能力の向上に資する「保険法」および「海商法」の学修の意義がますます高まっていると言える。

　平成30年（2018年）5月18日，「商法及び国際海上物品運送法の一部を改正する法律」（平成30年法律第29号）が成立し，平成31年（2019年）4月1日に施行された。商法（明治32年法律第48号）のうち「運送営業」（第2編第8章）等の「商行為」（第2編）および「海商」（第3編）については，商法が明治32年（1899年）に制定されて以来，見直しがほとんどされていなかったが，今回の改正によって，運送・海商法制の現代化が図られるとともに，商法の表記が平仮名・口語体に改められた。さらに，令和元年（2019年）年5月24日，「船舶油濁損害賠償保障法の一部を改正する法律」（令和元年法律第18号）が成立し，令和2年（2020年）3月1日に施行された。また，これらの改正に先立ち，平成22年（2010年）4月1日，保険法（平成20年法律第56号）が商法から独立した単行法として施行された。

　これらの制定および改正を機に，「保険法」および「海商法（商法第3編）」について，本書を上梓することとした。本書は「保険法」および「海商法」を中心に，それぞれの規定を通説・判例に基づいて解説している。

　法学部では，「保険法」と「海商法」を独立して開講する場合や，「保険法・海商法」として開講する場合がある。本書は，大学の講義を念頭において，1

回（1コマ）の講義で7頁から8頁を講述できるように設定し，「保険法」および「海商法」をそれぞれ15回で講義できるようにしている。また，「保険法・海商法」を15回で講義する場合には，担当者の判断に従って柔軟に対応できるようにしている。

　本書を作成するにあたっては，＜参考文献＞に明記している研究書および教科書等を参考にしたが，参照箇所等は明示していない。なかでも，栗田和彦教授，山野嘉朗教授および箱井崇史教授のご労作から多大かつ貴重なご教授をいただいた。深く感謝申し上げる。なお，お三方のご労作を必ずしも正しく理解しているとは言えない表現等については，筆者の責任であるということは言うまでもない。

　本書の刊行にあたっては，中央経済社・露本敦氏に格別のご指導とご高配を頂戴した。改めて心から御礼申し上げる次第である。

　令和2年3月
　　神戸港を目の前にする研究室にて　　　　　　　　　　著　　者

目　次

第1編　保険法

第2編　海 商 法

＜参考文献＞

【保険・海商法】

　山野嘉朗編著『現代保険・海商法30講（第9版）』（中央経済社・2013年）

【保険法】

　山下友信『保険法』（有斐閣・2005年）

　甘利公人＝福田弥夫＝遠山聡『ポイントレクチャー保険法』（有斐閣・2017年）

　岡田豊基『現代保険法（第2版）』（中央経済社・2017年）

　潘阿憲『保険法概説（第2版）』（中央経済社・2018年）

　山下友信『保険法（上)』（有斐閣・2018年）

　金澤理『保険法』（成文堂・2018年）

　山下典孝編『保険法』（法律文化社・2019年）

　山下友信＝竹濱修＝洲崎博史＝山本哲生『保険法（第4版）』（有斐閣・2019年）

　宮島司編著『逐条解説　保険法』（弘文堂・2019年）

【海商法】

　栗田和彦『海商法講義』（関西大学出版部・1996年）

　中村眞澄＝箱井崇史『海商法（第2版)』（成文堂・2013年）

　淺木愼一『商法学通論（補巻Ⅱ）新運送法』（信山社・2018年）

　箱井崇史『現代海商法（第3版）』（成文堂・2018年）

　松井信憲＝大野晃宏編著『一問一答・平成30年商法改正』（商事法務・2018年）

　「運送法・海商法改正に向けた動き」法律時報1122号・2018年3月

　「商法（運送・海商関係）等の改正」ジュリスト1524号・2018年10月

　中出哲『海上保険』（有斐閣・2019年）

　小林登『定期傭船契約論』（信山社・2019年）

＜法令名・条約名・約款名略語＞

各編では，保険法（第1編）・商法（第2編）は条数のみとする。

再出の法令の制定年については，ここに明示し，それ以外は本文に明示する。

海運	海上運送法（昭和24年法律第187号）
会	会社法（平成17年法律第86号）
改正前商法	保険法制定前及び商法改正前の商法
規則	ヨーク・アントワープ規則（1994年）
救助	海難ニ於ケル救助救援ニ付テノ若干ノ規定ノ統一ニ関スル条約（海難救助統一条約）（大正3年条約第2号）
金販	金融商品の販売等に関する法律（金融商品販売法）（平成12年法律第101号）
刑	刑法（明治40年法律第45号）
原賠	原子力損害の賠償に関する法律（昭和36年法律第147号）
憲	日本国憲法（昭和21年憲法）

港則	港則法（昭和23年法律第174号）
戸籍	戸籍法（昭和22年法律第224号）
国海	国際海上物品運送法（昭和32年法律第172号）
自賠	自動車損害賠償保障法（昭和30年法律第97号）
商	商法（明治32年法律第48号）
消契	消費者契約法（平成12年法律第61号）
衝突	船舶衝突ニ付テノ若干ノ規定ノ統一ニ関スル条約（衝突統一条約） （大正3年条約第1号）
船員	船員法（昭和22年法律第100号）
船責	船主責任制限法（昭和50年法律第94号）
船職	船舶職員及び小型船舶操縦者法（昭和26年法律第149号）
船舶	船舶法（明治32年法律第46号）
船舶細	船舶法施行細則（明治32年通信省令第24号）
船舶登令	船舶登記令（平成17年政令第11号）
仲裁	仲裁法（平成15年法律第138号）
保	保険法（平成17年法律第56号）
保業	保険業法（平成7年法律第105号）
保業規	保険業法施行規則（平成8年大蔵省令第5号）
水先	水先法（昭和24年法律第121号）
民	民法（明治29年法律第89号）
民執	民事執行法（昭和54年法律第4号）
民全	民事保全法（平成元年法律第91号）
民訴	民事訴訟法（平成8年法律第109号）
民調	民事調停法（昭和26年法律第222号）
油濁	船舶油濁損害賠償保障法（昭和50年法律第95号）

＜約款・定款の略称＞

運送	運送保険普通保険約款
価協	価額協定保険特約条項
貨海	貨物海上保険普通保険約款
住総	住宅総合保険普通保険約款
自（賠責）	自動車総合保険普通保険約款（賠償責任条項）
自（車両）	自動車総合保険普通保険約款（車両条項）
自（人身傷害）	自動車総合保険普通保険約款（人身傷害条項）
自（基本）	自動車総合保険普通保険約款（基本条項）
自（一般）	自動車総合保険普通保険約款（一般条項）
船舶約	船舶保険普通保険約款
定款	日本船主責任相互保険組合定款
抵特	抵当権者特約条項

動総	動産総合保険普通保険約款
債保	債権保全保険普通保険約款
傷	普通傷害保険普通保険約款

（以上，標準約款）

医療	医療特約条項（平成11）
災割	災害割増特約条項（平成11）
終身	有配当終身保険（平成11）普通保険約款
新傷特	新傷害特約（平成11）
疾障特	疾病障害補償定期保険特約（平成11）
総医特	総合医療特約（平成20）

（以上，日本生命保険相互会社）

＜判例の表記等＞

刑集	最高裁判所刑事判例集
集民	最高裁判所裁判集民事
民集	最高裁判所民事判例集
裁時	裁判所時報
判全	大審院判決全集
民録	大審院民事判決録
判時	判例時報
判タ	判例タイムズ
労判	労働判例
労民	労働関係民事裁判例集
新聞	法律新聞
下民集	下級裁判所民事裁判例集

＜判例百選＞

各編では「保百選○○」「商百選○○」と引用する。

【保険法】
　保険法判例百選

【海商法】
　商法判例百選

第 1 編

保 険 法

第1章
保険制度・保険法の法源

第1節　保険制度

1　危険への対応策

　住宅の所有者は自宅が焼失する危険（リスク）を有する。すなわち，自宅が焼失すると，財産の減少という経済的損害を被り，再建費用の調達などの経済的負担が生じるので，このような危険への対応策が必要となる。対応策には，予防策や鎮圧策があるが，再建費用の調達のように損害発生後の善後策が重要である。経済的な善後策には，公的支援と個別的準備（貯蓄・保険等）がある。個別的準備のうち，貯蓄は，予定しているでき事に備える対策としては有効であるが，火災のように，発生の可否・時期・損害額等が不確実・不明確な偶発的なでき事には有効とはいえない。これに対して，保険に加入した後に自宅が焼失した場合，保険会社から受け取る保険金を自宅の再建費用に使うことで経済的負担を軽減できるので，保険は偶発的なでき事に対応することができる。

2　経済的制度としての保険の原則

（1）大数の法則

　火災，自動車事故，死亡等のでき事は，個々の家庭や企業については偶然・不測のでき事であるが，同じ危険を有する多数の者についてみれば，発生する割合（事故率）はほぼ一定である。この割合は，大量の観察（過去の統計からの予測）が可能であり，その数が大きいほど，数値が安定する（大数の法則）。

（2）給付反対給付均等の原則

　保険では，危険（事故の発生の可能性）を有する者は，所定の金銭（保険料）を支払っておけば，危険を転嫁した相手から所定の金銭（保険金）を受け取ることができる。保険料の額は，危険を有する者について，危険が実現するでき事が発生したことによって保険金を支払う可能性（事故率）と，危険の規模に応じて決まる（給付反対給付均等の原則）。

（3）共通準備財産の形成（収支相等の原則）

　保険は，同じ危険を有する多数の者が加入し，保険料を支払い，保険料が共通準備財産として積み立てられ，保険加入者全員の危険に対応するように管理される。保険には団体性（危険団体）があり，保険加入者が支払う保険料の総額（収入）と，事故が発生したことで危険が具体化した人が受け取る保険金の総額（支出）とが等しくなる（収支相等の原則）。

3　保険の定義

　保険では，危険が具体化した人について，共通準備財産に保険料を拠出した者が全員で負担するので，保険は，家計や企業が有する個別危険を多数の者で分散する制度（リスク・シェアリング）である。したがって，保険とは，火災，自動車事故，死亡，将来の生活などという危険を有する人たちが，少額の金銭（保険料）を拠出して共通準備財産を形成しておき，火災等の事故が発生し，危険が具体化した人に対して，共通準備財産から必要な金銭（保険金）を所定の条件に従って払う制度である。

4　保険の類型

（1）経済的見地を基準とする類型（公保険・私保険）

　保険を最も広い枠組みで分類すれば，公保険（国・地方公共団体が引受主体となって特別法に基づき公的政策を実現する保険）と私保険（私経済的見地から運営される保険）に分かれる。公保険には，社会保険と産業保険があり，特徴として，保険の運営主体の公的性格，国・地方公共団体からの財政資金の補助・助成，強制加入，法律に基づく保険関係の成立などがある。本書が対象とする私保険とは，私人間の私的自治の原則に基づく保険であり，経営主体も保険会社その他の私法人等で，加入は原則として任意である。「自動車損害賠償保障法」に基づく自動車損害賠償責任保険（自賠責保険）は，保険会社・協同組合などが引き受ける私保険であるが，自動車保有者はこの保険に加入する義務を負うことから（自賠4条），公保険の性格が強い。これに対して，郵便局で加入できる簡易生命保険（かんぽ生命）は，国営の小口無審査の保険として創設されたことから，社会政策的色彩が濃い公保険といえるが，私保険の性格が強い。

（2）保険契約の内容を基準とする類型（私保険の基本類型）

（i）　損害保険・定額保険

　給付方法で分類すれば，損害保険（損害てん補型保険）（2条1号・6号・7号）と，定額保険（定額給付型保険）（2条1号・8号・9号）に分かれる。

（ⅱ）物保険（財産保険）・人保険

　保険事故の発生する対象（客体）で分類すれば，物保険（財産保険）と人保険に分かれる。

（ⅲ）損害保険・生命保険・傷害疾病保険（第三分野の保険）

　保険法では，損害保険契約，生命保険契約，傷害疾病保険契約（2条），保険業法では，損害保険，生命保険，第三分野の保険（傷害保険・疾病保険・介護保険）（保業3条）に分類される。

（3）保険が行われる目的を基準とする類型

（ⅰ）企業保険・家計保険（消費者保険）

　保険に加入する経済主体で分類すれば，企業保険と家計保険（消費者保険）に分かれる。

（ⅱ）強制保険・任意保険

　法律で保険への加入が強制されている強制保険には，自動車損害賠償責任保険（自賠5条），原子力損害賠償責任保険（原賠6条〜7条の2）などがある。

（ⅲ）保障型（的）保険・貯蓄型（的）保険

　保険給付（保険金の支払等）の態様の違いで分類すれば，保障型（的）保険（保険期間中に保険事故が発生しない場合には，保険契約は終了し，保険料の支払に対して，保険者から具体的な給付がなされない保険）と，貯蓄型（的）保険（生存保険では，保険期間の満了時に被保険者が生存していれば，満期保険金が支払われるので，貯蓄と同じ結果となる）に分かれる。

（4）その他の類型

（ⅰ）営利保険・相互保険

　保険団体形成の目的・方式等の違いで分類すれば，営利保険と相互保険（保険契約者が構成員となり，相互に保険を行うことを目的として設立された相互会社〔保業2条5項・6条1項〕が保険者として引き受ける保険）に分かれる。

（ⅱ）元受保険・再保険

　元受保険とは，保険者（元受保険者）が引き受けた保険をいい，元受保険者が，引き受けた保険における保険給付に備えて，その保険の給付について他の保険者（再保険者）に保険に付することがあるが，この保険を再保険という。再保険は保険の保険である。

（ⅲ）海上保険・航空保険・陸上保険

　保険事故が発生する場所で分類すれば，海上保険（商815条1項），航空保険，

陸上保険（これら以外の保険）に分かれる。

（ⅳ）積極保険・消極保険

　保険加入者側が被った損害の違いで分類すれば，積極保険（保険加入者側の有する有体財に生じる損害について保険給付がなされる保険）と消極保険（保険加入者側が自己の責任によって他人に生じた損害を賠償する責任を負うことについて保険給付がされる保険〔責任保険等〕）がある。

5　保険の機能・構造の理解

　経済主体が金融商品（預貯金，証券，保険等）を販売する場合，商品や経済主体に適用される法律を確定するために，保険を他の金融商品（預貯金，証券等）と区別する必要がある。この場合，保険の機能（保険の効果）を明らかにすることで区別しようとする立場がある。これに対して，近時，保険の構造を示すことで区別しようとする立場が有力である。これによると，保険は，危険に対応する手段として，集団内の危険を平均化することで偶然の事故に対応するための経済的準備であり，保険加入者が拠出する保険料で共通準備財産を形成し，保険者の引き受けた危険は複数の保険者が共同して引き受ける共同保険や再保険等の方法により分散されると解される。

6　保険類似制度

（1）貯蓄・賭博

　貯蓄と保険は経済的準備制度である点で共通するが，貯蓄は，特定または不特定の事柄に備えるもので，単独の経済主体で構成する個別的な経済準備であるのに対して，保険は，特定の偶然のでき事（事故）に備えるもので，多数の経済主体を必要とする集団的な経済準備である点において貯蓄と異なる。

　賭博と保険は射倖性を持つ点で保険と類似するが，賭博は，偶然のでき事の発生に起因して金銭等を給付することから，拠出するだけの場合には，経済生活の不安定を助長するおそれがあるのに対して，保険は，偶然のでき事の発生について経済生活の安定を確保することを目的とする点において賭博と異なる。

（2）共　　済

　共済とは，地域や職業等を同じくする者が団体（共済組合〔共済者〕等）を形成して組合員となり，組合員が所定の金銭（掛金）を支払って共通準備財産を形成し，危険が具体化した組合員に対して，所定の金銭（共済金）を支払う相互救済制度をいう。保険と共済は，組合員の危険が共済者に移転することで，組合員の中で危険を分散する点において類似するが，共済は，組合員という特

定の者の危険を引き受ける（保険：不特定の者の危険を引き受ける），主務官庁が，農林水産省，厚生労働省等の場合がある（保険：金融庁），共済組合等が火災共済，自動車共済および生命共済を同時に営んでいる（保険：損害保険業と生命保険業の兼営禁止〔保業3条3項〕）などにおいて，保険と異なる。しかし，共済は保険と類似する点を有することから，共済には，保険法（2条1号）および保険業法（保業272条〜272条の43）の規定が原則的に適用される。

（3）デリバティブ・オプション

デリバティブは，将来の給付が原資産の相場変動という偶然の事実に左右される点において保険と類似するが，一定の条件を満たせば損害の有無を問わず補償金が支払われる（保険：事故またはそれによる損害の発生が前提），危険の移転は双方向（保険：危険が相手方に一方的に移転）である点において異なる。

商品や証券等の現物資産を所定の期日・期間内に，所定価額（権利行使額）で，相手方から買い受ける権利（コール・オプション），または相手方に売りつける権利（プット・オプション）をオプションといい，この権利の売買をオプション取引という。保険はプット・オプションと同じ構造を有する。

第2節　保険法の法源

1　保険法の意義・特色
（1）保険法の意義

保険制度の根拠となる法律を保険法（広義の保険法）といい，保険の法源である。保険制度は，保険者・保険契約者を当事者とする保険契約を介して営まれるので，保険契約上，保険契約者等を保護することで，保険制度が円滑に運営されることが必要とされ，保険者および保険契約を規律する法律が必要である。

私保険に関する保険法として，保険契約法（行為法規・取引法規）と保険監督法（取締法規）がある。

（2）保険法の特色
（i）技術面における特色

保険法は，経済的制度である保険制度に関する法律なので，技術面において特色がある。保険契約法は，保険契約が射倖契約なので，保険契約者側に告知義務，危険の減少・増加等に関する法律効果を定め，保険監督法は，保険会社に対して，収受した保険料について，種々の準備金を積み立てたり，運用する

ことで，保険金の支払に備えるよう求めている。

（ii）国による監督規制

　保険監督法は保険業を営む保険会社を規律する法律であり，保険約款や保険料率について国による監督規制がなされている。

2　制定法・約款・慣習法

（1）保険契約法・1──保険法・商法

　保険契約法として，「保険法」（狭義の保険法。陸上保険契約），「商法」第3編海商第6章保険（商815条～841条。海上保険契約）がある。航空保険契約に関する制定法はなく，普通保険約款を介して引き受けられる。保険法によれば，保険に係る契約の成立，効力，履行および終了については，他の法令に定めるもののほか，保険法の定めるところによる（1条）。

（2）保険契約法・2──金融商品販売法

　金融商品の販売の中に保険契約の締結が含まれるので，「金融商品販売法」が適用される（金販1条，2条1項4号・2項～4項，3条～6条）。

（3）保険契約法・3──民法・消費者契約法・民事手続法

　保険契約に関して保険法・商法等に規定がない場合には，民法の規定が適用される。「消費者契約法」は，消費者が事業者との間で締結する消費者契約を巡る法律関係を規律するので（消契1条・2条），家計保険に適用される。「民事訴訟法」，「民事執行法」，「民事保全法」（平成元年法律第91号），「破産法」（平成16年法律第75号），「金融機関等の更生手続の特例等に関する法律」（平成8年法律第95号），「会社更生法」（平成14年法律第154号）等の倒産処理法が適用される。これら倒産処理法には保険契約に関する特則がある。

（4）保険契約法・4──保険業法（業法）

　保険会社の組織・業務を規律する法律である「保険業法」は取締法規であるが，保険募集人が保険募集につき保険契約者等に与えた損害をその者が所属する保険会社が賠償する旨を定めた規定（保業283条），クーリング・オフを定めた規定（保業309条）などは，保険契約法の法源になりうる。

（5）保険契約法・5──普通保険約款（約款）

（i）約款の意義・機能

　保険では，大量の保険契約（契約）を迅速・安全に処理する目的で普通保険約款（約款）を使用しており，約款が保険契約法の法源となる。約款は，当事者の権利義務，契約の存続期間等の条項や免責条項等で構成される。保険法の

規定は，片面的強行規定を除き，任意規定と解されるので，契約の当事者間では約款の規定が優先され，その解釈基準として保険法の規定が適用される。

（ⅱ）約款の法源性

保険契約者等が約款に従わなければならない法的な理由について，最高裁は，当事者双方が特に約款によらない旨の意思を表示しないで契約したときは，反証のない限り，その約款による意思をもって契約したものと推定される（意思推定理論）としている（大判大正4・12・24民録21輯2182頁〔保百選2〕）。

（ⅲ）約款規制

約款を使用する保険では，保険契約の相手方である消費者や小規模企業（保険契約者）は，保険会社（保険者）と比較して保険に関する知識や情報が少なく（情報の非対称性），交渉力においても格差があることから，これらの者を保護するための規制を必要とする。

（ア）行政的規制　保険約款は内閣総理大臣や主務大臣の認可や届出を要する（保業4条2項3号・123条1項等）。未認可の約款であっても，契約上の効力が認められることがある（最判昭和45・12・24民集24巻13号2187頁〔保百選3〕等）。

（イ）司法的規制　裁判所は，約款規定が取引の相手方にとって不利と判断するときには，信義誠実の原則（民1条2項）や衡平の原則などを根拠に約款規定の効力を制限的に解したり，否定することがある（最判昭和62・2・20民集41巻1号159頁〔保百選15〕等）。約款規定が不当とされる場合，不当性を除去することがある（約款の不当条項規制）（最判平成5・3・30民集47巻4号3384頁〔保百選35〕等）。

（ウ）立法的規制　民法上の約款規制も保険契約に及ぶ。

① 定型約款の合意　定型取引を行うことを合意した者は，定型約款を契約の内容とする旨の合意をしたとき，定型約款準備者がそれを契約の内容とする旨を相手方に表示していたときは，個別の条項についても合意をしたものとみなす（民548条の2第1項）。この条項のうち，相手方の権利を制限し，または相手方の義務を加重する条項であって，定型取引の態様・実情および取引上の社会通念に照らして信義誠実の原則に反して相手方の利益を一方的に害すると認められるものについては，合意をしなかったものとみなす（民548条の2第2項）。

② 定型約款の内容の表示　定型約款準備者は，合意の前または後相当の期間内に相手方から請求があった場合には，定型約款準備者が相手方に対

して定型約款を記載した書面を交付し，またはこれを記録した電磁的記録を提供していたときを除き，遅滞なく，相当な方法で定型約款の内容を示さなければならない（民548条の3第1項）。

　③　定型約款の変更　　定型約款の変更が，相手方の一般の利益に適合するとき，契約目的に反せず，かつ，変更の必要性，変更後の内容の相当性，定型約款の変更をすることがある旨の定めの有無・内容その他の変更に係る事情に照らして合理的なときには，定型約款準備者は，定型約款の変更をすることで，変更後の定型約款の条項について合意があったものとみなし，個別に相手方と合意をすることなく契約の内容を変更することができる（民548条の4第1項）。

（iv）約款解釈

（ア）客観的解釈の原則　　約款の規定を解釈する場合には，約款を使用する契約の顧客圏における一般的な契約者が理解することが必要であり，客観的かつ画一的に解釈されなければならない（最判平成7・5・30民集49巻5号1406頁〔保百選38〕等）。

（イ）作成者不利の原則　　約款の規定を解釈する場合，その文言の意味が明確でないなどの理由で解釈が分かれる場合には，約款の作成者である企業にとって不利になるように解釈する必要がある。

（ウ）公益による制約を考慮した解釈　　約款の規定を解釈する場合には，取引当事者の合理的な意思の探求，および公益という法律上の制約の趣旨を考慮した解釈が必要とされる。

（6）保険監督法

（i）保険業法

　保険業法には，保険会社について，保険業に対する監督規制に関する部分と，その組織・運営に対する監督規制に関する部分がある。

（ii）商法・会社法

　保険業を営むのは，内閣総理大臣の免許を受けた者で，資本の額または基金の額が10億円以上の株式会社・相互会社に限られる（保業3条1項・5条の2・6条）。商法第1編・第2編，「会社法」，「商業登記法」（昭和38年法律第125号）の規定が適用ないし準用される。

（iii）その他の法令

　「金融機関等による顧客等の本人確認等に関する法律」（平成14年法律第32号），

「個人情報の保護に関する法律」(平成15年法律第57号),「金融機関等の更生手続の特例等に関する法律」等がある。この他に,施行令(政令)・施行規則(内閣府令・省令)等が保険法の法源となるが,とりわけ,保険業法の解釈には重要である。

(7) その他の制定法等

国が関与する保険に関する法律として,「自動車損害賠償保障法」(自賠法)(昭和30年法律第97号),「原子力損害の賠償に関する法律」(昭和36年法律第147号),「地震保険に関する法律」(昭和41年法律第73号)等がある。これらの保険が引き受ける危険は国民生活に多大な影響を与えるので,国が法律に基づいて関与することで,国民生活と保険制度の安定を図っている。

(8) 商慣習法

保険に関する商慣習法も法源となる(商1条。東京地判昭和48・12・25判タ307号244頁等)。

第2章
保険監督法

第1節　保険監督法の意義・類型

1　保険監督法の意義

　保険会社が行う保険契約の引受・募集や資産運用を中心とする業務，その組織や運営などについて，国が監督規制をする根拠となる法律を保険監督法と総称する。私人である保険会社・保険契約者間の保険契約，保険会社による保険業に対して，保険監督法に基づき国による監督規制がなされる理由としては，保険業が公共性の高い事業であること，保険が特殊であること（保険加入者は保険という五感でとらえられない金融商品を購入する，保険加入者は保険に関する知識や情報に乏しい〔非対称性〕，保険料が前払いされるなど保険経理が特殊である等）などがあげられる。

2　保険監督法の類型

　保険契約の引受・募集や資産運用を中心とする業務に関する法令として，「保険業法」，「損害保険料率算出団体に関する法律」（昭和23年法律第193号），「消費者契約法」，「金融商品の販売等に関する法律」等がある。保険会社の組織や運営に関する法令として，「保険業法」，「会社法」，「金融機関等の更生手続の特例等に関する法律」，「金融商品取引法」等がある。さらに，これらに関する政省令などがある。このうち保険業法が中心である。

第2節　保険業法

1　保険業法の構成・目的

　保険業法は，3本の柱（①規制緩和・自由化による競争の促進，事業の効率化，②保険業の健全性の維持，③公正な事業運営の確保）で構成され，その目的は，保険業の公共性に鑑み，保険業を行う者の業務の健全・適切な運営および保険募集の公正を確保することにより，保険契約者等の保護を図り，もって国民生活の安定

および国民経済の健全な発展に資することにある（保業1条）。

2　保険業法に基づく監督規制原則

　保険業法に基づく監督規制は，保険契約者等を保護するとともに，効率的な保険市場の構築を目指し，国による法律に基づく具体的な監督規制を行う実体的監督である。保険業法は，保険会社に対して，事業年度ごとの業務，財産状況について業務報告書等を作成し，内閣総理大臣に提出するよう義務付けるなど（保業110条），内閣総理大臣にさまざまな権限を認めている（保業4条2項2号～4号・123条1項，128条～134条）。

3　保険会社等の一般的監督

（1）保険業の免許

　保険業法上，保険業とは，人の生死に関し一定額の保険金を支払うことを約し，保険料を収受する生命保険固有の保険（保業2条1項・3条4項），一定の偶然の事故によって生ずることのある損害をてん補することを約し，保険料を収受する損害保険固有の保険（保業2条1項・3条5項），および，傷害・疾病・介護の第三分野の保険（保業2条1項・3条4項2号・3条5項2号）の引受を行う事業に分けられる。保険業を営むにあたっては，生命保険業免許または損害保険業免許を必要とし（保業3条1項），同一の者が二つの免許を受けられないが（兼営禁止），第三分野の保険は同一の者が引き受けられるとともに（保業3条4項・5項），子会社方式による生損保相互参入や（保業2条12項・106条1項），持株会社方式（保業271条の18）による兼営が可能である。

（2）事業主体

（i）保険会社

　保険会社は，資本金の額または基金の総額が10億円以上の株式会社または相互会社でなければならず（保業6条・18条），商号または名称に生命保険会社または損害保険会社であることを示す文字を用いなければならない（保業7条）。

	保険株式会社	保険相互会社
性格	営利法人	特殊な社団法人（中間法人）
資金	株主（会社の構成員）の出資する資本金（自己資本）が10億円以上（保業6条）	基金拠出者（会社の債権者）の拠出する基金（他人資本＝負債）が10億円以上（保業6条）
構成員	株主（保険契約者とは限らない）	社員（必ず保険契約者）
意思決定機関	株主総会（会295条，保業11条）	社員総会（保業37条～41条）または総代会（保業42条～50条）
業務執行	取締役（会348条）・取締役会（会362条）	取締役・取締役会（保業51条）
損益の帰属	株主	社員
保険契約者との関係	保険契約関係のみ	保険契約関係および社員関係
資金調達	株式の発行（会199条），社債の発行（会767条）	基金の募集（保業60条・60条の2），社債の発行（保業61条～61条の10）

　保険株式会社には，保険業法，会社法および株式会社に適用される法令を適用する（保業9条～17条の7）。保険相互会社は，保険業を行うことを目的とする保険業法に基づく保険会社に固有の社団法人（保業2条5項）なので会社法上の会社ではないが，保険株式会社と共通の規制が必要なことから，保険業法（保業18条～67条の2）および保険株式会社に適用される規定などが及ぶ。保険株式会社は保険相互会社に，保険相互会社は保険株式会社に組織変更することが可能であり（保業68条・85条），株式会社化する場合，保険相互会社の社員に組織変更後株式会社の株式または金銭が割り当てられる（保業90条1項）。

（ⅱ）子会社・保険持株会社等

　保険会社は，他の保険会社を子会社（会社が総株主等の議決権の100分の50を超える議決権を保有する他の会社〔保業2条12項〕）にできる。総資産額に対する子会社の株式の取得価額の合計額の割合が100分の50を超える会社で，内閣総理大臣の認可を受けているものを保険持株会社とし（保業2条16項），いわゆる企業グループを形成できる。この場合，保険会社と関連会社等との利益相反取引を通じて保険会社の健全性が損なわれることなどを防止するとともに，取引の公正および公平を確保するために，弊害防止措置（fire wall）が講じられなければならない（保業100条の3等）。

（ⅲ）外国保険業者

外国保険業者は，日本に支店等を設けて内閣総理大臣の免許を受けることで，免許に係る保険業を支店等で行うことができる（保業185条）。ロイズに関する規定が特別に定められている（保業219条〜240条）。

（ⅳ）少額短期保険業者

内閣総理大臣の登録を受けた者が，少額短期保険業者（前事業年度の年間収受保険料が50億円を超えない事業者）として，少額短期保険業（保険期間が1年ないし2年以内で，保障性商品に限って，保険金額の合計額が1,000万円を上限とする範囲で保険の引受を行う事業）を営むことができる（保業272条）。

（3）保険会社の業務

保険会社は，財務の健全性確保，保険監督の効率性，競争政策上の目的があることなどの理由で，保険業以外の他業が制限されている（保業100条）。

保険の引受業務・資産運用業務を固有業務という（保業97条）。保険会社は，資産運用にあたっては，内閣府令所定の方法によらなければならず，所定の資産については所定の額を超えて運用できない（保業97条・97条の2）。保険会社は，他の保険会社等の業務の代理または事務の代行，債務の保証，国債等の引受・募集の取扱い，有価証券の私募の取扱い，デリバティブ取引など，固有業務に付随する業務（付随業務）を行うことができる（保業98条）。また，公共債の売買等，地方債・社債その他の債券の募集・管理の受託，担保付社債の信託業務，保険金信託業務など，固有業務の遂行を妨げない限度で行う所定の業務（法定他業）を行うことができる（保業99条）。

保険会社は，業務に関し，業務に係る重要な事項の顧客への説明，業務に関して取得した顧客に関する情報の適切な取扱い，業務を第三者に委託する場合における業務の的確な遂行，その他の健全・適切な運営を確保するための措置を講じなければならない（保業100条の2）。

4　保険会社の健全性の確保

（1）準備金等の積立て

保険会社は，保険契約者等に対して保険契約上の債務を履行する責任を負っていることから，経営の健全性を確保するために，準備金を積み立てなければならない。すなわち，保険会社は，所有する株式等の価格変動による損失が生じうる所定の資産について，価格変動準備金を積み立てる（保業115条）。毎決算期において，保険契約に基づく将来における債務の履行に備えるために責任

準備金を積み立てる（保業116条）。毎決算期において，保険契約上支払義務が発生したものその他これに準ずるものと認められるが，支出として計上されていない保険金等があるときは，支払備金を積み立てる（保業117条）。

（2）保険計理人

　生命保険会社および契約者配当等を約定した保険契約等を引き受ける損害保険会社は，保険計理人（アクチュアリー）を選任し，保険料の算出方法等の保険数理に関する事項に関与させなければならない（保業120条）。保険計理人は，毎決算期に，責任準備金が健全に積み立てられていること，契約者配当・社員剰余金分配が公正・衡平に行われていることなどを確認し，その結果を記載した意見書を取締役会に提出するとともに，遅滞なく，その写しを内閣総理大臣に提出しなければならない（保業121条）。

（3）健全性維持のための措置

（ⅰ）事業方法書等に定める事項の変更

　保険会社は，事業方法書等に定めた事項を変更するときは，内閣総理大臣の認可を必要とするが，保険契約者等の保護に欠けるおそれが少ないものは，内閣総理大臣への届出（審査付きの届出〔保業125条〕）で足りる（保業123条）。

（ⅱ）報告・資料の提出，立入検査等

　内閣総理大臣は，保険会社の業務の健全・適切な運営を確保し，保険契約者等の保護を図るため必要と認めるときは，保険会社等に対して，業務・財産の状況に関し，報告・資料の提出を請求できるとともに（保業128条），保険会社または子法人等の営業所・事務所その他の施設に立ち入り，業務・財産の状況に関して質問し，または帳簿その他の物件を検査することができる（保業129条）。

（ⅲ）健全性の基準

　保険会社の経営危機対応の充実を図るために，保険会社の経営の健全性を判断するための指標として，ソルベンシー・マージン基準（自己資本比率）による早期警戒制度がある（保業130条）。

$$自己資本比率 = \frac{ソルベンシー・マージン（保険会社の資本金，基金，準備金等の合計額）}{リスク量（通常の予想を超える危険に対応する額として計算した額）\times \frac{1}{2}}$$

　この基準は，健全性の迅速な回復措置を講ずるためのものであり，基準値が高いほど保険会社の経営危機への対応力は強い。この基準が一定の数値を満た

していない場合，内閣総理大臣は，保険金等の支払能力の状況の区分に応じ，保険会社に対して，改善計画の提出や業務の停止に関する命令を発する。

（ⅳ）措置命令

　内閣総理大臣は，保険会社の業務・財産等の状況に照らして，業務の健全・適切な運営を確保し，保険契約者等の保護を図るために必要と認めるときは，必要の度合いに応じて措置命令を発することができる。すなわち，事業方法書等に定めた事項の変更命令を発する（保業131条），保険会社に対して措置を講ずる事項および期限を示して，経営の健全性を確保するための改善計画の提出を求め，もしくは改善計画の変更を命じたり，または，必要の限度において，保険会社の業務の停止命令等を発する（保業132条），保険会社が，法令，法令に基づく内閣総理大臣の処分または重要な事項に違反したとき，免許の条件に違反したとき，または，公益を害する行為をしたときは，業務の停止または取締役等の解任を命じ，または免許を取り消す（保業133条），また，保険会社の財産の状況が著しく悪化し，保険業の継続が保険契約者等の保護の見地から適当でないと認めるときは，免許を取り消す（保業134条）ことなどができる。

5　保険会社の基礎の変更

（1）保険契約の包括移転

　保険会社は，保険契約を他の保険会社（移転先会社）に包括して移転できる。これには，保険会社が任意に行う任意移転（保業135条～141条）と，内閣総理大臣の命令による強制移転（保業241条）とがある。保険契約は移転先会社との間で有効に継続するが，契約内容が変更される場合もある（保業規92条）。

（2）事業の譲渡，業務・財産の管理の委託

　保険会社は，内閣総理大臣の認可を得て，他の保険会社に事業を一括して譲渡できる（保業142条。商15条～18条の2，会21条～24条・467条～470条）。また，保険会社は，他の保険会社に業務・財産の管理を委託できる（保業144条）。管理の委託は，通常，保険契約の移転までの過程としてなされる。

（3）会社の解散・合併・分割・清算

　保険会社は，解散（保業152条～158条），合併（保業159条～171条），分割（保業173条の2～173条の8），清算（保業174条～184条）ができる。

6　保険会社の経営危機対応制度

（1）契約条件の変更

　保険会社は，保険金の支払が難しいなど，業務・財産の状況に照らして保険

業の継続が困難となる蓋然性がある場合には，内閣総理大臣に対し，契約条件の変更を行わなければ保険業の継続が困難となる蓋然性があり，保険契約者等の保護のための契約条件の変更がやむを得ない旨を文章で示し，保険金額の削減等の契約条件の変更を行う旨を申し出ることができる（保業240条の2）。

（2）内閣総理大臣による業務の停止命令・財産の管理命令等

内閣総理大臣は，契約条件の変更を行っても，業務・財産の状況に照らして保険業の継続が困難であると認めるとき，または，業務の運営が著しく不適切であり，保険業の継続が保険契約者等の保護に欠ける事態を招くおそれが認められるときは，保険会社に対して，業務の全部または一部の停止命令，保険契約の包括移転または合併の協議その他必要な措置を講ずべき命令，保険管理人による業務・財産の管理命令を発することができる（保業241条～249条の3）。

（3）保険契約者保護機構による資金援助等

破綻保険会社に係る保険契約の移転等における資金援助，承継保険会社の経営管理，保険契約の引受け，保険金の支払に関する資金援助等を行う機関として保険契約者保護機構がある（保業259条）。保険会社は保険業免許ごとに保護機構に加入しなければならない（保業262条1項・265条の3）。

救済保険会社等（保業260条3項）は，破綻保険会社の加入する保護機構が保険契約の移転等について資金援助を行うことを，破綻保険会社と連名で加入機構に申し込むことができる（保業266条）。破綻保険会社は，救済保険会社等が現れない場合には，加入機構に対して，保険契約の承継（保険契約の引受先を探す）または引受け（加入機構が保険契約を引き受ける）を申し込むことができる（保業267条）。

7　指定紛争解決機関

（1）紛争解決機関の指定

顧客が安心して取引できる環境を整備することによって，信頼と活力ある金融市場の構築を目的とする裁判外紛争解決制度（ADR）として，指定紛争解決機関制度がある。保険業法によれば，内閣総理大臣は，解決業務を的確に実施する経理的・技術的基礎を有すること，役員等の構成が解決業務の公正な実施に支障を及ぼすおそれがないこと，解決業務の実施に関する規程が法令に適合し，解決業務を公正的確に実施するために十分であると認められることなどを充足する法人を紛争解決機関として指定できる（保業308条の2）。

保険業法は，機関の指定制度や苦情処理，紛争解決の手続規定の整備などを

規定し，保険会社が，保険業関係業者として，苦情処理，解決手続の応諾ととも
に，事情の説明や資料の提出，手続実施者の解決案の尊重などを含んだ手続
実施基本契約を指定機関と締結し，指定機関が検査・監督を通して中立性の確
保を図っている。

（2）業　　務

（ i ）指定機関の業務

　指定紛争解決機関は，保険業法・業務規程により紛争解決等業務を行うもの
とする（保業308条の5）。指定紛争解決機関は，保険業関係業者が保険契約上の
義務を履行しないことについて正当な理由がないと認めるときは，この者の商
号等・不履行の事実を公表し，内閣総理大臣に報告するとともに，関連苦情・
関連紛争を防止し，関連苦情の処理・関連紛争の解決を促進するため，保険業
関係業者等に対し援助を行うよう努めなければならない（保業308条の8）。

（ ii ）手　　続

（ア）苦情処理手続　　指定紛争解決機関は，保険業関係業者の顧客から申立
てがあったときは，相談に応じ，保険業関係業者に対し，関連苦情の内容を通
知して迅速な処理を求めなければならない（保業308条の12）。

（イ）紛争解決手続　　当事者は指定紛争解決機関に対し，紛争解決手続を申
し立てることができるが，指定紛争解決機関は，申立てに基づき，委員を選任
し，紛争解決手続に付さなければならない（保業308条の13）。

第3章

保険契約法総論

第1節　保険契約の意義

1　保険契約の意義を確認することの意味

（1）目　　的

　保険契約と他契約とを区別するため，および，保険契約同士を区別するために保険契約の意義を確認しなければならない。すなわち，前者では，ある契約が保険契約の範疇に入るか否かを検討する場合に備えて，保険法の規定が適用される範囲を明らかにする必要がある。

　後者では，保険契約は，保険給付の内容の違いによって損害保険契約と定額保険契約とに分けられるので，保険法に各契約に固有の規定を契約ごとに定めておき，保険契約に関する法令の規定のうち，どの規定が適用ないし準用されるかを明らかにする必要がある。

（2）保険制度と関連させた保険契約の意義付けの必要性

　保険契約の意義を明らかにする場合，法律制度である保険契約が経済制度である保険制度に立脚していることを念頭に置かなければならない。というのは，人は，経済的目的を達成するために，目的である利益が権利として保障されるための法律を形成するからである。したがって，保険契約の意義を検討するにあたって，保険制度の実質をみる必要がある。

　人の経済的な生活関係における法律制度は，経済制度を形成・維持するための手段である。たとえば，売買では，経済制度である売買制度と法律制度である売買契約とが表裏一体の関係をなしており，売主が目的物を引き渡し，買主が代金を支払うという構造においては，両制度は同じである。これに対して，保険では，保険制度が多数人で構成される集団を要素とするが，保険契約上は，保険者と保険契約者という二主体の関係が現れるにすぎず，集団性は現れない。しかも，保険制度と保険契約とは構造において異なるが，保険契約が保険制度を権利義務の制度として再構成するための法律形式であることからして，保険

契約は，保険制度を構築する根幹となる保険団体を形成すべきものでなければならない。損害保険契約と生命保険契約とがともに保険契約であるという点の共通性は，両契約がともに形成する経済制度である保険制度の中に求められる。

（3）保険契約の意義を巡る新たな問題

近時，保険契約の意義付けの重要性が増している。というのは，金融の自由化が進むにつれ，異なる業態の会社が類似の金融商品を販売したり，複数の金融商品が一つの金融商品に包括されて販売される状況が出現している結果，保険契約を締結しようとする者が，金融商品の提供者の中から企業情報や商品情報をもとに保険の販売者を選び出し，この者に保険契約上の責任を負わせようとすると，他契約と区別をするために保険契約の意義付けが必要であるからである。また，これまでの定義の中に入りきれない保険契約に適用される固有の規定を確認するためにも，各保険契約の意義付けが必要であることなどから，保険契約の意義付けが重要性を増している。

2　保険法における保険契約の意義

保険法上，保険契約とは，いかなる名称かを問わず，当事者の一方（保険者〔2条2号〕）が一定の事由が生じたことを条件として財産上の給付を行うことを約し，相手方（保険契約者〔2条3号〕）がこれに対して当該一定の事由の発生の可能性に応じたものとして保険料または共済掛金を支払うことを約束する契約をいう（2条1号）。

保険法は，さらに四つの保険契約類型について定義している。損害保険契約とは，保険者が一定の偶然の事故によって生ずることのある損害をてん補することを約する保険契約をいう（2条6号）。傷害疾病損害保険契約とは，保険者が人の傷害疾病によって生ずることのある損害をてん補する損害保険契約をいう（2条7号）。生命保険契約とは，保険者が人の生存または死亡に関し一定の保険給付を行うことを約する保険契約をいう（2条8号）。傷害疾病定額保険契約とは，保険者が人の傷害疾病に関し一定の保険給付を行うことを約する保険契約をいう（2条9号）。

第2節　保険契約の法的性質

1　総　　論

保険契約は契約なので，他の契約と共通した性質を有する一方で，固有の性

質を帯びる。保険法は、保険契約が以下のような性質を有することを前提として、保険者・保険契約者等の利益の均衡を図っている。

2　保険契約の法的性質

（1）保険という経済制度に立脚する性質

（ i ）射倖契約性・善意契約性

　保険契約は射倖契約（契約の当事者の一方または双方の具体的な給付義務が発生するか否か、または、その内容が偶然なでき事の発生によって左右される契約）である。

　保険契約では、保険契約者が確定的に保険料支払義務を負うのに対して、保険者は、保険事故の発生、または、それによる損害の発生に対して給付義務を負うが、保険契約の締結時には、保険者において具体的な給付義務の発生は不確定である。また、個別の保険契約では、保険者が給付する保険金の額は保険契約者が支払う保険料の額を大きく上回り、保険金の給付と保険料の支払という給付相互間の著しい不均衡性も存在する限りにおいて、保険契約は射倖契約であることから、保険契約が悪用されないための規定として、動機の不法性を排除する規定（3条、9条、20条、38条・67条、45条・74条）および偶然の事実に依存する関係を破壊する行為を抑制して公平を図る規定（4条・37条・66条、5条・39条・68条、14条・50条・79条、17条・51条・80条、29条・56条・85条）がある。また、保険法に固有のルールを解釈するにあたり、保険契約の射倖契約性を中心にすることがあるが、他の射倖契約との関係において、射倖契約という拡大された契約概念で保険法に固有のルールのすべてを解釈できるかは疑問であり、保険契約に関する情報の非対照性や道徳的危険（モラル・ハザード〔moral hazard〕）の概念等、保険契約の構造・性質に従って説明される。

　射倖契約性に関連して、保険契約は善意契約性を有する。保険事故の発生・不発生の違いによって当事者間の給付の均衡が異なるとともに、保険契約者側が不法・不当に保険金を取得する目的で保険事故を招致する可能性があるので、保険契約の当事者・関係者には善意と信義誠実（民1条2項）が要求される。その限りにおいて、保険契約は最大善意に基づく契約（uberrimae fidei contract）である。これには、告知義務に関する規定（4条・37条・66条）等が該当する。

（ ii ）有償契約性・双務契約性

　保険契約は有償契約（契約当事者が互いに対価的意義を有する経済的負担〔出捐〕をする契約）であり、双務契約（契約当事者が互いに対価的な意義を有する債務を負担する契約）である。

　保険契約の当事者が負担する対価的出捐・債務は，保険契約者については保険料の支払・保険料支払義務であるが，保険者については，危険負担であると解される。それによれば，保険契約者が保険契約を締結するのは，将来の経済的な不安を除去するためであり，保険者（になる者）は，保険契約の締結時に，保険契約者（になる者）側に対し，保険事故が発生した場合（定額保険），あるいは，保険事故が発生したことで保険契約者側に損害が発生した場合（損害保険）に保険金を支払うなどの保険給付を行うことを保証する。すなわち，保険者は，保険契約の締結によって，保険事故に起因して保険契約者側に生じる経済的危険をこの者に代わって負担し，この者の経済生活の安定を保証する（保険者による危険負担）。危険負担は，保険事故が発生するまでは給付の期待という抽象的なものであるが，保険事故が発生した場合，あるいは保険事故が発生したことで損害が発生した場合，危険負担は具体化し，保険金の支払などの具体的な保険給付へと変化する。この解釈によれば，保険者の危険負担・危険負担義務が対価的出捐・債務にあたり，保険契約者側は，保険契約を締結することによって保険者に危険を移転し，その後，保険者は保険契約者側の危険を負担し続けることになる。

（ⅲ）継続契約性

　保険者の危険負担は，所定の期間（保険期間）にわたり継続して給付され，保険契約者の保険料支払もこれに対応して行われるから，保険契約は継続契約性を有する。保険期間中に契約内容の変更がなされることがあるので，保険法はこれらに対応している（29条・56条・85条，43条・72条等）。

（ⅳ）附合契約性

　保険契約は附合契約（契約当事者の一方が定めた契約条項に従ってのみ契約内容を決定する契約）である。

　附合契約性は，保険という経済制度に立脚する保険契約の本質に基づくものである。保険契約は保険者と保険契約者との間の契約であるが，保険契約が依拠している経済制度である保険制度が，保険契約者が有する経済的危険を，同じ危険を有している多数の者が保険契約者に代わって負担するもの（危険の転嫁）であるから，保険契約は，同じ危険を有している多数の加入者と保険者との間で大量に締結される必要がある。保険契約者と個別に契約内容等を決定し，締結することは時間的・金銭的に不便かつ不可能であるし，同じ危険を有していながら契約条件等に著しい差異を設けることは適当ではないことから，保険

者は大量の契約を迅速かつ確実に処理するために，約款を用いる。それゆえに，同じような保険契約を締結する保険契約者は，約款に附合させて保険契約を締結することになる。

（2）保険法の理念に基づく性質

（ⅰ）諾成契約性

　保険契約は，当事者の一方が一定の事由が生じたことを条件として財産上の給付を行うことを約束し，相手方がこれに対して一定の事由の発生の可能性に応じたものとして保険料または共済掛金を支払うことを約束する契約をいうことから（2条1号），保険法上，保険契約は保険契約者の申込みとこれに対する保険者の承諾によって成立する諾成契約（契約当事者の意思表示の合致〔合意〕によって成立する契約）である（最判昭和43・11・15判時541号70頁）。したがって，保険契約は諾成契約として，当事者間の合意によって成立するから，保険者は保険契約者に対して保険料の支払を強制できるが，要物契約（契約成立のために合意の他に物を交付するなど，当事者がある一定の給付をなすことを必要とする契約）であるとすると，合意がなされても契約が成立していないので，保険者は保険契約者に対して保険料の支払を強制することが難しい。

　とはいうものの，保険の実務上，損害保険の約款では，保険期間の開始後でも，保険会社は，保険料領収前に生じた損害に対しては保険金を支払わない旨を定めたり（住総15条3項），生命保険の約款では，保険会社は，保険契約の申込みに対する承諾後に第1回保険料を受け取った場合には，それを受け取った時に保険契約上の責任を負う旨の規定が定められている（終身7条1項1号）。これらについて，最高裁は，保険者の責任開始時期を定めたもので，要物契約である旨を定めたものではないとしている（最判昭和37・6・12民集16巻7号1322頁〔みまき荘事件〕〔保百選12〕）。

（ⅱ）不要式契約性

　保険法は，保険契約の成立について，書類の作成等，何らかの要式を必要とするとは明記していないので（2条1号），保険契約は不要式契約（意思表示が特別の方式によって行われることを要しない契約）である。

　保険の実務上，保険に加入しようとする者は，保険契約を締結するにあたり，保険会社の作成した保険申込書に必要事項を記載し，署名・押印する。しかし，保険法上，保険申込書の作成は，保険に加入しようとする者による申込みの内容に関する証拠方法保全のためのものであるものの，保険契約の成立要件では

ない。保険者は書面（保険証券）の作成・交付を義務付けられているが（6条・40条・69条），これは保険契約成立の効果として生じるものであるから，保険契約が要式契約である旨を定めたものではない。

（ⅲ）商行為性

商法では，営業としてなす保険の引受け（保険契約の締結）を営業的商行為としている（商502条9号）。保険の引受けを営業としてなす保険者は商人であり（商4条1項），保険契約について商法の規定が適用される。このことで，保険契約は商行為性を有するが，商行為性は立法政策の結果によるものである。

第3節　保険契約の過程

保険契約は契約なので，成立から消滅までの過程を有することから，保険法は，各保険に関する規定について，成立，効力，保険給付および終了に分けて定めている。

保険契約が成立してから消滅するまでの変遷は，（ⅰ）一定の事由（保険事故）が発生し，保険者が給付をする場合と，（ⅱ）一定の事由が発生しないまま保険契約が終了，失効，解除される場合に分けられる。さらに，保険契約の成立から消滅までの過程は，①契約成立過程（募集から成立まで）（3条～7条，37条～41条，66条～70条），②契約進行過程（成立から終了ないし一定の事由の発生まで）（8条～12条，42条～49条，71条～78条），③契約処理過程（一定の事由の発生から保険給付まで，契約の終了，失効，解除等の後処理まで）（13条～33条，50条～65条，79条～94条）に分けられる。

（ⅰ）保険事故が発生する場合

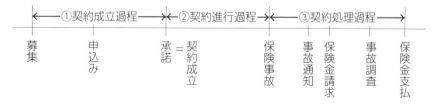

（ⅱ）保険事故が発生することなく保険契約が終了する場合

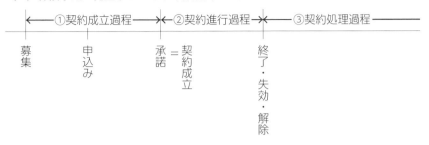

第4節　保険法の構造・片面的強行規定

1　保険法の構造

　保険法の構造は以下の通りである。「第1章　総則」で，保険契約に共通した原則を定めている。その上で，損害保険・生命保険・傷害疾病定額保険についてそれぞれの固有の原則を3章に分けて定めている。そして，「第5章　雑則」で保険契約に共通した原則を定めている。

第1章　総則（1条・2条）		
第2章　損害保険	第3章　生命保険	第4章　傷害疾病定額保険
第1節　成立（3条〜7条）	第1節　成立（37条〜41条）	第1節　成立（66条〜70条）
第2節　効力（8条〜12条）	第2節　効力（42条〜49条）	第2節　効力（71〜78条）
第3節　保険給付（13条〜26条）	第3節　保険給付（50条〜53条）	第3節　保険給付（79条〜82条）
第4節　終了（27条〜33条）	第4節　終了（54条〜65条）	第4節　終了（83条〜94条）
第5節　傷害疾病損害保険の特則（34条・35条）		
第6節　適用除外（36条）		
第5章　雑則（95条・96条）		
附則		

2　片面的強行規定

　保険法は，一定の規定について片面的強行規定（規定に反し，保険契約者等に不利なものは無効とすることを定める規定）とする旨を明示している。保険法において「（強行規定）」と題されている規定で，7条・41条・70条，12条・49条・78条，26条・53条・82条，33条・65条・94条がこれにあたる。

　保険契約は附合契約であることから，保険の実務では，保険契約の成立過程において，保険会社が契約内容を約款で顧客に提示し，顧客がそれを受諾することで契約が成立する。また，保険契約では，契約内容について保険者と保険契約者との間で交渉を行い，個別の事情に照らして契約が固まっていくという過程が想定されにくいといわれる。保険法の規定は，契約自由の原則からすれば，任意規定であるはずである。しかし，保険の実務の状況からすれば，保険法の規定をすべて任意規定とすると，保険者と保険契約者との間の約定でその適用を排除できることから，保険者が保険法の規定のうち自己に不利なものの適用を排除した約款を作成し，保険契約者になろうとする顧客としては，そのような内容の約款を受諾せざるを得ないという状況が生ずるおそれがある。そこで，保険法では，保険契約者，被保険者あるいは保険金を受領する権限を有している者等を保護する趣旨の規定が実効性ある形で運用されるよう，片面的強行規定として，当該規定に反する特約で保険契約者等に不利なものを無効としている。

第4章
損害保険契約の意義・要素

第1節　損害保険契約の意義

1　損害保険契約の意義

　損害保険契約とは，当事者の一方（保険者）が一定の偶然の事故によって生ずることのある損害，または人（被保険者）の傷害疾病によって生ずることのある損害をてん補することを約し，相手方（保険契約者）がこれに対して一定の事由の発生の可能性に応じたものとして保険料を支払うことを約する保険契約をいう（2条1号・6号・7号）。損害保険契約は損害てん補契約である。

　保険法は損害保険契約に共通な原則を定め，火災保険契約や自動車保険契約などのような個別の損害保険契約の類型に関する規定は定めていない。商法は，海上保険契約に関する規定を定めている（商815条~830条）。

2　片面的強行規定の適用除外

　保険法は，一定の規定（7条・12条・26条・33条）につき，当該規定に関する特約で保険契約者または被保険者に不利なものは無効とする旨を定める片面的強行規定としている。企業保険は保険契約者または被保険者の保護を必要としないことから，この規定の適用が除外される（36条）。

第2節　損害保険契約の要素

1　損害保険契約の当事者・関係者
（1）当事者

　保険給付を行う義務を負う者を保険者といい（2条2号），保険契約の「当事者の一方」に相当する（2条1号）。これに対して，保険料を支払う義務を負う者を保険契約者といい（2条3号），保険料を支払うことを約する「相手方」に相当し（2条1号），資格について制限はない。また，保険契約締結の申込みをする者を保険申込人といい，一般的に，この者が保険契約者となる。

（2）当事者の補助者

保険業法上，損害保険会社の役員もしくは使用人，損害保険代理店（損害保険会社の委託を受け，または委託を受けた者の再委託を受けて，その損害保険会社のために，保険契約の締結の代理または媒介を行う者で，その損害保険会社の役員または使用人でないもの）またはその役員もしくは使用人を損害保険募集人という（保業2条20項・21項，275条1項2号）。保険法上，保険媒介者（保険者のために保険契約の締結の媒介を行うことができる者）（28条2項2号）も損害保険募集人にあたる。さらに，保険業法上，少額短期保険募集人（少額短期保険業者の役員もしくは使用人または少額短期保険業者の委託を受けた者もしくはその者の再委託を受けた者もしくはこれらの者の役員もしくは使用人で，少額短期保険業者のために保険契約の締結の代理または媒介を行うもの）（保業2条22項・275条1号・2号）や保険仲立人（保険契約の締結の媒介であって，生命保険募集人〔保業2条19項〕，損害保険募集人および少額短期保険募集人が所属保険会社等のために行う保険契約の締結の媒介以外のものを行う者）（保業2条25項・275条1項4号），および，保険事故の発生後，損害てん補の是非，程度などを判断する鑑定事務所等も補助者である。

（3）関 係 者

損害保険契約によりてん補されることとされる損害を受ける者を被保険者という（2条4号イ）。家屋を所有する者は，家屋という財産を所有することで経済的利益を有しており，火災保険契約を締結した家屋が焼失した場合，焼失によって利益（被保険利益）が侵害されるので，被保険者として損害保険会社に対して損害をてん補するように請求できる。

損害保険契約は債権を保全する機能があることから，被保険者の債権者（被保険者との間で金銭消費貸借契約を締結した銀行等）は，債務者が締結した損害保険契約について，担保権者として損害保険契約に利害関係を有している。

（4）第三者のためにする損害保険契約

（i）意　　義

保険契約者と被保険者とが同一人である損害保険契約を自己のためにする損害保険契約といい，両者が異なるものを第三者のためにする損害保険契約という（8条）。他人の物品を保管する者が保険契約者となり，物品の所有者を被保険者として損害保険契約を締結する場合などがある。また，物品の所有者が運送中に変更することに備えて，荷送人が貨物保険契約を締結する際，被保険者を特定しないか，保険契約の締結時に特定した被保険者が他の者に交代する可

能性を約定することもある（不特定の第三者のためにする損害保険契約）。

（ⅱ）法的性質

　第三者のためにする損害保険契約は，第三者のためにする契約である。それゆえに，保険契約者と被保険者との間の関係は，第三者のためにする契約（民537条）における対価関係を必要とする。さらに，民法上，第三者が契約上の権利を取得するためには，契約の利益を享受する意思（受益の意思）を表示することを要するが（民537条3項），第三者のためにする損害保険契約では，被保険者は当然に損害保険契約の利益を享受する（8条）。「当然に」とは，被保険者は受益の意思を表示することなく保険給付（損害てん補）請求権を取得することをいう。というのは，この保険契約では，被保険者に帰属するのは保険給付請求権であり，不利益を被ることはないからである。「利益を享受する」とは，被保険者が損害を受けた場合，被保険利益の帰属主体として保険者に対して損害てん補を請求できる権利を取得するということである。

（ⅲ）成立要件

　保険契約の当事者間で，第三者のためにする損害保険契約とする旨の合意を要する。合意が確認できない場合には，自己のためにする損害保険契約と推定する。保険契約者が，被保険利益を有していない場合，および，被保険者の委任を受けないで締結したときその旨を保険者に告げなかった場合，保険契約は無効である。ただし，保険契約者が委任のない旨を告げなかったとしても，保険者が委任のない旨を知りながら承諾したときは，保険契約は有効である。委任も通知もないが，被保険者が保険契約者が自分のために損害保険契約を締結するについて正当な利益を有することを立証したときは，保険契約は有効である。

（ⅳ）効　　力

　保険契約者が保険料支払義務を負担し，被保険者は当然に損害保険契約上の利益を享受する。

2　保険事故

　損害保険契約によりてん補することとされる損害の発生の可能性を危険といい（4条），火災保険の火災のように，損害保険契約によりてん補することとされる損害を生ずることのある偶然の事故として損害保険契約で定めるものを保険事故という（5条1項）。

　保険事故は偶然の事故でなければならない（5条1項）。「偶然」とは，保険

契約成立時に，保険事故の発生と不発生とが可能であって，発生するか否かが不確定であることをいう。発生の可能性は保険契約の成立要件であり，成立後に保険事故の発生しないことが確定したときは，契約は消滅する。保険事故は特定されなければならない。約款では，具体的事故を列挙するもの（住総1条等），具体的事故を列挙した上で「その他偶然の事故」として包括的に規定するもの（自〔車両〕1条等），「すべての偶然な事故」として包括的に規定するもの（動総1条等）などがある。

3　保険期間

保険者の責任（危険負担）が開始してから終了するまでの期間を保険期間といい，期間内に保険事故が発生すれば保険給付がなされる。ただし，約款では，期間内に保険事故が発生したとしても，保険料が未払いの場合には，保険者は責任を負担しない旨を定めることがある（住総15条3項等）。保険期間は当事者の合意により確定期間をもって定められ，約款では，保険会社が責任を負担する期間の始期と終期を定める（住総39条，自〔一般〕1条1項，傷2条1項等）。

4　保険の目的（保険の目的物）

火災保険に付された家屋のように，保険事故によって損害が生ずることのあるものとして損害保険契約で定めるもの（6条1項7号。9条・15条・16条・24条・36条）を保険の目的（保険の目的物）といい，保険事故発生の客体とされる。保険の目的物は契約で定められるが，一定の期間内に運送されるすべての運送品というように，一定の時期において特定されるものでよい。

5　被保険利益

（1）被保険利益の意義

損害とは利益の喪失または侵害をいうので，損害保険契約の成立には，被保険者について損害の発生を可能にする被保険利益が必要である。被保険利益のない損害保険契約は無効で，契約締結後に被保険利益がなくなれば契約は消滅する。その限りにおいて，被保険利益が損害発生の可能性を意味する以上，損害保険契約の有効要件である目的の可能性（損害てん補の可否）は被保険利益の有無によって決定されることから，保険法は，被保険利益を損害保険契約の目的（対象）とする（3条）。それゆえに，保険の目的物に保険事故が発生したことで被保険者に生じた損害がてん補される。

（2）被保険利益の位置付け

（ⅰ）被保険利益の必要性

損害保険契約において被保険利益が必要とされる理由は，道徳的危険（モラル・ハザード）を防止することにある。この観点から，保険者がてん補する額は被保険者の損害額を超えてはならないという利得禁止原則が導かれ，この原則が，保険事故の発生により被保険者に損害が生じた段階において保険者による保険給付の限界を画するのに対して，被保険利益は，損害保険契約の締結の段階において，被保険者について利得を防止する機能を果たす。その限りにおいて，被保険利益に関する保険法3条の規定は強行規定である。

（ⅱ）被保険利益の要件

金銭に見積ることができる利益（経済的な利害関係）であることを必要とする（3条）。というのは，保険金の額が保険料の額を上回る保険契約のように，当事者双方の出捐が不均衡な契約では，賭博や詐欺を回避することが必要だからである。

適法な利益であることを必要とする。禁制品等（麻薬・拳銃等）に関する運送保険契約や盗難保険契約は，公序良俗に反するので無効となる（民90条）。

確実な利益であることを必要とする。将来発生する利益であっても，実現が確実な利益であることが必要である。運送品の到達により取得する荷主の希望利益も認められる。

確定可能な利益であることを必要とする。被保険利益の概念は損害保険契約の目的を確定する機能を果たすので，確定可能であることが必要である。

（ⅲ）積極利益・消極利益

被保険者が所有または占有する資産（積極財産）の喪失に対する利益を積極利益といい，これを対象とする保険を積極保険という。これに対して，保険事故の発生により被保険者が加害者として負担する法律上の賠償責任という債務・負債（消極財産）が増大することで，その財産状態が悪化することに対する利益を消極利益という。これを対象とする保険を消極保険といい（責任保険等），被保険者の現在の財産状態を維持する利益が被保険利益となる。

（ⅳ）被保険利益の帰属を巡る問題

（ア）二重譲渡　　Aが建物をB・Cに相次いで譲渡した場合，Bは，所有権移転登記をしなくとも，建物について被保険利益を有することから，火災保険契約を締結できるが，Cが先に登記をしたときには，Bは先に売買した事実や

誤登記をもってCに対抗することができず，被保険利益を失う（最判昭和36・3・16民集15巻3号512頁）。

（イ）譲渡担保 　建物が譲渡担保の目的である場合，建物について，譲渡担保設定者と譲渡担保権者は別個の火災保険契約を締結することができる。譲渡担保の法律構成には，①担保権者が所有権を取得し，設定者は占有権を有する構成と，②譲渡担保を抵当権とする構成（②－1），設定者の下に所有権マイナス担保権の物権的権利（設定者留保権）が残る構成（②－2）がある。②－2では，所有権が両者に分属するので，登記簿上は担保権者が所有利益という被保険利益を有するが，設定者は実質において利益を有すると解され，担保権者と設定者が所有者利益を被保険利益としてそれぞれ損害保険契約を締結した場合，両契約とも有効とされる（最判平成5・2・26民集47巻2号1635頁〔保百選5〕）。

6　利得禁止原則

　保険契約により，保険契約者・被保険者等は利得をしてはならない。これを保険契約の利得禁止原則という。

　損害保険契約で，利得禁止原則が絶対的強行規定として妥当すると解すると，被保険利益を超える保険給付を認める保険契約が認められない。そこで，利得禁止原則を緩やかに解することで，損害てん補たる保険給付をすることを要求する狭義の利得禁止原則と，公益の観点から容認されない著しい利得をもたらす保険給付は禁止する広義の利得禁止原則があるとする見解がある。それによれば，損害保険契約については狭義の利得禁止原則が妥当し，最狭義の利得禁止原則と狭義の利得禁止原則とが存在する。最狭義の利得禁止原則とは，保険法の定める損害てん補方式を意味し，狭義の利得禁止原則とは，損害てん補方式よりは緩やかな制限の保険給付も損害てん補として容認するが，損害と保険給付との間の関連性は必要であり，関連性を説明できない保険給付は容認されないとする。さらに，定額保険については，広義の利得禁止原則が妥当すると解する。

　損害保険契約に狭義の利得禁止原則が存在する理由には，被保険者に利得を認めると，経済的損害のてん補という損害保険契約の目的に反すること，損害が発生したほうが経済的に有利になるから，道徳的危険が高まり，保険制度が成り立たなくなること，保険事故招致は法秩序の観点から容認できず，保険事故が誘発されるおそれがあること，被保険者が保険事故の発生前よりも高額な財産を取得することは社会的に認められないことなどがある。

7　保険価額

（1）保険価額の意義・機能

　保険の目的物の価額（9条）を保険価額という。保険価額は被保険利益を客観的に評価した額であり（3条），時価であることが多い。

　損害保険契約では狭義の利得禁止原則が適用されるので，保険価額は，損害保険契約の締結にあたり当事者間で約定される保険金額（6条1項6号）の上限となるとともに，超過保険の効力を判断する基準となり，保険金額が保険価額を超えるときは，保険契約者は超過部分について契約を取り消すことができる（9条）。保険法9条の反対解釈によれば，本条には，保険者は被保険利益の評価額（＝保険価額）を限度として保険金を支払うという旨が法定されていると解される。つまり，保険価額は保険者が負担すべき法定責任限度額であり，保険者がてん補すべき損害額は，損害が生じた地および時における（保険）価額で算定される（18条1項）。ただし，消極保険では，被保険者の全財産または財産状態を被保険利益とし，保険事故の発生によって被保険者に消極財産が増大するという財産状態が悪化することが前提である。消極財産の額は保険事故発生後でなければ判明しないので，保険締結時に保険価額を具体的に評価することができない。また，保険価額は一部保険か否かの判断基準となる（19条）。

（2）保険価額の評価基準・評価時期

（i）評価基準

　保険価額は被保険利益の評価額なので（3条），客観的基準に基づいて評価される。というのは，保険価額が保険者のてん補すべき額を決定する基準であり，これを基準にして道徳的危険を阻止できるからである。

　損害保険契約における損害てん補は被保険者の財産について原状回復することを目的とすることから，保険価額の評価は時価による。継続使用材の時価額を評価するには，目的物と同一の構造・質・用途・規模・型式・能力等の新品を再築・再調達するのに要する額（再調達価額）から目的物の使用損耗や経過年数に応じた減価額を差し引く方法による。これに対して，目的物と同様の新規物件の調達が難しい場合には，再調達価額を保険価額とする（新価保険）。

（ii）評価時期

　保険者がてん補すべき額を決定する場合，損害が生じた地および時において算定した価額を保険価額とする（18条）。運送保険契約のように目的物が移動する保険では，契約締結時に保険価額を約定し，この約定保険価額による評価済

保険（18条2項）や保険価額不変更主義などの特則があり，てん補損害額は，約定保険価額が保険価額を著しく超えるときは，約定保険価額で算定される（9条）。保険価額が著しく減少し，保険金額・保険料の額の減額を請求する場合には（10条），保険期間中のあらゆる時点で評価される。超過保険であるとして，保険金額が保険価額を超過する部分について取り消す場合については，保険契約締結時に判断される（9条）。

8　保険金額

　損害保険契約の締結にあたり，保険給付の限度額として保険者・保険契約者間で約定される金額を保険金額という（6条1項6号）。保険金額は，当事者間で約定される主観的基準であることから，保険価額を保険者の法定限度額というのに対して，保険者の約定限度額という。損害保険契約では，被保険者の損害がてん補されるので，保険金額は客観的基準である保険価額を超えることはできず，保険者は，保険金額の範囲内で，現実に生じた損害額を限度として，またはそれを基準としててん補する（19条・20条）。

9　保険金額と保険価額との関係

　保険の実務では，一般的に，保険契約の当事者は，評価済保険や新価保険を除き，損害保険契約の締結時に保険金額のみを定める。保険価額と保険金額との関係は，保険金額＝保険価額（全部保険），保険金額＜保険価額（一部保険），保険金額＞保険価額（超過保険）となる。

（1）全部保険・一部保険

（i）全部保険

　全部保険では，目的物に生ずることのある損害の限度額まで保険に付されているので，損害が生じた場合，保険事故が免責事由に該当しない限り，被保険者は損害額と同額のてん補を受ける（18条）。

（ii）一部保険

（ア）意義　保険金額が保険価額に満たない損害保険契約を一部保険という（19条）。一部保険が生じる理由には，保険契約者が保険料を節約するため，被保険者の注意力減殺を防ぐ目的でこの者の負担分を残しておくため，保険契約の締結後に目的物の価額が急騰したためなどがある。

（イ）一部保険の判断時期　損害額の算定につき，その損害が生じた地および時における価額によって行う（18条1項）。算定にあたっては，狭義の利得禁止原則に基づき，保険価額を明らかにする必要があるので，この規定は，保険

価額の算定基準でもある。一部保険か全部保険かの判断時期は保険事故の発生の時を基準とする。

　（ウ）損害てん補　　保険給付の額は，保険金額の保険価額に対する割合をてん補損害額に乗じて得た額とする（19条）（比例てん補の原則）。というのは，保険料は保険金額に対応して算定されるので，一部保険では，実損害をてん補するのに必要な保険料が支払われていないからである。

　（エ）比例てん補原則の排除　　保険法19条は任意規定なので（26条参照），保険の実務では，一般的に，契約の当事者間で合意し，比例てん補原則を排除することがある。

　付保割合条件付実損てん補特約条項（コインシュアランス・クローズ）では，一部保険でも，保険金額を上限として実損害をてん補する。保険価額の80％と付保した場合，80％以上の保険金額が約定されると，損害はその範囲内で全額てん補される。80％未満場合には，比例てん補となるが，分母は保険価額の80％で計算される。この条項によれば，保険金額を付保割合に応じて約定しておけば，保険金額までは実損害がてん補される（住総5条4項・5項）。

　実損てん補特約では，保険金額の範囲内で実損害額をてん補する。

　価額協定保険特約では，契約締結時に建物については再調達価額，家財については新品の購入価額から経年減価額を控除した額を評価額とし，この額の100％，80％，60％を保険金額として約定し，それを限度として実損害額を支払う（価協3条）。

（2）損害てん補原則の修正

（ⅰ）評価済保険

　保険価額は，評価時期において客観的に評価されることを原則とする。しかし，目的物が損傷した段階で保険価額を評価することは難しく，契約当事者間で紛争が生じた場合には，事故後処理に迅速さを欠くおそれがあることから，当事者は契約締結時に保険価額を約定することができる。このような保険価額を約定保険価額といい（9条・18条2項），このような保険契約を評価済保険という。評価済保険が有効な理由には，保険事故発生後の評価に関する紛争を回避すること，保険価額を事前に約定することで，被保険者の不安を取り除くこと，約定保険価額が絶対的なものではないので（18条2項），利得禁止原則は維持されることなどがある。

　損害保険契約の締結時に，当事者間で約定価額を保険価額とし，損害額算定

の基礎にする旨の合意を要する。約定保険価額が客観的な評価額に一致しているか否かにかかわらず，当事者はこの価額を保険価額とする。この結果，約定保険価額が超過保険や重複保険の判断基準となる。ただし，てん補損害額は約定保険価額で算定するが（18条2項本文），約定保険価額が保険価額を著しく超えるときは，未評価保険の原則に立ち戻り，てん補損害額は実際の保険価額によって算定される（18条2項ただし書）。「著しく超える」か否かの判断は社会通念により，判断基準となる保険価額は損害発生の地および時の保険価額である（18条1項）。保険法18条2項本文は任意規定で，同ただし書は強行規定である。

（ⅱ）保険価額不変更主義

　目的物が移動する保険では，損害発生の地および時が不明で，損害額の評価が難しい。保険期間が短期で，保険価額の変動が少ない物を目的物とする損害保険契約について，契約の当事者が保険価額を約定しない場合には，商法上，保険価額が保険期間中変動しないとみなし，保険期間の始期における価額を保険価額とする（商818条・819条）（保険価額不変更主義）。保険の実務では，約定保険価額が合意され，貨物海上保険約款では，保険価額を協定しなかったときは，保険価額は保険金額と同額とする（貨海6条1項，運送6条1項）。

（ⅲ）新価保険

　目的物の時価額に応じて保険金額が設定されると，古い建物について全部保険が約定されても，全損となった場合，損害てん補額だけでは目的物と同じ規模・構造の建物を再築することは難しいので，目的物と同等の物の再調達価額を保険価額とする新価保険がある。火災保険の場合，新価保険は，火災保険に付帯される価額協定保険特約あるいは新価保険特約に基づき締結される。

（3）超過保険

（ⅰ）意　義

　保険金額が保険価額を超えて約定される損害保険契約を超過保険という（9条）。保険価額は保険期間中に変動することが多いので，超過保険の判断時期について，保険法では損害保険契約の締結の時としている（9条）。

（ⅱ）超過部分の取消し

　損害保険契約の締結時に，保険金額が保険価額を超過していることについて，保険契約者および被保険者が善意でかつ重大な過失がなかったときは，保険契約者は，超過部分について，損害保険契約を取り消すことができる（9条本文）。この結果，保険契約者は超過部分を取り消すことなく保険契約を継続できる。

保険法9条本文は片面的強行規定である（12条）。

　保険契約者に取消しを認める趣旨には，損害保険契約では，損害額を超えて保険給付を受けられないのが原則であり，不当な利得を防止するために超過部分の保険契約を一律に無効とする必要はないこと，契約締結後に保険価額が変動する場合もあるため，将来の保険価額の上昇を見込んで契約締結時に保険価額よりも高い保険金額を設定することも許容すべきであることなどがあり，保険法は，柔軟に保険契約を締結することを可能にしている。しかし，保険契約者が誤って保険価額よりも高い保険金額の保険契約を締結した場合などには，保険契約者が過大に支払った保険料の返還を請求する可能性を確保する必要がある。超過保険であっても，評価済保険であるときは取り消すことができない（9条ただし書）。これは，評価済保険では超過保険に関する保険法9条本文が馴染まないので，趣旨を明確にするためである。

（iii）取消しの要件

　保険法9条ただし書に，約定保険価額があるときは，この限りでないと明示されていることから，取消しが認められるためには未評価保険が必要なので，評価済保険では取消しは認められない。というのは，評価済保険では，約定保険価額は保険期間中変動しないとみなされ，それがてん補損害額にもなるのが原則であり，約定保険金額が保険価額を著しく超えるときは，てん補損害額は保険価額により算定されるからである（18条2項）。契約締結後に保険価額が著しく減少した場合には，保険契約者は，将来に向かって，保険金額または約定保険価額については，減少後の保険価額に至るまでの減額を，保険料については，その減額後の保険金額に対応する保険料に至るまでの減額をそれぞれ請求することができる（10条）。

　保険契約者および被保険者が善意でかつ重大な過失がなかったこと要する。保険契約者および被保険者が超過保険となることを認識しながら，物価上昇を見込んで超過保険を締結する場合，悪意の超過保険になるので，保険契約者に超過部分の取消権は認められない。というのは，この場合に取消権を認めると，保険者の負担になるからである。「重大な過失」の程度は，故意に近い著しい注意欠如の状態をいうと解される。

（iv）取消権の行使と取消しの効果

　取消権の行使者は保険契約者である。行使は，保険期間中においても，保険契約の終了後においても認められる。取消権は民法上の取消権なので，保険契

約を取り消すことができることを保険契約者が知った後に取消権者が追認した場合には行使できない（民122条）。契約締結時に超過保険であることを知った時から5年間が経過した場合，または，契約締結時から20年間が経過した場合には時効により消滅する（民126条）。超過部分の全部を取り消すか否かは，保険契約者の判断に委ねられる。

　保険契約者が超過部分を取り消した場合，超過部分は契約締結時に遡って無効となる（民121条）。保険契約者は，超過部分に対応する保険料について，不当利得返還請求権（民703条）に基づき，返還請求をすることができる。

（4）重複保険

（i）意　　義

　損害保険契約によりてん補すべき損害について他の損害保険契約がこれをてん補することとなっている場合の複数の保険契約を広義の重複保険といい（20条），複数の損害保険契約の保険金額の合計額が保険価額を超える重複超過保険を狭義の重複保険という。

（ii）重複保険の要件

　同一の目的物につき，被保険利益を同じくする複数の損害保険契約が締結されなければならない。単一の保険者との間であっても，複数の保険募集人を介することによって，同一の目的物について別々の保険契約を締結することも可能なので，複数の保険者との間で締結された結果，重複保険となった場合と異なった扱いをする必要性もなく，複数の保険者が存在することは必要とされない。同一の目的物につき同一の被保険利益でなければならない。同一の目的物であっても，所有者および抵当権者が損害保険契約を締結しても，被保険利益が異なるので重複保険とはならない。複数の保険契約につき，被保険者は同一人であることは必要で，保険契約者は同一人であることは不要である。複数の保険契約につき同一の保険事故でなければならない。複数の保険契約の保険事故が部分的に同一である限り，重複保険となる。複数の保険契約の保険期間が部分的に一致している限り，重複保険となる。

　重複超過保険であるためには，複数の保険契約の保険金額の合計額が保険価額を超過していることを要する。

（iii）重複保険の処理

　てん補すべき損害について他の損害保険契約がこれをてん補することとなっている場合でも，保険者は，てん補損害額の全額について，一部保険の場合に

は，一部保険について定める保険法19条に基づく保険給付の額の全額について保険給付を行う（20条1項）（独立責任額全額主義）。被保険者は，各保険者の負担額にかかわらず，てん補損害額全額について支払を請求できる。

重複保険では，保険者は，自己の独立責任額の全額について保険給付する義務を負うので（20条1項），最終負担額を超えて保険給付をすることもある。複数の損害保険契約の各保険者が行う保険給付の額の合計額がてん補損害額を超える場合において，保険者の1人が自己の負担部分を超えて保険給付を行い，これにより共同の免責を得たときは，保険者は，自己の負担部分を超える部分に限り，他の保険者に対し，各自の負担部について求償できる（20条2項。民442条参照）。求償権は法律上の権利なので，約款で独立責任額全額主義を定めていない保険者に対しても求償できる。求償権の消滅時効については，商法522条が適用される。

（ⅳ）重複超過保険と道徳的危険

重複超過保険は道徳的危険を引き起こす可能性がある。対処する方策としては，保険契約者等に他保険契約の存在について，告知義務および通知義務を課しておき，保険契約者または被保険者の故意または重過失による他保険契約の告知義務違反または通知義務違反を理由として契約を解除する（4条・28条，29条），あるいは，不法利得（民703条）の目的を理由に，公序良俗違反（民90条）で保険契約を無効とすることなどがある。

他保険契約の締結は保険金の不当な取得の危険になりえても，保険事故発生確率に影響しないことから，他保険契約の告知または通知は危険測定上の重要事実とはされない。しかし，複数の保険に加入して保険事故を招致し，保険者から多額の保険金を取得しようとする者がいることから，保険の実務では，一般的に，申込書に他保険契約の内容を記載する欄を設け，約款に，保険契約者またはその代理人が，申込書の記載事項につき告知義務違反があったときは，それが危険測定に関係するものである限り，保険者が契約を解除できる旨を定める（住総16条1項・3項。住総17条）。

道徳的危険といえるためには，ある程度の具体性を必要とする（仙台高裁秋田支判平成4・8・31判時1449号142頁）。すなわち，①保険契約者または被保険者が重複保険の存在を知り，それについて告知義務・通知義務があることを知りながらこれを履行しないとき，②保険金の不正取得目的や事故招致等の道徳的危険存在の可能性が高いなど，保険事故までの態様が契約を解除することが相当

と思われる状況があったとき，などに限り解除できると解される。①では，この論理は重複超過保険では可能であるが，超過保険では使えない（東京高判平成5・9・28判時1479号140頁〔保百選105〕）。②では，契約締結までの不当な行為を市場秩序破壊行為であるとして，公序良俗違反を理由に無効とするものであるとする取引的不法行為に関する理論が妥当する。この理論によれば，保険契約者側に，保険金の不当な取得を意図して超過保険契約が締結された場合などにおいて，市場秩序破壊行為の存在が認められることによって，保険契約が無効とされる（京都地判平成6・1・31判タ847号274頁，名古屋地判平成9・3・26判時1609号144頁）。

（v）適用範囲

保険法では，重複保険の規律の対象を物保険に限定することなく，複数の損害保険契約が同一の損害をてん補することとなっている場合に関する一般的な規律として位置付けられているので（20条），責任保険契約や費用保険契約などにも同一の規律が適用される。

10 保 険 料

（1）保険料の意義・構成要素

保険者の危険負担の対価として保険契約者が保険者に支払う金銭を保険料という（2条1号）。保険の実務では，保険料は純保険料（保険事故の発生率を考慮して算定され，保険事故が発生したり，損害が発生した場合に支払われる保険金に充当もの。収支相等の原則が妥当）と付加保険料（保険会社の人件費・物件費〔社費〕，代理店手数料，利潤等を考慮して算定される）で構成され，併せて営業保険料という。

（2）保険料不可分の原則

保険料は保険料期間を一単位（通常1年）として算定される。これは，保険期間中，保険者が危険負担した以上，契約が失効したり，解除されたとしても，保険者は保険料期間に対応する保険料の全部を取得できるという考え方による（保険料不可分の原則）。保険法では，損害保険契約の解除は，将来に向かってのみ効力を生ずる（31条1項）。「将来に向かって」とは，進行中の保険料期間の次の保険料期間からを意味する。

（3）約款における取扱い

約款では，一般的に，保険契約が失効または解除された場合においても，保険料不可分の原則によらない旨を定める。保険契約が失効した場合，告知義務，通知義務，重大事由による解除等の規定により，保険会社が契約を解除した場

合には，保険会社は，未経過の保険期間に対し日割で計算した保険料を返還する（住総28条2項・31条1項）。保険契約者が保険契約を解除した場合には，保険会社は，保険料から既経過期間に対する短期料率によって計算した保険料を差し引いて，残額を返還する（住総31条2項）。

第5章
損害保険契約の成立過程

第1節 総 論

1 損害保険契約の成立に関する解釈

損害保険契約は，諾成契約・不要式契約である（2条1号・4号イ）。保険契約者になる者の申込みと保険者になる者の承諾による保険契約の成立に関しては，民法および商法の規定に従う（商508条・509条，民523条〜528条参照）。

2 損害保険契約の成立過程

損害保険契約の成立までの過程を契約の成立過程ということがある。保険の実務では，保険会社による勧誘行為（申込みの誘引）があるので，保険契約の成立までの過程をみるときには，勧誘行為にも目を向ける必要がある。保険の実務では，保険の募集という概念を使う（保業2条26号・275条等）。

（1）勧 誘

保険の実務では，保険会社が保険に加入しようとする者（見込客・保険申込人）に対して保険契約に関する情報を提供し，この者に申込みをさせるように勧誘することが多い。

（2）申込み

申込みとは，保険契約者になる者が，保険者に対して保険契約を締結する意思を表示することをいう。保険の実務では，保険申込人は，保険申込書に保険契約の種類，保険契約者・被保険者・保険金受取人（保険契約者等）の名称等，保険の目的物等を記載し，告知する。保険申込書は，保険申込人の意思内容を明らかにし，保険会社が契約内容を確認し，諾否を決める資料であり，契約成立後に作成される保険証券の原資料である。約款に，保険申込書の作成を求めたり，保険会社の責任の開始を保険料の支払にかからしめる旨の規定を定める。

（3）承 諾

保険の実務では，保険会社は，保険申込書の記載内容・告知内容をみて，申込みの諾否を決める。諾否の決定は保険会社の裁量によるが，自動車損害賠償

責任保険では承諾義務がある（自賠24条）。承諾により保険契約は成立する。

第2節　損害保険の募集

1　保険募集に及ぶ法令

　保険契約の成立に関する契約法の法理が適用され，保険契約の当事者間で行われる法律行為等はそれに基づき遂行される。保険契約者等の利益を保護するなどの観点から，監督法（取締法規）の規定が適用ないし準用される。契約法である「保険法」，監督法である「保険業法」の他に，「消費者契約法」，「金融商品の販売等に関する法律」，「金融商品取引法」（昭和23年法律第25号），「電子消費者契約及び電子承諾通知に関する民法の特例に関する法律」（平成13年法律第95号）などの法令の規定が適用ないし準用される。

2　募集の意義・規制の理由

　保険業法上，保険契約の締結の代理または媒介を行うことを保険募集という（保業2条26項）。保険募集に関する規定の趣旨は，保険契約者等の保護を図るためである（保業1条）である。保険申込人と保険会社には保険契約に関して著しい格差（情報の非対称性）があるので，保険会社が情報を提供し，十分な理解をさせる措置を講ずる必要がある。

3　募集チャネル

　保険の実務では，保険の募集手段を募集チャネルということがある。損害保険募集人（損害保険代理店を含む）および少額短期保険募集人は特定の損害保険会社または少額短期保険業者に所属しているので，募集できる保険契約は所属する会社または業者が扱うものに限定される。保険会社とは独立して保険契約の締結の媒介を行う者を保険仲立人という（保業2条25項）。保険仲立人は，特定の保険会社に所属せず，顧客の希望を調査した上で，複数の保険者と交渉し，条件を引き出してから顧客に提示・説明して，顧客に意思決定をさせる。また，インターネット等で申し込んだり（保険の直販），銀行などの金融機関が募集を行うことができる（保険の窓販）（保業275条2項等）。

4　保険業法上の規制

（1）保険募集における義務

（i）保険募集人の権限の明示

　保険募集人が募集する保険契約に関する締結権限等（保業2条19項〜22項）は，

この者が関係する保険会社の授権行為によって決まる。そこで，保険募集人は，顧客に対して権限の内容等を明示する義務を負う（保業294条3項）（保険仲立人について，保業294条4項参照）。

（ⅱ）保険仲立人の誠実義務

保険仲立人は，顧客のために誠実に保険契約の締結の媒介を行わなければならない（保業299条）。また，顧客の危険の内容を正確に把握し，それに応じた保険選択のための最善の助言を提供し，顧客がそれに基づいて選択した保険契約を保険会社と締結するよう努めなければならない（best advise rule）。

（2）保険契約の締結等に関する禁止行為と保険会社等の責任

（ⅰ）禁止行為

保険会社等もしくは外国保険会社等，これらの役員（保険募集人を除く），保険募集人，または保険仲立人もしくはその役員もしくは使用人は，保険契約の締結，保険募集または自らが締結したもしくは保険募集を行った団体保険に係る保険契約に加入することを勧誘する行為その他の保険契約に加入させるための行為に関して，次に掲げる行為をしてはならない。

（ア）正確な情報の提供，重要な契約条項の説明　①保険契約者または被保険者に対して，虚偽のことを告げる行為（不実開示），または保険契約の契約条項のうち保険契約者または被保険者の判断に影響を及ぼすこととなる重要な事項を告げない行為（不開示）（保業300条1項1号），②保険契約者または被保険者が保険会社等または外国保険会社等に対して，重要な事項につき虚偽のことを告げることを勧める行為，および，重要な事実を告げるのを妨げ，または告げないことを勧める行為（保業300条1項2号・3号）。この場合，保険者は告知義務違反を理由に損害保険契約を解除できない可能性がある（28条2項）。

（イ）乗換（転換）（保険契約を消滅させて新たに保険契約を締結すること）に関する正確な情報の提供　新旧の保険契約の比較を行うことは重要なので，保険契約者または被保険者に対して，不利益となるべき事実を告げずに，成立している保険契約を消滅させて新たな保険契約の申込みをさせ，または新たな保険契約の申込みをさせて成立している保険契約を消滅させる行為（保業300条1項4号）。

（ウ）保険料の割引等の利益供与　保険契約者または被保険者に対して，保険料の割引，割戻し，その他特別の利益の提供を約し，または提供する行為（保業300条1項5号）。というのは，特定の保険契約者または被保険者にこれらを認

めることは，保険契約者または被保険者の平等待遇の原則や公平性に反し，他の保険契約者または被保険者に不利益を及ぼすおそれがあるからである。

（エ）比較情報，将来予測情報の提供　保険契約者または被保険者または不特定の者に対して，一つの保険契約の契約内容につき他の保険契約の契約内容と比較した事項であって，誤解させるおそれのあるものを告げ，または表示する行為（保業300条1項6号）。さらに，保険契約者または被保険者または不特定の者に対して，将来における契約者配当または社員に対する剰余金の分配その他将来における金額が不確実な事項として内閣府令で定めるものについて，断定的判断を示し，または確実であると誤解させるおそれのあることを告げ，もしくは表示する行為（保業300条1項7号）。

（オ）特定関係者が特定利益を供与している者に対する申込み　保険契約者または被保険者に対して，保険契約者または被保険者に保険会社等または外国保険会社等の特定関係者が特別の利益の供与を約し，または提供していることを知りながら，保険契約の申込みをさせる行為（保業300条1項8号）。

（カ）保険契約者等の保護に欠けるおそれのある行為　上記**（ア）〜（オ）**以外で，保険契約者等の保護に欠けるおそれのある所定の行為（保業300条1項9号）。これには，保険契約者または被保険者に対して，威迫または業務上の地位等を利用して保険契約の申込みをさせる行為などがある。

（ⅱ）保険会社等の責任

保険会社等が禁止行為を行った場合には，保険会社が罰金を支払うが，保険契約者に損害が発生した場合には，保険募集人の所属保険会社が損害賠償責任を負う（保業283条1項）（東京高判平成3・6・6判タ767号236頁〔保百選6〕）。これは，責任の所在を明らかにしたものであり，民法715条と同様に代位責任である（大阪高判昭和33・5・30高民11巻4号288頁）。ただし，所属保険会社は，保険募集人の選任等につき相当の注意をなし，保険募集人の保険募集について保険契約者に加えた損害の発生の防止に努めたときは免責される（保業283条2項）。保険会社は保険募集人に求償できる（保業283条3項）。保険業法は取締法規なので，保険業法違反は保険契約の効力には直接的には及ばず（東京地判平成7・3・24判時1559号63頁），契約当事者の意思は契約の締結について前向きであったものと考えられることから，保険契約は有効に成立していたとみなし，これを前提として契約法の原則に従って処理することができる。

5　消費者契約法上の規制

　消費者契約法の対象となる損害保険契約には，消費者契約法の規定が適用される（消契2条3項）。消費者契約法の規定のうち，損害保険契約に関連する主な内容は次の通りである。

（1）消費者契約の申込みまたは承諾の意思表示の取消し

　消費者は，以下の場合には，不当な勧誘として契約の申込みまたは承諾の意思表示（契約の申込み等）を取り消すことができる。

　①消費者が，重要事項（消契4条5項）について事実と異なることを告げられ（不実告知），または，契約の目的に関し，将来における価額，将来において消費者が受け取る金額その他の将来における変動が不確実な事項につき断定的判断を提供され（断定的事実の提供），その内容が確実であるとの誤認をしたとき（消契4条1項）

　②事業者が消費者に対し不利益となる事実（告知により存在しないと消費者が通常考える事実）を告げようとしたにもかかわらず，消費者が拒んだときを除き，事業者が，重要事項等について消費者の利益となる旨を告げ，かつ，重要事項等について消費者の不利益となる事実を故意または重過失によって告げなかったこと（不利益事実の不告知）により，消費者が事実が存在しないと誤認し，契約の申込み等をしたとき（消契4条2項）

　③事業者に対し，消費者が住居または業務を行っている場所から退去すべき旨の意思を示したにもかかわらず，事業者が退去しない行為（不退去），または，勧誘をしている場所から消費者が退去する旨の意思を示したにもかかわらず，事業者が退去させない行為（退去妨害）をしたことにより，消費者が困惑し，契約の申込み等をしたとき，および，消費者が，契約の申込み等をする前に，契約上の義務の内容の全部または一部を実施し，実施前の原状の回復を著しく困難にするとき（消契4条3項）

（2）取消権の行使期間

　取消権は，追認できる時から1年間行わないとき，または保険契約の締結時から5年を経過したときは，時効により消滅する（消契7条1項）。追認できる時とは，取消原因の状況が消滅し，かつ，取消権を有することを知った後をいい（民124条1項），不実告知等については不実告知等により誤認していたことを消費者が認識していた時，困惑については困惑する不退去あるいは監禁の状況がやんだ時をいう。

（3）取消しの効果

取消しの効果については，消費者契約法の規定，および，民法・商法の規定による（消契11条 1 項）。契約は遡及的に無効となる（民121条本文）。

6　金融商品販売法上の規制

（1）金融商品の販売

保険業者が保険者となる保険契約，または保険にかかる契約で保険契約に類するものの契約者またはこれに類する者との締結をいい（金販 2 条 1 項 4 号），金融商品の販売・代理もしくは媒介を金融商品の販売等という（金販 2 条 2 項）。すべての保険契約の成立過程において，金融商品販売法の規定が適用される。

（i）説明義務

金融商品の販売が行われるまでの間に，顧客に対して所定の事項（重要事項）が説明されなければならない（金販 3 条 1 項）。顧客が金融商品の販売等に関する専門的知識および経験を有する所定の特定顧客である場合，ならびに重要事項について説明を要しない旨の顧客の意思の表明があった場合（金販 3 条 4 項）は，説明義務を負わない。顧客に対し，金融商品の販売に係る事項について，不確実な事項について断定的判断を提供し，または確実と誤認させるおそれのあることを告げる行為（断定的判断の提供等）を行ってはならない（金販 4 条）。

（ii）損害賠償責任

顧客に対し重要事項について説明をすべき場合において，重要事項を説明しなかったとき，または断定的判断の提供等を行ったときは，これによって生じた顧客の損害を賠償する責任を負う（金販 5 条・6 条）。本法に特別の規定がない事項については，民法の不法行為責任に関する規定が適用される（金販 7 条）。

（iii）勧誘の適正の確保と勧誘方針の策定等

勧誘に際し，その適正の確保に努めなければならず（金販 8 条），事前に勧誘方針（勧誘対象者の知識，経験，財産の状況に照らして配慮すべき事項，勧誘方法および時間帯に関し勧誘対象者に対し配慮すべき事項，その他，勧誘の適正の確保に関する事項等）を定めなければならない（金販 9 条 1 項・2 項）。

7　金融商品取引法上の規制

保険会社等・保険仲立人が行う特定保険契約，または顧客のために特定保険契約の締結の媒介を行うことを内容とする契約の締結について，および，保険会社等，保険募集人・保険仲立人が行う特定保険契約の締結または代理・媒介について（保業300条の 2 ），金融商品取引法の規定が準用される。

8　クーリング・オフ

　訪問販売により保険契約の申込みまたは締結をする場合，保険申込人または保険契約者（申込人等）をして，その申込みまたは締結の是非を冷静に判断させるための期間を確保するために，クーリング・オフ制度がある。申込人等は，申込みの撤回または解除（申込みの撤回等）に関する事項を記載した書面を交付された場合，交付日と申込日とのいずれか遅い日から起算して8日以内に保険会社に対し，書面で申込みの撤回等を行うことができる（保業309条1項）。申込みの撤回等は書面を発した時に効力が生じる（保業309条4項）。保険会社等は，申込みの撤回等があった場合には，申込人等に対し，申込みの撤回等に伴う損害賠償・違約金等の支払を請求できず，保険契約に関して金銭を受領しているときは，申込人等に返還しなければならない（保業309条5項〜7項）。

第3節　告知義務

1　総　　論
（1）意　　義

　保険契約者または被保険者（保険契約者等）になる者は，損害保険契約の締結に際し，損害保険契約によりてん補することとされる損害の発生の可能性（危険）に関する重要な事項のうち，保険者になる者が告知を求めたもの（告知事項）について，事実の告知をしなければならない（告知義務）（4条）。

（2）性　　質

　保険契約者等が告知義務に違反すると，保険者は契約を解除でき，保険事故が発生しても保険者は給付義務を負わない（28条1項，31条1項・2項1号）。告知義務は，保険契約者等になる者が自己の利益のために履行すべき自己義務・間接義務である。この者は，告知義務に違反しても損害賠償責任を負わないが，告知義務を履行しなければ保険契約の解除という不利益を被るので（28条1項），これを履行することで保険給付請求権を確保しようとする。

（3）根　　拠

　保険契約者等が保険事故の発生に影響する事実を知らない保険者に不実のことを信じさせて事故発生率の測定を誤らせることは，この者に不利益をもたらすので，これを排除するために告知義務が認められている。

2　告知義務の内容

（1）告知義務者

　保険契約者または被保険者（保険契約者等）になる者およびこれらの代理人である（4条）。告知義務は，保険事故発生の客体についてもっとも詳しい者が負担するのが妥当なので，第三者のためにする損害保険契約（8条）では，被保険者に告知を求めることが望ましく，被保険者も告知義務者となる。この場合，保険契約者または被保険者のどちらかが告知をすれば足りる。

　保険契約者が複数いる場合で被保険者が告知しないときは，保険契約者各人が義務を負担し，同一事項については，そのうちの1人が告知すればよい。被保険者が複数いる場合で保険契約者が告知しないときは，被保険者各人が義務を負担し，同一事項については，そのうちの1人が告知すれば十分であり，人保険では被保険者の属性が重要なので，被保険者ごとに告知をする必要がある。

（2）告知の相手方

　告知の相手方（告知受領者）は保険者になる者（4条）および損害保険契約の締結について代理権を有する者である。保険法では，保険媒介者が，告知事項について事実の告知を妨げたとき（28条2項2号），および，保険契約者等に対し，告知事項について事実の告知をせず，または不実の告知をすることを勧めたとき（28条2項3号）には，保険者は損害保険契約を解除できない（28条2項柱書）。それゆえに，保険契約者保護の観点からして，保険媒介者を告知受領者とみなすことも可能である。

（3）告知の時期

　保険法上，損害保険契約の締結に際し告知義務を負担すべきであるとしていることから（4条），さらに，保険者は告知内容に基づいて申込みの諾否を行ったり，保険契約の内容を決めることから，告知義務者は保険者になる者が承諾の意思表示をする時（契約成立の時点）までに告知することを要する。申込み後に告知事項に該当する新たな事実が発生した結果，告知内容を修正する必要が生じたときには，告知義務者はその事項を保険者となる者が承諾する時までに告知すれば告知義務を履行したことになる。保険の実務上，責任開始条項を定める約款については，保険会社の責任開始前に存在する事実を責任開始の時点までに告知することで足りる。また，保険契約者等が保険金が支払われる事故による損害の発生前に，告知事項のつき，書面で訂正を保険会社に申し出て，保険会社が承認したときは，告知義務違反による契約解除の規定を適用してい

ないとする約款がある（住総16条3項3号等）。

　保険法上，保険契約の締結時までに契約申込時の告知に内容の訂正または補充がなされると，告知義務は履行されたことになり，締結後に，保険契約者等が告知内容を訂正ないし補充した場合に，保険者が解除権を行使しなかったときは，保険者は解除権を放棄したものと解される。

（4）告知の方法

　告知義務は質問応答義務とされているので（4条。住総16条1項等参照），告知義務者は保険者が告知を求めた事項について告知すればよい。

（5）告知事項

（i）危　　険

　告知事項は，損害保険契約によりてん補することとされる損害の発生の可能性（危険）に関する事項である（4条）。「危険」とは，保険者が保険給付義務を負う保険事故の発生率の測定に関する事実（保険危険事実）（客観的危険），および，保険者が保険契約に基づき不正な保険金支払の請求を受ける危険の測定に関する事実（道徳的危険事実）（主観的危険）をいう。

（ii）重要な事項・知っている事実

　告知事項は，危険に関する重要な事項である（4条）。「重要な事項」とは，保険者の危険測定に関する重要な事項で，保険者が保険契約の締結時にその事実を知っていたならば保険契約を締結しなかったか，または締結したとしてもより高額の保険料を求めたと認められる事実をいう。重要な事項に関する判断基準について，保険技術に照らして客観的に判断すべきであるから，保険技術の専門家の鑑定を参考にして裁判官が決めるほかないと解される（客観的基準説）。他の保険契約を告知事項とすることについて，保険法には明示の規定がない。というのは，保険者がその告知を求めた場合には，告知義務による解除に関する保険法で対応できるし，そのような対応が望ましいからである。重要な事項は告知義務者の知っている事実でなければならならない。というのは，告知義務者は知らない事実を告知できないからである。

（iii）質問応答義務

　告知事項は，保険者になる者が告知を求めたものであることから（4条），告知義務は質問応答義務である。というのは，保険の知識の乏しい告知義務者が危険測定に関する事実を十分に認識しているといえないからである。

第4節　遡及保険

1　意義・趣旨

　保険者による危険負担の開始時期を保険契約の締結前の時点に遡らせる保険を遡及保険という。遡及保険を定めた約款規定を遡及条項といい，当事者または被保険者が保険事故の発生または不発生の事実を知らない限り，それを保険事故とする保険契約は有効である（5条・39条・68条）。というのは，保険契約の成立の時に，保険事故の発生または不発生が確定していないので，当事者または被保険者に主観的な意味で保険事故の偶然性が認められ，保険契約を有効としても，保険契約者または被保険者に不当な利得が生じないからである。

2　要件・効果

（1）保険法の規定

　損害保険契約を締結する前に発生した保険事故による損害をてん補する旨の定めは，保険契約者が損害保険契約の申込みまたは承諾をした時において，保険契約者または被保険者が保険事故が発生していることを知っていたときは，無効とする（5条1項）。この趣旨は，保険制度を悪用して，少額の保険料を負担することで多額の保険給付を受けることを防止しようとすることにある。さらに，損害保険契約の申込みの時より前に発生した保険事故による損害をてん補する旨の定めは，保険者または保険契約者が損害保険契約の申込みをした時において，保険者が保険事故が発生していないことを知っていたときは，無効とする（5条2項）。

　保険法5条1項の規定は公序に関する規定なので，絶対的強行規定である。保険法5条2項・32条の規定は片面的強行規定である（7条・33条2項）。

（2）要　　件

　保険者，保険契約者または被保険者が認識したとする時点は，保険契約者が保険契約の申込みまたは承諾をした時（5条1項），または，保険者または保険契約者が保険契約の申込みをした時である（5条2項）。これらの時点において，保険事故の発生または不発生に関する知不知を判断する。認識の時点は，保険契約者の承諾（5条1項）または保険者の申込み（5条2項）である。承諾者が，申込みに条件を付し，その他変更を加えて承諾したときは，申込みの拒絶とともに，新たな申込みをしたとみなされることから（民528条），保険法は，保険

者が，保険契約者の申込みに対して民法所定の行為等を行った場合，保険者の意思表示が新たな申込みとなり，これに対する保険契約者の意思表示が承諾となることを想定している。

　保険契約が無効となるのは，保険契約者等が保険事故の発生を知っていたときと，保険者が保険事故の不発生を知っていたときである（5条1項・2項）。

（3）効　　果

（i）契約の無効

　要件が充足されると，損害保険契約の締結前に発生した保険事故による損害をてん補する旨の遡及条項は無効となる（5条1項）。保険事故の発生について保険者の知不知を問わず，保険契約者または被保険者がそれを承知して，保険期間がその時点以前にまで遡る保険契約を締結したとしても保険契約は無効である。保険契約が無効となった場合，保険者は保険料を返還する義務を負わない（32条2号本文）。ただし，保険者が保険事故の発生を知って保険契約の申込みまたは承諾をしたときは，保険者は保険料の返還義務を負う（32条2号ただし書）。また，保険契約の申込みの時より前に発生した保険事故による損害をてん補する旨の遡及条項は無効である（5条2項）。保険事故発生の可能性が消滅している場合に，保険事故の不発生について保険契約者または被保険者の知不知を問わず，保険者がそれを承知で保険契約を締結したとしても保険契約は無効であり，保険者は保険料を取得できない（5条2項）。

（ii）無効となる保険契約の範囲

　損害保険契約の締結前に発生した保険事故による損害をてん補する旨の遡及条項（5条1項）と，損害保険契約の申込みの時より前に発生した保険事故による損害をてん補する旨の遡及条項（5条2項）が無効となる。遡及保険は保険契約の締結前に発生した保険事故による損害をてん補するものであり，締結時には保険事故が発生したか否かのどちらかであり，客観的には偶然性を欠くので，保険契約は成立しておらず，保険契約を無効とすることは適切ではないので，無効の対象は所定の遡及条項の部分に限定される。

第5節　保険料の支払

1　支払義務者

損害保険契約が成立すると，保険契約者は保険者に保険料を支払う義務を負

う（2条1号・3号）。保険料支払義務は1年の時効で消滅する（95条2項）。これに対して，保険者は，支払時期の到来した保険料請求権および保険契約者に対する保険契約上のその他の債権の額を保険金から控除できる（民505条）。

2　保険料の減額請求

保険契約締結後に保険価額が著しく減少したときは，保険契約者は，保険者に対し，将来に向かって，保険料については減額後の保険金額に対応する保険料に至るまでの減額を（10条），保険契約締結後に危険が著しく減少したときは，将来に向かって，減少後の危険に対応する保険料に至るまで減額を（11条）請求できる。

保険法10条・11条の規定は片面的強行規定である（12条）。

3　支払方式・支払場所

（1）支払方式

（i）一時払・分割払

保険の実務では，保険料の一時払と分割払とがある。分割払保険料のうち，最初の保険料を第1回保険料といい，それ以降の保険料を第2回以後保険料という。保険者が，申込みの際に保険申込人から第1回保険料相当額の支払を受け，保険契約が成立したときにこれを第1回保険料の支払にあてる。

（ii）前払・後払

保険期間開始の前後に支払うかの違いによって，前払と後払とがある。損害保険では保険期間が短い保険が多いので，一時払・前払が原則であるが，保険期間の長い保険では分割払，第1回保険料については前払が一般的である。

（iii）預貯金口座を使った支払

保険の実務では，保険料の支払について，①保険契約者が保険会社の指定口座に現金を振り込む場合（振込扱），②保険契約者の預貯金口座から保険会社の指定口座に振り替える場合（振替扱），③クレジットカード等を使って支払われる場合がある。保険料の支払時点について，①では，保険契約者が現金を振り込んだ時である。これに対して，②では，保険契約者の口座から保険料相当額が保険会社の口座に振り替えられるまでに時間的なズレが生じるし，③では，保険会社が信販会社等から保険料の支払を受けるまでに時間的なズレが生ずるので，解釈が必要となる。このズレは金融機関側の事情によるものなので，保険契約者を保護するという観点から，支払時点については，②では，保険契約者が振替手続を終了した時，③では，保険契約者がクレジットカード等による

支払について必要な書面に署名等をした時とすると解される。

（2）支払場所

支払場所は，債権者である保険者の営業所である（商516条）（持参債務）。保険料の支払が振込扱または振替扱の場合であっても，保険料支払債務は持参債務であると解したり，保険会社が第2回以降の分割保険料を集金していた場合には取立債務とする合意があると解するのが一般的である。

4　領収前免責条項

家計保険の約款では，通常，保険会社は，保険期間の開始後であっても，保険料領収前に生じた事故による損害（傷害）に対しては保険金を支払わない旨を定める（住総15条3項。自〔基本〕2条3項等）（領収前免責条項）。

領収前免責条項につき，保険期間の開始後，保険契約者が保険料を支払わなかったことから，保険契約が解除されたとき，保険者は保険期間開始日から解除日までの期間に関する保険料を取得できるか否かが問題となる。判例（最判昭和37・6・12民集16巻7号1322頁〔保百選12〕）・多数説では，領収前免責条項は保険料が支払われるまでは保険者の責任が開始しない旨を定めたものであり，保険契約が解除されたときは，解除は保険者の責任開始前のものとなり，契約の効果も遡及的に消滅するので，保険者の保険料請求権は発生しないと解している。とはいうものの，保険契約の有償契約性からすれば，保険者は，保険契約を解除するまでは，保険料が支払われることを前提にして保険契約者側の危険を負担していると考えられる。保険契約は，締結費用および解除までの維持費が必要とされるから，保険料を支払っていない保険契約者と危険負担していた保険者との均衡を考慮することが必要であり，領収前免責条項は保険者の責任は保険料の支払を待たずに開始するが，保険事故発生時に保険料が未払のときは，保険者は保険料請求権を取得すると解される。約款には，保険会社の責任開始日を定めた規定が存在していること（住総15条1項等），保険証券には具体的な期日が明記されていることから，保険者の責任は保険期間の初日に開始していると解される。

5　アフター・ロス契約・責任持ちの特約

（1）アフター・ロス契約

領収前免責条項のある損害保険契約に関して，保険料を保険事故発生後に支払ったものの，発生前に支払ったかのように装う契約（アフター・ロス契約）がみられる。保険事故発生日と保険料支払日とが近接している保険契約では，こ

の契約の疑いが強く（東京高判昭和53・1・23判時887号110頁），アフター・ロス契約と認定された場合には，保険金は支払われない（最判平成9・10・17民集51巻9号3905頁〔保百選14〕）。

（2）責任持ちの特約

　領収前免責条項のある損害保険契約の成立後に，当事者間で保険料の支払猶予の合意がなされた場合，これは，保険料が未払の間に保険事故が発生した場合には，保険者は保険金を支払う責任を負う旨の責任持ちの特約にあたる。この契約の効果は認められない。また，この契約は，保険業法上，保険契約者または被保険者に対して，保険料の割引，割戻その他特別の利益の提供を約し，または提供する行為（保業300条1項5号・307条1項3号）にあたると解される。

第6節　保険契約に関する書面

1　意　義

　保険者の作成する証券で，保険契約の成立・内容を証明するために，保険契約の内容を記載し，保険者が署名して保険契約者に交付する証券を保険証券という。保険法は共済契約をも対象としているので，書面としている（6条1項）。

2　記載事項・機能

　保険法には，記載事項が明示されている（6条1項）。このように，記載事項が法定されているのは，保険契約者が法定事項を正確に記載した書面の交付請求権を有することを明らかにするためである。書面は，保険契約の成立・内容を証明したり，被保険者が保険給付を請求する際に重要な機能を果たす。

3　書面（保険証券）の交付義務・署名義務

　保険者は，保険契約を締結したときは，遅滞なく，保険契約者に対し，所定の事項を記載した保険証券を交付しなければならない（6条1項）。申込書の控えが保険契約者に残ることなどから，交付は締結から1週間以内でよい。保険証券には，保険者は，署名し，または記名押印しなければならない（6条2項）。

4　法的性質

（1）一般的性質

　保険の実務上，保険証券には，保険金請求権者として特定の者の氏名・商号または名称を記載する記名式証券が一般的である。保険証券は記載事項が法定された要式証券である。保険法6条は任意規定であることから（7条参照），法

定記載事項の一部を欠く保険証券，これ以外の事項を記載した保険証券も有効である。保険証券の作成・交付は保険契約の成立要件ではない。

　保険証券は保険契約の成立・内容を証明する証拠証券なので，記載内容が真実と異なることを主張する者はそれを立証する義務を負う。保険者は，保険証券を呈示する者に対して悪意または重過失なくして保険金を支払えば免責される。保険証券上の権利関係が保険証券の作成とは別に作成以前の保険契約の締結によって発生している非設権証券である。約款では，保険証券の発行を前提として，それと引換に保険金を支払う（住総35条2項，自〔基本〕23条2項，傷27条2項）。この約款規定は保険証券の受戻証券性を定めたものである。

（2）指図式または無記名式保険証券

　保険の実務上，目的物の所有権の変更に伴う保険金請求権の移転に対応するため，保険金請求権者の氏名等を特定しない指図式（無記名式）保険証券が発行されることがあり，この場合，保険者は，被保険者の名義変更請求を受け，保険証券の裏面に承認裏書をする。指図式保険証券が運送証券とあわせて裏書によって譲渡される場合に限って，有価証券性が認められる。

第6章
損害保険契約の進行過程

第1節　損害保険契約成立の効果

　損害保険契約が成立すると，保険者および保険契約者は保険契約の当事者として，被保険者はその関係者として，それぞれ権利義務の主体となる。また，契約成立の後，損害保険契約関係の変動が生ずることがある。

第2節　損害保険契約の当事者・関係者の権利義務

1　保険者の権利義務
（1）危険負担義務・保険料請求権
　保険者は，損害保険契約の成立により，被保険者の危険を負担する義務を負うとともに，保険契約者に対する保険料請求権を取得する。

　保険料の支払を保険者の責任開始条件とする保険契約では，危険負担の開始時期は，保険者が保険料を受領した時か，約款または保険証券（書面）に記載された日時である（6条1項5号）。

　保険期間内に保険事故が発生した場合，保険事故が免責事由に該当しない限り，保険者は保険事故に起因して生じた被保険者の損害をてん補する義務を負う（2条1号・6号・7号）。保険者による危険負担の性質は，保険事故発生の前後で異なる。すなわち，危険負担は，保険事故発生前には，保険事故が発生し，それにより被保険者に生じた損害をてん補する義務を負うという可能性を保証する抽象的なものであるのに対し，保険事故に起因して被保険者に損害が生じた場合には，損害額が確定するので具体的になる。

　保険料請求権は，これを行使できる時から1年で時効により消滅する（95条2項）。

（2）資産運用義務・情報開示義務
　保険者は，損害てん補に備えて保険料を運用する義務を負う。保険法には明

示されていないが，解釈上，保険法2条1号・6号・7号が根拠となろう。保険業法は取締法規なので保険契約に当然には適用されないが，保険者は，損害てん補義務を負うので，保険料を運用するために，保険業法の経理に関する規定（保業109条〜122条の2）に基づき，保険料を運用する義務を負う。また，保険者は，保険契約成立後も，保険契約者側に対して情報開示義務を負う（保業111条）。

（3）保険料返還義務

（ⅰ）保険契約の無効

以下に示す場合，損害保険契約は無効になり，その結果，保険者は保険契約者に対して保険料の支払を請求できず，受領済の保険料は不当利得として保険契約者に返還しなければならない（民703条参照）。

①　物保険において，被保険利益が存在しない場合および保険者の責任負担が生ずる可能性が存在しない場合，人保険において，責任開始前に被保険者が死亡した場合

②　遡及保険の場合（5条）　ただし，保険契約が，保険法5条1項により無効とされる場合で，保険者が保険事故の発生を知って保険契約の申込みまたは承諾をした場合を除いた場合は，保険者は保険料返還義務を負わない（32条2号）。

③　保険契約に片面的強行規定に反する規定がある場合（12条・26条・33条）

④　保険契約が公序良俗に違反する場合（民90条）

⑤　保険契約につき要素の錯誤がある場合（民95条）

約款は，保険法に規定していない無効原因を定め，保険契約が無効の場合には，保険料を返還しないとするものと，返還する場合と返還しない場合とを併記するものがある。

（ⅱ）責任開始前の契約解除・失効

保険契約成立後で，保険者の責任が開始していない場合には，保険契約者は契約を解除することができる。この場合，保険者は被保険者の危険を負担しておらず，保険契約は遡及的に消滅し，当事者は契約締結前の原状を回復する義務を負担することになるので（民545条参照），保険者は保険料請求権を失い，受領済の保険料を保険契約者に返還しなければならない。ただ，保険契約の成立について費用がかかっているので，保険者は手数料を請求することができると解される。

責任開始前に，目的物が滅失する等，危険が消滅したときは，保険契約は失効する。危険の消滅事由が保険契約者または被保険者の行為に起因するものでない限り，保険者は受領済の保険料を返還しなければならないが，手数料を請求することができると解される。

（ⅲ）責任開始後の契約解除・失効

保険契約者または被保険者の詐欺または強迫を理由として，保険者が損害保険契約に係る意思表示を取り消した場合には，保険者は保険料を返還する義務を負わない（32条1号）。これは，保険契約者または被保険者に対する制裁としての意義がある。これに対して，保険者にこのような事実があり，保険契約が締結されたことを理由に保険契約者が保険契約に関する意思表示を取り消した場合は，保険者は保険料を返還する義務を負う。この他の取消事由には，未成年者による取消し（民5条2項），消費者による取消し（消契4条）等があるが，保険料の返還の要否については，民法の不当利得に関する規定（民703条）による。目的物が保険事故以外の原因で滅失した場合，失効する。

（ⅳ）時　　効

保険料返還請求権は，これを行使することができる時から3年の時効で消滅する（95条1項）（最判平成15・12・11民集57巻11号2196頁〔保百選88〕）。

2　保険契約者または被保険者の権利義務

（1）保険契約者または被保険者の権利

保険契約者には，①保険価額が著しく減額したときの保険価額または約定保険金額，および，保険料の減額請求権（10条），②危険が著しく減少したときの保険料の減額請求権（11条），③責任開始後であっても，保険契約者が契約の継続を望まない場合には，継続は妥当ではないないので，任意解除権（27条）をそれぞれ認める。また，保険証券（書面）交付請求権がある。

被保険者は，当然に保険金請求権を取得する（8条）。被保険者が傷害疾病損害保険契約の当事者以外の者であるときは，被保険者は，保険契約者に対し，保険契約者との間に別段の合意がある場合を除き，保険契約の解除を請求することができる（34条1項）。これは，生命保険および傷害疾病定額保険と共通するが，傷害疾病損害保険では，これらの保険と異なり，被保険者の同意を保険契約の効力要件としていないので（38条・67条1項参照），被保険者は保険契約者に契約の解除を請求できるとされ，被保険者が知らないままに保険契約が締結されることの弊害を除去し，被保険者の人格権等を保護する趣旨である。保険

法34条1項の規定は強行規定であると解される。

（2）保険契約者または被保険者の義務

（ⅰ）保険料支払義務

　保険契約者は保険料を支払う義務を負う（2条3号）。第三者のためにする損害保険契約（8条）においても，同様である。保険契約者が破産の宣告を受けた場合の支払義務については保険法に明示されていないので，解釈によるが，保険金請求権は破産財団に帰属しないため，破産管財人としては，契約解除を選択するであろうし，契約が解除されても，損害保険契約の場合，解除された保険契約とほぼ同じ条件で新しい保険契約を締結する可能性もあるので，被保険者に保険料の支払義務があるとしても問題がない。

（ⅱ）通知義務

　危険増加が生じた場合，保険者は損害保険契約を解除できるが（29条），保険法は，保険契約者または被保険者が危険増加に関する通知義務を負うことについては明示していない。しかし，保険法では，保険者が解除権を行使する要件として，保険契約者または被保険者が危険増加があった旨を保険者に遅滞なく通知すべき旨が保険契約で定められていることを前提としており（29条1項1号），危険増加があった場合，保険契約を継続させるためには，保険者において保険料を調整することが必要であるということを考えれば，保険契約者または被保険者に危険増加について保険者への通知義務を課していると解される。というのは，通知を義務としているのは，保険契約の締結後にどのような事実があれば保険料の増額や保険契約の解除に至らしめるべきかを保険者に判断させ，それを約款に定めさせて通知を求めるのが合理的だからである。

　損害保険契約の締結後に，保険価額が著しく減少したとき，および，危険が著しく減少したとき，保険契約者は保険者に保険料の減額を請求できるが（10条・11条），保険法では，保険契約者または被保険者に保険価額や危険の著しい減少に関する通知義務について明示していない。しかし，保険契約者が保険価額や保険料の減額請求権を行使する前提として，通知義務を課すことを明示することは可能であるが，保険契約者がその権利を行使する場合，保険価額や危険の著しい減少について保険者に通知するであろうから，この通知を義務として課す必要はないと解される。

（ⅲ）他の保険契約の通知義務

　保険契約（既契約）の締結後，他に同種の保険契約（他契約）の締結をすると

きは，保険契約者または被保険者は保険者に対してその旨を通知すべきが否か
について，保険法は定めていない。他の保険契約の通知義務は，危険の増加に
関連する限りにおいて，意義が認められる。すなわち，損害保険契約では，他
契約の存在が重複超過保険となる場合が問題とされ，それを定める規定に従っ
て処理される（20条）。

　保険契約者または被保険者が他契約の通知をした場合，保険者が承認すれば
既契約は有効に継続するが，危険の増加にあたるとして通知内容を承認しなけ
れば，当事者に既契約を継続させる意思があれば，既契約の保険金額の減額等
の措置が講じられる。これに対して，通知義務違反があれば保険者免責となる。
この場合，その効果をもたらすための要件としては，他契約の告知義務の場合
とは異なり加重的要件を課すべきであるとして，故意の事故招致等の保険金不
正請求の疑いがあることを保険者が立証した場合には免責が認められるとする
見解がある。

　これに対して，他契約の通知は既契約締結後の義務であり，保険契約者また
は被保険者にその履行を期待することは難しいとの指摘がある。他契約の締結
時に既契約の有無を告知させるとすれば，その際，保険者は，保険契約者また
は被保険者に対して，既契約の保険者に他契約を締結した旨を通知する必要が
あることを知らせることは可能である。前提として，他契約の存在が危険の増
加に関連する場合に限る旨を約款に明記する必要がある。

（ⅳ）保険契約の解除権行使義務

　被保険者が傷害疾病損害保険契約の当事者以外の者であるときは，被保険者
は，保険契約者に対し，保険契約者との間に別段の合意がある場合を除き，当
該契約を解除することを請求でき，保険契約者は，被保険者から当該契約を解
除することの請求を受けたときは，当該契約を解除することができる。（34条1
項・2項）。「解除することができる」（34条2項）とは，保険契約上，保険契約者
の任意解除が制限されている場合でも，被保険者の解除請求権がこの者の利益
を保護するために認められたものであるという趣旨からして，法律により解除
の権限を付与することを意味するものであり，解除するか否かを保険契約者の
裁量に委ねているものではなく，被保険者による解除請求の要件が満たされて
いる場合には，解除請求を受けた保険契約者は解除義務を負うと解される。

第3節　損害保険契約関係の変動

1　保険契約関係の変動

　保険契約は継続的契約だから，保険期間中に契約関係が変動することがある。これには，保険事故発生の前後で，それぞれ，被保険利益の移転を伴わない処分，および，被保険利益の移転を伴う処分がある。

2　保険価額の減少

（1）保険法の規定

　損害保険契約の締結後に保険価額が著しく減少したときは，保険契約者は，保険者に対し，将来に向かって，保険金額または約定保険価額については減少後の保険価額に至るまでの減額を，保険料については減額後の保険金額に対応する保険料に至るまでの減額をそれぞれ請求できる（10条）。これは，超過部分の保険料の無駄を回避し，保険価額と保険金額または約定保険価額および保険料との均衡維持を図るものである。

（2）保険価額の減額請求権の性質・要件・効果

　保険価額の減額請求権は保険契約者の有する形成権であって，保険者の承諾を得ることなく効力を生じ，減額請求により保険金額または約定保険価額および保険料が相当の額まで当然に減額される。

　保険契約は成立しているが，保険期間が開始していない段階において保険価額の著しい減少が認められる場合も，保険金額または約定保険価額および保険料の減額請求権の行使が可能である。

　保険価額の減少は著しいものでなければならない。というのは，若干の減少でも減額請求を認めると，短期の保険契約においてそのつど減額請求権が発生する事態も想定できるからである。

　保険契約者は減額請求権を将来に向かって行使できるので，既経過期間の保険料は遡及的に減額されない。

　保険法10条の規定は片面的強行規定である（12条）。

3　危険の減少・増加（危険の変動）

（1）総　　論

　損害保険契約締結後に，危険が著しく減少したり（11条），増加することがある（29条）。危険の引受けは給付反対給付均等の原則に基づいているので，保険

契約の締結に際し，保険者は保険契約者または被保険者の告知情報に基づいて危険選択をするが，保険契約の進行中に保険契約の締結時の危険が変動するときには，その変動が給付反対給付の均等を壊すので，均等性を回復するために，それに応じて契約内容を変更する必要がある。

（2）危険の減少

　損害保険契約の締結後に危険が著しく減少したときは，保険契約者は，保険者に対し，将来に向かって，保険料について，減少後の危険に対応する保険料に至るまでの減額を請求できる（11条）。「著しい減少」とは，告知事項についての危険が低くなり，保険契約で定められている保険料が，当該危険を計算の基礎として算出される保険料を上回る状態をいう（29条参照）。保険契約締結後の減少であることを要し（11条），営業用の建物を居住用に変更するなど，保険料の変更をもたらすような減少をいう。

　保険法は，危険の減少について「著しく」という文言を付加しているが（11条），危険の増加についてそれを付加していない（29条），また，危険の増加に関する規定は「第四節　終了」に定められているのに対して，危険の減少に関する規定は「第二節　効力」に定められている。というのは，危険の減少は保険契約の進行過程における問題であり，それが生じた場合，保険契約を解除することなく，保険料の減額によって契約を継続させるという効果がもたらされるからである。

　保険契約者は，保険者に対し，将来に向かって，減少後の当該危険に対応する保険料に至るまでの減額を請求できる（11条）。減額の請求の時期は，「減少後の当該危険に対応する保険料」からして，危険の減少が生じた時である。

　保険法11条の規定は片面的強行規定である（12条）。

（3）危険増加

（i）危険増加の意義

　損害保険契約の締結後に危険増加が生じた場合において，保険料を危険増加に対応した額に変更するとしたならば契約を継続できるときであっても，①危険増加に係る告知事項について，内容に変更が生じたときは保険契約者または被保険者が保険者に遅滞なくその旨を通知すべき旨が保険契約で定められている場合，および，②保険契約者または被保険者が故意または重大な過失により遅滞なく通知をしなかった場合には，保険者は当該契約を解除できる（29条1項）。

　危険増加とは，告知事項についての危険が高くなり，保険契約で定められて
いる保険料が危険を計算の基礎として算出される保険料に不足する状態になる
ことをいう（29条1項柱書）。すなわち，保険契約の締結後に，締結時に告知さ
れた内容と比較して危険の程度が高くなり，危険選択上，給付反対給付の均等
を壊す結果となり，保険料に不足が生ずる状態になることから，均等性を回復
するために契約内容を調整する必要のある状態をいう。危険増加は継続的な増
加である必要がある。
　保険者が保険契約ごとに自己の基準で危険増加と判断すべきである。保険者
は，保険契約を引き受ける際，給付反対給付均等の原則に基づき，保険契約ご
とに告知情報に基づき自己の判断で危険選択を行うので，危険増加の場合にも
同様であるべきであると解される。

（ii）危険増加の要件

　危険増加の効果が生じるためには，次の三つの要件を必要とする（29条1項）。

（ア）保険契約の締結後の危険増加であること　　保険期間中の危険増加を対象
とすれば，契約締結後にしばらくして保険期間が開始するときは，契約締結後
から保険期間の開始までに生じた危険増加については，危険増加に関する規定
が適用されない。そのような場合について，危険増加が期間開始後にも継続し
ているとして，危険増加に関する規定を適用させる解釈をすることも可能だが，
保険法では，保険契約の締結後の危険増加と明示されている。

**（イ）保険料を危険増加に対応した額に変更するとしたならば保険契約を継続でき
るとき**　　保険料を危険増加に対応した額に変更すれば契約を継続することが
できるときであっても，保険者は契約を解除できる（29条1項）。この規定は，
保険契約の締結後に増加した危険の程度に応じて締結時に合意された保険料の
額を上げるなどして契約を継続させることを意味する。保険契約を継続できな
いとき場合，保険者が，危険増加の程度が著しいころから引受範囲を逸脱して
いるとして，契約継続を拒否する場合，あるいは，保険契約者側が高額な保険
料に難色を示し，保険者に対して契約解除の意思を表示する場合などをいう。

（ウ）次のいずれにも該当すること　　（a）危険増加に係る告知事項について，
その内容に変更が生じたときは保険契約者または被保険者が保険者に遅滞なく
その旨の通知をすべき旨が保険契約で定められていること，（b）保険契約者
または被保険者が故意または重過失により遅滞なく通知をしなかったことが必
要である。すなわち，（b）では，保険契約者または被保険者による通知が遅

滞なくなされなかったこと（客観的要件），および，通知の遅滞がこれらの者の故意または重過失によること（主観的要件）が必要となる。通知がなかった場合は，遅滞なく通知をしなかった場合に該当する。保険法上，危険増加が保険者の引受範囲内であれば，保険契約者または被保険者が故意または重過失により，危険増加を遅滞なく通知しなかった場合に保険者は契約を解除できる。保険者が保険契約者または被保険者の主観的要件を理由として通知義務違反を主張するためには，約款記載の通知事項を明確にすることが必要である。通知事項について，（a）の要件に合致するか否か，保険申込書で告知を求める事項に合致するか否かなどを確認し，通知事項を明確にする必要がある。保険期間が長期の場合，年1回程度，通知事項がないか否か保険契約者または被保険者への確認が必要であろう。（b）では「遅滞なく」という文言が明示されているので，具体的な期間については合理的に説明ができる範囲であることが求められ，1週間から1ヶ月程度が基準になるが，具体的な数字を明記するか否かは保険者の判断に委ねられる。

（iii）危険増加の効果

危険増加の要件が充足されれば，保険者は保険契約を解除できる（29条1項）。保険者は解除せずに免責を主張することも認められるが，その場合には，因果関係不存在の原則が適用され，告知義務違反による解除の規定（28条4項）が危険増加による解除権に準用される（29条2項）。

保険契約の解除は将来に向かってのみ効力を生ずる（31条1項）。解除までの期間について契約は有効であるが，保険者は，契約を解除した場合には（29条1項），解除に係る危険増加が生じた時から解除がされた時までに発生した保険事故による損害をてん補する責任を負わない（31条2項2号本文）。これに対して，危険増加をもたらした事実に基づかずに発生した保険事故による損害については責任を負う（31条2項2号ただし書）。保険事故による損害が前述のものであることの主張立証責任は，保険契約者または被保険者が負担する。

危険増加に関する保険法29条1項の規定は片面的強行規定である（33条）。

4　保険担保

保険の実務上，債権者が自己の債権の保全（担保）を目的として保険制度を利用すること（保険担保）がある。

（1）物上代位

（i）物上代位の可否

　民法上，抵当権等の担保物権が設定された場合，目的物の「滅失又は損傷によって債務者が受けるべき金銭」に対しても優先的な物上代位の効力を及ぼすことができる（民304条1項・350条・372条）。たとえば，AがB銀行から建物購入資金を借り受ける際，B銀行は貸付債権を保全するために，Aに対して，建物に抵当権を設定するとともに（民349条），C損害保険会社との間で建物について火災保険契約を締結することを求めることがある。建物が焼失し，Aに損害が発生した場合，AのC損害保険会社に対する保険金請求権に対してB銀行が物上代位の効力を及ぼすことができるか否かについて，一般的に，保険金請求権は，目的物の売却代金や滅失損傷の場合の損害賠償請求権などと同じく，目的物の代物あるいは変形物という理由で肯定する。目的物と保険金請求権との関連性や実務の要請を考慮すると，この立場が妥当であり，担保権設定者（被保険者）に支払われる保険金も目的物の滅失損傷によって債務者が受けるべき金銭にあたり，抵当権等の物上代位の効力が保険金請求権に及ぶ。

（ii）物上代位と差押えの意義

　担保権者（債権者）が保険金請求権に対して物上代位権を行使するためには，担保権者は保険金が被保険者（債務者）に支払われる前に差押えをしなければならない（民304条1項ただし書，民執193条）。差押期間は限定され，物上代位による抵当権者の保護は不十分で，物上代位物である保険金請求権の差押えが他の債権者との関係において問題となる。差押えを必要とする根拠，担保権者による差押えを必要とするか否かについて，目的物の滅失前における担保物権の対抗要件は目的物の滅失で公示能力を失うので，これに代わる公示方法として差押えを必要と解した上で，担保権者相互間の優劣は差押えの先後で決まると解される。というのは，差押えの機能は，第三債務者（保険者）に対して担保権者が物上代位権を行使する意思を知らせることにあり，保険金請求権者（被保険者＝債務者）への弁済を差し止めることによって物上代位権の優先権を保全することを目的とする点で，対抗要件と同じ機能を有するからである。

（iii）物上代位の課題

　物上代位では，担保権者は，保険事故の発生に関する情報を容易に知りうる立場にはないにもかかわらず，差押えをしなければならず，また，物上代位権と質権とが競合する場合，保険事故発生前に質権者が第三者対抗要件を具備す

ると質権が優先されるという課題がある。保険の実務では，物上代位の課題を克服するために質権設定方式が最も広く利用されている。

（2）質権設定方式

（ⅰ）意　　義

債務者が目的物について締結した損害保険契約における保険事故発生前の未必的保険金請求権の上に，債権者が質権を設定する方式がある。設定される質権は指名債権を目的とする権利質（民362条）の一種である。

（ⅱ）質権設定の手続

未必的保険金請求権に質権を設定するためには，質権者（債権者）と被保険者（債務者）との間で質権設定契約が締結され，書面（保険証券）を質権者に交付する（民344条）。書面の作成前に質権を設定する場合には，質権設定契約の締結だけで足りる。質権設定の効力を保険者（第三債務者）に対抗するためには，保険者に質権設定を通知するか，または，保険者がこれを承諾することを要する（民467条参照）。保険者以外の第三債務者に対抗するためにも同様である（民364条）。

保険の実務では，損害保険会社の作成による質権設定承認請求書に債権者（質権者）と被保険者（質権設定者）が連署し，保険会社の承諾を得た後，公証人の確定日付を得ることが必要とされる。その後の継続契約についても，旧契約の質権設定承認請求書に確定日付により第三者に対抗できる（名古屋高判昭和37・8・10下民集13巻8号1665頁）。これらは，質権者の手間と費用を除き，その地位の保護を図るためである。

（ⅲ）質権設定の効果

質権は，元本，利息，違約金，質権の実行の費用，質物の保存の費用および債務の不履行または質物の隠れた瑕疵によって生じた損害の賠償を担保する（民346条）。質権の設定後は，保険者と保険契約者（債務者）だけで保険契約を合意解除できないが（岐阜地判昭和32・12・9金法167号5頁），保険者は法定および約款所定の解除権は行使できる。保険事故が発生し，保険金請求権が具体化した場合，被担保債権の弁済期が到来すれば，質権者は，被担保債権額に対応する部分に限り，保険金の支払を請求できる（民366条2項）。被担保債権の弁済期前であれば，質権者は保険者に弁済額の供託をさせることができ，質権は供託金の上に存在する（民366条3項）。

保険の実務では，債務者が期限の利益を放棄する特約を行い，質権者が保険

金の支払を請求する。保険者の免責事由に該当する場合には，質権者は保険金の支払を受けられず，保険金受領後に判明したときには，質権者は不当利得を理由に保険金を返還しなければならない（大阪高判昭和40・6・22下民集16巻6号1099頁）。

(iv) 質権設定の課題

　債務者（保険契約者または被保険者）の行為（告知義務・通知義務・損害防止義務の違反，保険料不払，保険事故招致等）を理由に保険者が保険契約を解除したり，免責を主張する場合には，債権者が保険金を受領できないことがあり（大阪地判昭和38・5・24判時368号60頁），また，債務者をして損害保険契約を締結し，保険金請求権について質権設定に応ずるなど，債務者の協力を必要とする。保険の実務では，前者の課題を克服するために抵当権者特約条項が，後者の課題を克服するために債権保全火災保険がある。

(3) 抵当権者特約条項

(i) 意　　義

　抵当権者（債権者）の被担保債権を保全するために，被保険者が未必的保険金請求権を抵当権者に譲渡し（譲渡担保），対抗要件として，保険者（第三債務者）が債権譲渡を承諾する際に（民467条），保険者と抵当権者との間で主契約である保険契約に特約を付帯する方式をいう。

(ii) 手　　続

　抵当権者が被保険者（抵当権設定者）から保険金請求権を譲り受けたこと，保険契約に抵当権者特約を付帯することを内容とする抵当権者特約条項添付申込書に抵当権者と被保険者とが連署した後，保険会社の承認を受ける。

(iii) 内　　容

　保険者は，質権設定者である債務者（保険契約者または被保険者）に通知義務違反があっても抵当権者に対して保険金を支払わなければならず（抵特2条1項），保険金額を限度として，譲渡担保権者が被保険者に対して有する抵当権付債権を譲り受け（抵特5条1項），被保険者との関係では保険金支払義務を負わない。抵当権に優先する担保権があるときは，保険金は優先する被担保債権額を控除して支払われる（抵特1条2項）。保険契約者または被保険者の故意または重過失による事故招致等を理由に保険者免責となる場合には，抵当権者は保険者から支払を受けられない。保険者は保険契約を解除する場合，抵当権者に対して猶予期間（10日間）内に書面での予告を要する（抵特4条）。

（ⅳ）抵当権者特約の課題

　この特約は，抵当権者しか利用できず，抵当物が建物の場合，この特約を付帯できる保険契約が限定されている。抵当権者は通知義務および追加保険料支払義務を負担しており，損害をてん補した保険者は抵当権者から保険金と同額の抵当権付債権を譲受するゆえに，債務者には利益とならない。

（4）債権保全火災保険

（ⅰ）意　　義

　抵当権者（債権者）が，自己のために，抵当物件の火災による滅失損傷によって抵当権付債権（被保険利益）に生じる損害をてん補することを目的とする保険契約をいう。

（ⅱ）内　　容

　債権保全火災保険は，抵当物の滅失損傷による被担保債権の損失をてん補する債権保険であり，保険契約者または被保険者が抵当権者となり，被保険者の被担保債権を保険の目的とし，抵当物の滅失損傷により減少する損失が被保険利益となる。抵当物が，火災，落雷，破裂・爆発による損害に起因して被担保債権の損失が発生した場合，抵当物の損害割合（抵当物の損害額の抵当物の価額に対する割合）と同じ割合の損害が被担保債権に生じたものと仮定して保険金を算定し，これと同額の債権の譲渡を受ける。抵当権者（被保険者）の二重利得を防止するために，抵当権者に保険金が支払われても債務者の債務は消滅・減少せず，支払保険金と同額の債権を保険者が譲り受けるとともに（債保13条・14条），債務者はこれを保険者に対して負担する。この点は質権設定等に比べて債務者に不利である。

（ⅲ）債権保全火災保険の課題

　この保険は，利用者は抵当権者に限られ，この者が保険料を負担する。債権額が抵当物の価額より少ないときは，債権額を保険価額とする。債務者が保険契約の締結・継続の手続や，告知義務・通知義務について抵当権者に協力的な場合には，この保険を利用する意義は乏しい。

5　保険の目的物の譲渡

（1）意　　義

　保険期間中に目的物が譲渡された場合には，保険契約者（譲渡人）は所有権および被保険利益を失うので，この者を被保険者とする保険契約は消滅し，保険関係は移転しないから，譲受人が目的物につき新たに保険契約を締結しなけ

ればならないはず。しかし，この状況は譲受人に不便であり，保険者も顧客を失う。保険法には目的物の譲渡に関する明示の規定がないので，約款の規定によるが，保険の実務では，一般的に，目的物が移転しても保険契約の継続を認めている。

（2）約款の規定

（ⅰ）損害保険一般

自動車保険を除く陸上保険の約款では，保険契約の締結の後，保険契約者が保険の目的物を譲渡し，約款に関する権利義務を目的物の譲受人に移転させるときは，保険契約者または被保険者は目的物の譲渡前に書面で保険会社に申し出て，承認を請求しなければならない（最判平成5・3・30民集47巻4号3384頁〔保百選10〕）。保険会社が承認する場合には，権利義務は，目的物が譲渡された時に，目的物の譲受人に移転する（住総19条）。

（ⅱ）自動車保険

（ア）被保険自動車の譲渡　　約款では，被保険自動車が譲渡された場合であっても，保険契約に適用される約款および特約に関する権利義務は，譲受人に移転しないことを原則とするが，保険契約者がこれらの権利義務を被保険自動車の譲受人に譲渡する旨を書面をもって保険会社に通知し，承認の請求を行い，保険会社が承認したときは，譲受人に移転する（自〔基本〕7条1項）。

（イ）被保険自動車の入替え　　保険期間中，保険事故が発生しない無事故であった場合には，新規保険契約の保険料を減額するいわゆる無事故割引制度があることから，被保険自動車の入替えを行おうとする保険契約者はこの制度を利用すると有利である。すなわち，①被保険自動車の所有者または記名被保険者等が，自動車の新規取得を行った場合，および，②被保険自動車が廃車，譲渡または返還された場合であって，①の者の所有自動車がある場合において，保険契約者が書面をもってその旨を保険会社に通知し，新規自動車または所有自動車と被保険自動車の入替えの承認の請求を行い，保険会社がこれを承認したときは，新規自動車または所有自動車について，新規保険契約を適用する（自〔基本〕8条1項・2項）。

（3）譲渡の要件・効果

目的物を譲渡するためには，所有権の移転および目的物の引渡しを必要とし，譲渡の有無は所有権の移転時期と引渡しの時期で判断する（最判平成9・9・4判時1624号79頁）。

　目的物の譲渡によっては，被保険者の地位が移転するだけで，譲渡人は保険契約者のままなので，保険契約者としての義務（保険料支払義務，損害発生通知義務等）は譲受人に移転せず，保険契約は他人のためにする保険契約になると解することができる。しかし，譲渡人は保険関係から離脱すると解するのが譲渡人の意思とされ，譲渡人（保険契約者）の保険事故招致により保険者が免責されることは譲受人に酷である。譲渡によって移転が推定されるのは権利義務を含む保険関係であり，譲渡人は保険関係から離脱し，譲受人が保険契約者となる。

（4）保険債権の移転に関する対抗要件の要否

　譲受人が保険者に対して保険関係の移転を対抗するためには，指名債権譲渡の対抗要件（民467条）を必要としないと解される（盛岡地判昭和45・2・13下民集21巻1＝2号314頁）。

6　重大事由による解除

　保険者は，保険契約者または被保険者が，保険者に契約に基づく保険給付を行わせることを目的として損害を生じさせ，または生じさせようとしたり，被保険者が契約に基づく保険給付の請求について詐欺を行い，または行おうとした等の事由がある場合には，保険契約を解除できる（30条）。

第7章
損害保険契約の処理過程

第1節　損害保険契約の終了

1　保険契約の当然の終了
（1）保険期間の満了

保険期間内に保険事故が発生することが保険金給付の前提とされる契約では，満期が到来すると保険契約は終了する。満期払戻金・無事故戻金等の名目で保険契約者・被保険者に対して給付される保険契約がある。

（2）保険事故に起因する損害の発生

目的物が保険事故で全損し，保険金額の全額が保険金として支払われた場合には，保険契約は目的を達成したことで終了する。約款では，保険事故で保険金額の一部が支払われた結果，残存保険金額が一定割合（20%）未満となった場合には，保険契約は損害の発生時に終了すると定める（住総39条1項）。

（3）保険の目的物の消滅等

目的物が保険事故以外の原因で消滅し，被保険利益が消滅した場合には，保険事故が発生する可能性がないので，保険契約は終了する。

2　保険契約の当然の失効

約款では，目的物が譲渡されたときは，保険契約は当然に失効するが，事前の申出により保険契約を譲受人に移転できる（住総19条1項・2項）。

3　契約当事者による保険契約の解除
（1）保険者による解除

保険者は，告知義務違反を理由として，保険契約を解除できる（28条）（詳細は，93頁以下を参照）。危険増加に関する告知事項に変更が生じたとき，保険契約者または被保険者は保険者に遅滞なくその旨を通知すべきとし，保険契約者または被保険者が故意または重大な過失で通知を怠ったときには，保険者は解除できる（29条）。保険契約者または被保険者が，保険給付を目的として損害を生じさせ，または生じさせようとした場合，被保険者が保険給付の請求につい

て詐欺を行い，または行おうとした場合，その他，保険者の保険契約者または
被保険者に対する信頼を損ない，保険契約の継続を困難とする重大な事由があ
った場合には，保険者は解除できる（30条）。

　自動車保険の約款では，目的物の構造・用途の変更で危険が増加した場合，
目的物の譲渡・入替えの場合，目的物の管理義務違反・保険者の調査を正当な
理由がなく拒んだ場合には，保険者は解除できる（自〔基本〕5条1項・3項等）。

　保険料の不払いによる債務不履行を理由とする解除の効果について，遡及効
はないと解されるが，保険者の責任開始前の解除には遡及効が認められる（最
判昭和37・6・12民集16巻7号1322頁〔保百選12〕）。

（2）保険契約者による解除

　保険契約者はいつでも保険契約を解除できる（27条）。というのは，保険者の
責任開始前の他，責任開始後であっても，保険契約者が契約の継続を望まない
場合には，継続を強要することは妥当ではないからである。保険法27条の規定
は任意規定である。

　保険者が破産手続開始の決定を受けたときは，保険契約者は保険契約を解除
できる（96条1項）。保険契約者が解除をしなかったときは，保険契約は，破産
手続開始の決定の日から3ヶ月を経過した日に効力を失う（96条2項）。

（3）被保険者の解除請求による保険契約者の解除

　被保険者が傷害疾病損害保険契約の当事者以外の者であるときは，被保険者
は，保険契約者に対し，保険契約者との間に別段の合意がある場合を除き，保
険契約の解除を請求できる（34条1項）。保険契約者は，被保険者から解除の請
求を受けたときは，保険契約を解除できる（34条2項）。

第2節　保険給付

1　保険事故と損害の発生・損害のてん補

（1）損害てん補の要件

（i）保険事故の発生

　保険期間内に保険事故が発生したことにより被保険者に損害が生じた場合に
は，保険者は損害をてん補する義務を負う（2条1号・6号・7号）。保険事故発
生の立証責任は被保険者が負担する（最判平成13・4・20民集55巻3号682頁〔保百
選97〕，最判平成16・12・13民集58巻9号2419頁〔保百選28〕，最判平成18・6・1民集60巻

5号1887頁〔保百選43〕，最判平成19・4・17民集61巻3号1026頁〔保百選44〕等）。

（ⅱ）保険期間中の発生

　保険事故が保険期間中に発生しなければならない。保険事故が保険期間中に発生すれば，損害が期間経過後に発生しても損害はてん補される。

（ⅲ）損害の発生

　保険事故の発生により被保険者に損害が生じることを必要とする。保険事故と損害との間には相当因果関係が必要とされ，保険事故が通常そのような損害をもたらすであろうと認められる場合に限り，保険者はてん補責任を負う。

（2）保険者の免責事由

　保険期間内に保険事故が発生し，被保険者に損害が生じたとしても，発生の原因によっては保険金が支払われない場合がある。

（ⅰ）法定免責事由（17条）

（ア）故意・重過失による事故招致　保険者は，保険契約者または被保険者の故意または重大な過失によって生じた損害をてん補する責任を負わない（17条1項）。責任保険契約では，保険契約者または被保険者の故意により生じた損害だけが免責される（17条2項）。「故意」とは，自己の行為が保険事故を生じさせることを知りながら行為をなすことをいい，保険金取得の意思を要しない。「重大な過失」とは，注意を著しく欠いていることをいう。重過失による事故招致が免責事由とされているのは，故意の立証が困難な場合が多いからであり，重過失は故意に準ずる狭い範囲に限定して解される。保険契約者または被保険者の故意または重過失の主張立証責任は，保険者が負担する。責任保険契約で保険契約者または被保険者の重過失が免責とされていないのは，責任保険契約は，①被保険者が不法行為等により損害賠償責任を負担した場合に備えて締結されるもので，保険契約者または被保険者に重過失があった場合に保険給付がされないとなると，契約締結の目的が達成できなくなること，②被害者のための保険としての機能もあり，保険契約者または被保険者に重過失がある場合でも保険給付を行うとした方が被害者保護に資することなどによる。

　保険契約者または被保険者が法人の場合，法人に代わって目的物を事実上管理する地位にある者の故意または重過失が法人のそれとみなされる。約款では，保険契約者または被保険者が法人であるときは，その理事，取締役または法人の業務を執行するその他の機関の故意もしくは重大な過失または法令違反によって生じた損害または傷害については，免責される（住総6条1項）。その結果，

法人の機関が事故招致をすれば同人が目的物の事実上の管理者であったか否かにかかわらず，被保険者は保険金の支払を受けられなくなる（最判平成16・6・10民集58巻5号1178頁〔保百選20〕）。

　傷害疾病損害保険の場合，被保険者または相続人の故意または重過失が免責事由となる（35条）。というのは，被保険者に故意または重過失により傷害疾病を生じさせ，死亡させた相続人は，被保険者の相続財産に帰属する保険金請求権の利益を享受しうる立場にあるからである。

　（イ）戦争その他の変乱　　保険者は，戦争その他の変乱によって生じた損害をてん補する責任を負わない（17条1項）。というのは，この場合，損害が広汎になり，保険者がこの損害をてん補するとすれば高額の保険料が必要となるからである。「その他の変乱」とは，戦争に準ずるような大きな継続的な争乱状態をいい，大規模な革命や大規模な暴動をいう。保険法17条の規定は任意規定である。

　（ⅱ）約定免責事由

　約款には固有の免責事由がある。火災保険では，「地震もしくは噴火又はこれらによる津波」による損害（住総5条7項），自動車保険では，「記名被保険者」，「被保険自動車を運転中の者又はその父母，配偶者もしくは子」，「被保険者の父母，配偶者又は子」，「被保険者の業務に従事中の使用人」および「被保険者の使用者の業務に従事中の他の使用人」の生命または身体が害されたことにより被保険者が被る損害（自〔賠責〕4条），無免許・酒酔いもしくはシンナー等の影響で正常な運転ができないおそれがある状態で運転しているときに生じた損害（自〔車両〕4条）などがある。

2　損害の発生・拡大の防止義務
（1）損害防止義務の内容
（ⅰ）損害防止義務の意義

　保険契約者および被保険者は，保険事故が発生したことを知ったときは，これによる損害の発生および拡大の防止に努めなければならない（13条）（損害防止義務）。損害防止義務を定めた理由は，保険契約者の積極的あるいは消極的な行為により損害が発生し，拡大する危険があり，保険契約が賭博的に利用される危険性があるので，衡平の見地により損害防止義務の根拠を求め，また，損害の拡大を保険契約者および被保険者が防止できるのであればそれをしないで損害を拡大させることは，保険者との関係で信義則（民1条2項）に反するから

である。

（ⅱ）防止義務者

　損害防止義務は保険契約者および被保険者が負担する。第三者のためにする損害保険契約（8条）では，保険契約者が損害の発生および拡大の防止に適した地位にある場合もあることによる。このように，防止義務者に契約当事者である保険契約者が含まれるので，損害防止義務の趣旨としては，信義誠実の要請や公益保護の要求とかが考えられるが，保険契約者と被保険者の立場を考慮すると，損害の発生および拡大の防止に関する不作為が損害の発生および拡大に作用した原因力の一つであると考えられる。

（ⅲ）防止義務の開始時期

　防止義務者は保険事故が発生したことを知ったときに防止義務を負担すべきなので（13条），開始時期は防止義務者が保険事故の発生を知った時である。

（ⅳ）防止の程度・方法

　防止義務者は，発生した保険事故による損害の発生および拡大の防止に努めなければならない（13条）。損害の発生・拡大の防止とは，保険事故による損害の発生・拡大の阻止をいう。免責事故による損害については，防止義務はない。

　防止の程度・方法は，事故が発生した状況により異なる。防止義務者は，無保険の場合でも，自己の利益に対する損害の防止に努めるのと同じ程度の努力をなすべきであり，防止義務者がこの程度の努力をなした限り，成功しなかったとしても，防止義務は履行されたものといえる。

（ⅴ）防止義務違反の効果

　事故発生に伴う防止義務者の精神的動揺による不注意を考えると，軽過失によるものを除き，故意または重過失による義務違反については制裁を課すべきである。この場合，防止義務違反をもって損害の発生に作用するその他の危険と同列に考えて，保険者のてん補責任の有無の問題とし，義務違反により発生拡大した損害を限度として保険者がてん補責任を免れる。

（2）防止費用

　てん補損害額の算定に必要な費用，および，損害の発生または拡大の防止のために必要または有益であった費用は，保険者が負担する（23条1項）。損害防止費用は，「損害の発生又は拡大の防止のために必要または有益であった費用」と明示されているが，一般的・客観的に損害防止のために必要または有益な費用とされ，損害防止に資するものであったか否かを問わない。損害防止費用と

てん補額を合算した合計額が約定保険金額を超える場合も保険者の負担となる。約款では，防止費用を保険者が制限的に負担する（住総33条2項）。

　保険法19条の規定は，保険法23条1項2号に掲げる費用の額について準用する。この場合において，同条中「てん補損害額」とあるのは，「第23条第1項第2号に掲げる費用の額」と読み替えるものとする（23条2項）。

3　損害発生の通知義務等
（1）通知義務
（ⅰ）通知義務の内容

　保険契約者または被保険者は，保険事故による損害が生じたことを知ったときは，遅滞なく，保険者に対し，その旨の通知を発しなければならない（14条）。保険者が，保険給付等の義務を負担すべきか否かを判断するために，そして，てん補するべき損害の額を把握するために，事故原因の調査，証拠保全，損害の種類および範囲の確定，損害防止などを講ずる機会を確保する目的において，保険契約者または被保険者は保険の目的物に接しており，人保険における被保険者は保険事故の客体であることから，これらの者に通知義務を課している。

（ⅱ）通知義務者・通知の相手方

　通知義務者は，保険契約者または被保険者であり（14条），このうちの1人が通知すれば足りる。通知の相手方は，保険者または保険者のために通知の受領権限を有する者である。ただし，保険者が損害発生の事実を知っており，かつ，通知義務者もそのことを知っている場合には，この事実の通知は必要ない。

（ⅲ）通知の方法

　書面ないし口頭でよい。保険法14条は，通知義務者は「遅滞なく」通知すべき旨を定めているのに対して，自動車保険約款は，「直ちに」通知すべき旨を定めているが（自〔基本〕20条2号），両者には大きな違いはない。

（ⅳ）通知の効力発生時期

　通知義務者が通知を発した時である。約款上，通知不到達のリスクは通知義務者が負担する。

（ⅴ）通知事項

　保険事故により，保険者が保険給付を行う保険事故による損害が生じた旨の通知を発しなければならない（14条）。傷害疾病定額保険契約について，給付事由の発生した事実を通知すべきであると定めていること（79条）との均衡を考えれば，保険法14条の通知事項は，目的物または人保険の被保険者において保

険事故により損害が生じたという明確な事実をいうと解される。

（vi）通知義務違反の効果

　通知義務は法律上の真正の義務であり，保険者は，通知義務違反によって損害を被ったときは，債務不履行の一般原則に基づき，通知義務者である保険契約者または被保険者に賠償を請求することができ，通知義務違反によって生じた損害額を保険金から控除できる（最判昭和62・2・20民集41巻1号159頁〔保百選15〕）。保険者が賠償を請求するためには，通知義務違反により保険者に損害が発生したことを証明しなければならない。約款では，保険契約者または被保険者が正当な理由なく通知義務に違反したときは，それによって保険会社が被った損害の額を差し引いて保険金が支払われる（住総33条3項，自〔基本〕21条1項）。

（2）説明義務

　自動車保険の約款では，保険契約者，被保険者または保険金を受け取る者に対して，これらの者が保険事故の発生を知ったときは，事故の状況，被害者の住所・氏名または名称，事故発生の日時・場所または事故の証人の住所・氏名または名称，損害賠償請求の内容等について，書面を提出する義務を課し，保険会社が行う損害等の調査に協力することを求める（自〔基本〕20条3項・10号）。説明義務者が正当な理由がなくこの義務に違反した場合は，保険会社は，義務違反により保険会社が被った損害の額を差し引いた保険金を支払う。

4　保険給付の履行

（1）保険給付義務

　保険者は，保険期間内に保険事故が発生し，それにより目的物に損害が生じた場合，または被保険者の傷害疾病による損害が生じた場合，損害をてん補する義務を負う（2条1号・6号・7号）。保険事故による損害が生じた場合，目的物が損害の発生後に保険事故によらないで滅失したときであっても，保険者は損害をてん補する義務を負う（15条）。

　保険法15条の規定は片面的強行規定である（26条）。

（2）保険価額・損害額の算定と給付額の算定

（i）保険価額・損害額の算定

　てん補すべき損害の額は，損害が生じた地および時における価額によって算定する（18条1項）。約定保険価額があるときは，てん補損害額は約定保険価額によって算定するが，約定保険価額が保険価額を著しく超えるときは，評価済保険の効力は失われ，未評価保険の原則に戻り，てん補損害額は実際の保険価

額によって算定する（18条2項）。

（ⅱ）給付額の算定

　全部保険の場合には保険給付の額は損害額に相当するが，一部保険の場合には比例てん補となる（19条）。自動車保険の約款では，1回の事故について支払う保険金の額は，全損の場合には保険価額と同額，分損の場合には損害額から保険証券記載の免責金額を差し引いた額となる（自〔車両〕10条1項）。免責金額に相当する金額は，小損害不担保として被保険者が自己負担する。

（3）保険給付の履行期・場所

（ⅰ）履 行 期

　約款では，被保険者が保険金の支払を受けるために約款所定の手続を完了した日から一定の期間（30日）内に保険金が支払われる旨を定める（住総36条1項，自〔基本〕24条1項）。ただし，保険法によれば，保険契約で保険給付を行う期限（①）を定めた場合でも，約定期限が，保険給付を行うために確認をすることが必要とされる事項（保険事故，てん補損害額，保険者が免責される事由等）の確認をするための相当の期間を超えるときは（②），相当の期間を経過する日が履行期限となる（21条1項）（最判平成9・3・25民集51巻3号1565頁）。すなわち，①が②より後のときは，②が履行期限となり，①が②より先に到来すれば，①が履行期限となる。相当の期間は，約款所定の事項の確認をするために合理的な期間であり，保険契約の類型ごとに判断される。保険法上，保険給付を行う期限を定めなかったときは，保険者は，保険給付の請求があった後，請求に係る保険事故およびてん補損害額の確認をするために必要な期間を経過するまでは，遅滞の責任を負わない（21条2項）。保険者が保険法21条1項・2項に規定する確認をするために必要な調査を行うに当たり，保険契約者または被保険者が正当な理由なく調査を妨げ，またはこれに応じなかった場合には，保険者は，これにより保険給付を遅延した期間について，遅滞の責任を負わない（21条3項）。

　保険法21条1項・3項の規定は片面的強行規定であり（26条），2項は期限がない場合の補充規定であるから任意規定である。

（ⅱ）保険給付請求権の消滅時効

　保険給付請求権は3年の時効で消滅する（95条1項）。保険法が短期消滅時効を定めるのは，迅速な決済を実現するためである。時効の起算点は被保険者が権利を行使できることを知った時であり（民166条1項），被保険者が保険給付の請求をしたときは，保険給付の履行期限が起算点となるが，被保険者が給付請

求をしないで履行期間が経過したときは，保険事故発生時から３年で保険金請求権は時効消滅する（最判平成15・12・11民集57巻11号2196頁〔保百選88〕，最判平成20・2・28判時2000号130頁〔保百選22〕）。

（ⅲ）履行場所

債権者である被保険者の住所または営業所である（商516条１項，保業21条２項）。保険の実務では，被保険者または保険金受領権限を有する者の指定する金融機関の口座に払い込まれるか，目的物を修理した業者の口座に払い込まれる。

（ⅳ）保険金支払後の保険契約

目的物に全損が生じ，保険金額の全部が支払われた場合には，保険契約は終了する。分損が生じ，保険金額の一部が支払われた場合には，当初の保険金額のままで契約が存続する契約類型と，残存保険金額がその後の保険金額となる契約類型がある。

（ⅴ）責任保険契約についての先取特権

責任保険契約の被保険者に対して責任保険契約の保険事故に係る損害賠償請求権を有する者は，保険給付を請求する権利について先取特権を有する（22条１項）。被保険者は，保険法22条１項の損害賠償請求権に係る債務について弁済をした金額または損害賠償請求権を有する者の承諾があった金額の限度においてのみ，保険者に対して保険給付を請求する権利を行使することができる（22条２項）。責任保険契約に基づき保険給付を請求する権利は，譲り渡し，質権の目的とし，または差し押さえることができないが，①保険法22条１項の損害賠償請求権を有する者に譲り渡し，または当該損害賠償請求権に関して差し押さえる場合，および，②保険法22条２項の規定により被保険者が保険給付を請求する権利を行使することができる場合は，この限りでない（22条３項）。

第3節　保険代位

1　保険代位と利得禁止

保険事故により被保険者に損害が生じ，保険者が損害をてん補したとき，目的物である建物が全焼したが，鉄骨が残っている場合のように，残存物がある場合，あるいは，建物が第三者の放火で焼失した場合のように，保険事故が第三者の行為によって発生したことにより被保険者に損害が生じ，被保険者が第三者に対して債権（被保険者債権）を取得する場合には，保険者が被保険者の残

存物に対する権利または被保険者債権に代位する。損害保険契約では，保険事故の発生で被保険者が利得する事態を回避する仕組みが必要なので，保険法では，その一つとして保険代位があり，利得禁止原則を具体化している。

2　残存物代位

（1）残存物代位の意義・趣旨

　保険者は，目的物の全部が滅失した場合において，保険給付を行ったときは，保険給付の額の保険価額または約定保険価額に対する割合に応じて，目的物に関して被保険者が有する所有権その他の物権について当然に被保険者に代位する（24条）（残存物代位）。

　残存物代位の趣旨については，被保険者は，保険金額全部の支払を受けた上に残存物を保有し続けるならば，その価額について利得するので，これを防止することにあり，さらに，保険者は残存物価額を控除した額について損害をてん補するはずであるが，この価額の算定には時間と費用がかかるので，算定前に被保険者に保険金を支払うことによってこの者の損害を迅速にてん補し，その利益を保護することにあると解される。

（2）残存物代位の要件

（ⅰ）目的物の全部の滅失

　目的物が保険事故でその本来的機能または効用の全部を失うこと（全損）を要する。「全損」とは，目的物が有していた経済的効用の全部を失ったことをいう。

（ⅱ）保険者による保険給付

　保険者が保険契約に基づいて支払うべき金額を支払ったことを要する。実損害について責任を負えば足りる。保険者が支払う金額の中には損害防止費用も含まれる。保険者が損害防止費用を支払わないで代位するのは公平でないからである。保険者がこの金額の一部のみを支払った場合には，被保険者が利得しない範囲内において残存物代位が認められる。というのは，保険者が支払った金額の支払うべき金額に対する割合で代位を認めれば（19条参照），保険者が義務を完全に履行していなくとも代位を認めることになり不当であるし，代位を認めなければ被保険者が利得するからである。

（3）残存物代位の効果

（ⅰ）保険給付の額の保険価額に対する割合に応じた代位

　保険者は，給付額の保険価額に対する割合に応じて代位する（24条）。一部保

険の場合，保険者は，給付額の保険価額に対する割合に応じて，目的物につき被保険者と共有関係に入る。目的物が可分の場合，可分な部分について全損の場合が生ずるので，その一部について，保険法24条と同じ取扱いをする約定は認められる。

（ⅱ）目的物について被保険者が有する物権に代位

保険者は，目的物について被保険者が有する所有権その他の物権に代位する。保険者は残存物に関する物権を取得するので，これを売却すればその価額につき保険金の一部を回収でき，実損額をてん補した場合と同じ結果となる。

（ⅲ）被保険者の権利に当然に代位

残存物代位は保険法の規定による「当然」の法定の効果であり，被保険者が保険者による代位について意思表示をすることを要せず，要件が充足されればその効力が発生し，代位の事実を第三者に対抗するための対抗要件も要しない。保険者が代位する時期は，給付額の全部を支払った時である。

（4）被保険者の権利を取得しないとする約款規定の効力

残存物に関する権利を取得した保険者は，残存物の売却額から保険給付の額の一部を回収できる。しかし，残存物を除去したり（港則26条），船骸から漏れた油による海洋汚染について損害賠償を請求されることもあり（油濁3条），残存物代位は保険者につねに利益をもたらすものではない。残存物に関する経済的負担も保険者に移転すると解するのが自然なので，保険者が負担を避けるためには，残存物に関する権利取得を放棄するか，あるいは，権利は取得するが付随費用は被保険者が負担する旨の特約を要する。

約款では，目的物の所有権その他の物権は，保険会社がこれを取得する旨の意思を表示しない限り移転しない（住総34条1項），保険会社が被害物に対する被保険者の権利を取得しない旨の意思を表示して保険金を支払ったときは，目的物に対する被保険者の権利は移転しない（自〔車両〕12条3項），あるいは，残存物に関する所有権を取得することで保険者が負担する義務の履行に必要な費用は被保険者が負担する（船舶32条3項）と定めるものがある。これらは，保険者が残存物の保全または除去費用を負担する不利益を避けるためであり，残存物の除去義務を負う場合のように，代位が生じなくとも被保険者が利得せず，当然に代位が生ずるとすることが相当でない場合もあることを踏まえたものである。

保険法24条の規定は片面的強行規定である（26条）。

3　請求権代位

（1）請求権代位の意義・法律関係

（i）意　　義

　保険事故が第三者の行為（放火などの不法行為，返還不能などの債務不履行等）により発生し，被保険者に損害が生じた場合，保険者が被保険者に対して保険給付を行ったときは，保険者は支払った金額を限度として，保険事故による損害が生じたことにより被保険者が取得する債権（被保険者債権）を取得する（25条1項）（請求権代位）。

（ii）法律関係

　保険事故による損害が第三者の行為によって発生した場合，被保険者は第三者に対して被害者として損害賠償請求権を取得するとともに（民415条・709条等），保険契約に基づき保険者に対して被保険者として損害てん補請求権を取得する。第三者が被保険者に損害賠償金を支払えばその額の分だけ被保険者の損害が縮小するので，保険者のてん補額も減少する。両請求権は別個の原因に基づく権利であり併存することは可能であるから，保険者は被保険者に負担額を支払うことができる。しかし，①被保険者が両請求権を行使すれば損害額を上回る金額を取得することがあり，最狭義の利得禁止の原則に反する，②被保険者が損害てん補を受けたからといって，第三者が損害賠償債務を免れることは不合理であることから，③保険法は保険者に請求権代位を認める。

（2）請求権代位の要件

（i）被保険者債権の発生

　第三者の行為に起因して保険事故が発生したことによって被保険者に損害が生じ，被保険者が第三者に対して債権を取得することを要する（25条1項）。被保険者債権は，第三者の不法行為によるもの（民709条）であると，債務不履行によるもの（民415条）であるとを問わず，保険給付を発生させる事象と同一の事象により被保険者が取得する権利で足りる。

　債務不履行その他の理由により債権について生ずる損害をてん補する損害保険契約では，当該債権を含む。ただし，損害が被保険者の同居の家族等被保険者と共同生活を営む者の過失によって生じた場合に保険法25条を適用することは，被保険者から保険の利益を奪うことになり，適切ではないと解される。分損の場合においても請求権代位が生じる。

（ⅱ）保険者による保険給付の実行

　保険者が被保険者に対して保険給付を行わなければならない（25条1項）。保険法25条1項の場合において，同項1号に掲げる額がてん補損害額に不足するときは，被保険者は，被保険者債権のうち保険者が保険法25条1項の規定により代位した部分を除いた部分について，代位に係る保険者の債権に先立って弁済を受ける権利を有する（25条2項）。つまり，保険者は，被保険者の権利を害しない範囲内において権利を行使する。

（3）請求権代位の効果

（ⅰ）保険者は被保険者の権利に当然に代位する

　請求権代位は保険法の規定による「当然」の法定効果であり，被保険者が保険者による権利の代位について意思表示をすることを要せず，要件が充足されれば当然に効力が発生し，一般的には，代位の事実を第三者に対抗するための対抗要件も要しない。被保険者は，保険給付を受けるまでは権利の行使（第三者に対する損害賠償請求）または処分（第三者の免責，権利の譲渡等）をしうる。

（ⅱ）保険者と被保険者との権利関係

　保険者は被保険者債権に代位する。全部保険の場合，被保険者債権の全部が保険者に移転する。一部保険の場合，被保険者債権の内容により移転の内容が変わるので，保険者が代位取得する権利の内容を明らかにしなければならない。保険法は，保険者は，保険給付の額か被保険者債権の額のうちどちらか少ない額を限度として，被保険者債権の額について当然に被保険者に代位すると定め（25条1項），差額説によることを明示し，権利内容を明らかにしている。

　一部保険で，第三者に対する請求権の額が損害額に満たない場合，たとえば，保険価額100万円，保険金額50万円の自動車が全損したが，被保険者の加害者に対する損害賠償請求権の額は過失相殺（過失割合2割）により80万円とする。保険法25条は，代位の対象は，被保険者が損害の全部を回収し，それでも残る第三者に対する権利の部分について保険者が代位するという考え方（差額説）である。これは，請求権代位の趣旨である被保険者の利得禁止の原則と第三者の免責阻止の原則を忠実に守るものである。すなわち，保険法25条によれば，保険者が被保険者に保険金50万円を支払うと，保険者は，保険給付の額（50万円）と被保険者債権の額（80万円）のいずれか少ない額を限度として第三者の権利に代位するが，保険給付の額がてん補損害額（100万円）に不足するので，保険給付の額と比較するのは，被保険者債権の額から不足分（50万円）を控除し

た残額（30万円）となることから，保険者は30万円について代位取得し，被保険者は第三者から賠償金として50万円を受け取ることになるので，損害額100万円に相当する金額を受け取る。

（ⅲ）被保険者による請求権保全義務

　被保険者が保険金請求権と第三者に対する権利とを取得した場合，被保険者は，保険者の代位による権利を保全するよう協力する義務を負う。約款では，一般的に，被保険者が違反した場合には，権利が保全されていれば取得できたはずの金額について，保険者は保険金支払義務を免れる（住総34条3項，自〔基本〕14条6号）。

（ⅳ）保険者による代位権の放棄

　約款では，保険者が被保険者の第三者に対する権利を代位しない旨や，代位した権利を行使しない旨を定めることがある。保険法25条の規定は片面的強行規定なので（26条），これに反し，被保険者に不利な約定は無効である。

　運送契約の約款には，荷主（被保険者）が受領する保険金の額を限度として，荷主の運送人に対する賠償請求権を事前に放棄する旨の条項（保険利益享受約款）を規定するものがある。この条項の効力につき，判例は，被保険者は保険金額を超える損害部分の賠償請求権を放棄する旨の意思表示にすぎないとしたり，この条項は免責約款の制限を定める改正前商法739条（現行739条2項）に反して無効であるとするなど，その立場は揺れている（最判昭和43・7・11民集22巻7号1489頁〔保百選24〕，最判昭和49・3・15民集28巻2号222頁）。被保険者の権利を代位しない旨の約款規定は，保険給付の額と賠償額との合計額が損害額を超えない場合，すなわち，利得禁止原則に反しない限り，放棄は有効であり，被保険者は第三者に対して権利を行使できる旨の規定である。

（4）所得補償保険における代位の範囲

　請求権代位は損害保険契約に特有の制度なので，定額保険契約では機能せず，保険法では，生命保険および傷害疾病定額保険に関する規定には請求権代位の規定は存在しない。損害保険会社の扱う保険で，約款中に請求権代位に関する規定のない所得補償保険に請求権代位の規定が及ぶか否かについて，最高裁によれば，この保険は，被保険者が傷害や疾病に起因する就業不能という保険事故によって被った損害を，保険証券記載の金額を限度としててん補することを目的とする損害保険であるとして，請求権代位の規定が及ぶことを認めている（最判平成元・1・19判時1302号144頁〔保百選23〕）。

（5）保険金と損害賠償金との調整（損益相殺）

　保険金が，第三者が被保険者に対して負担すべき損害賠償額の算定にあたり被保険者の利益とみなし，損益相殺として控除されるか否かという問題がある。定額保険において被保険者が第三者の行為に起因して死亡した場合には，判例・通説は控除を否定する。というのは，定額保険では，狭義の利得禁止の原則が適用されないので，被害者である被保険者は両請求権の重複行使が可能とされるからである。火災保険について，その保険金は保険料の対価たる性質を有し，損害について第三者が所有者に損害賠償責任を負う場合においても，損害賠償の算定に際し損益相殺として控除を否定する（最判昭和39・9・25民集18巻7号1528頁〔保百選89〕，最判昭和50・1・31民集29巻1号68頁〔保百選52〕）。

第8章
生命保険契約の法理

第1節　定額保険契約総論

1　定額保険契約の意義・種類

　保険事故が発生した場合に，それによる加入者の損害の有無や額にかかわりなく，保険者が，契約で定めた一定の金額を一時または年金として支払うべきことを約する保険契約を定額保険契約という。定額保険契約は，保険契約を保険給付の内容の違いで分類した場合，損害保険契約に対立する概念である。保険法は，定額保険契約として生命保険契約（2条8号）と傷害疾病定額保険契約（2条9号）を定めている。

　これら二つの保険契約は共通する部分が多いので，以下，保険法の条文を引用する場合は，原則として，それぞれの条文を示す。

2　定額保険契約の特色

（1）定額保険

　定額保険契約では，保険事故による損害の有無に関係なく，具体的な損害額によって左右されることなく，契約締結時に約定した保険金額が保険金として支払われる（最判昭和39・9・25民集18巻7号1528頁〔保百選89〕）。というのは，人の生存または死亡，後遺障害や介護状態などについては，損害額を算定することは難しく，保険契約者側の損害額を基準として保険金を支払えないからである。

　損害保険契約では，保険給付額は被保険者が被った損害の額を超えることができないが，定額保険契約では，契約締結時に約定した保険金額が保険金として支払われる。損害保険契約では，保険金受領者（被保険者）は保険の目的物に対して被保険利益を有することを要するのに対して，定額保険契約では，被保険者の生存または死亡，後遺障害や介護状態などにより経済的影響を受けない者も保険金受領者（保険金受取人〔2条5号〕）になりうるし，被保険利益を必要としないので，保険価額は存在せず，超過保険・重複保険・一部保険もなく，請求権代位も適用されない。

定額保険契約は保険事故の発生を停止条件とする金銭給付契約であり，他の金銭給付契約と変わらないが，保険金額や保険料の額を決定する際には，保険事故（生存または死亡，傷害，疾病，介護状態等）の発生率を基礎とする。

（2）人保険

定額保険契約は，人を保険事故発生の客体とする人保険である。

第2節　生命保険契約総論

1　生命保険契約の意義・種類
（1）生命保険契約の意義

生命保険契約とは，保険者が人の生存または死亡に関し一定の保険給付を行うことを約束する保険契約（傷害疾病定額保険契約に該当するものを除く）をいう（2条8号・1号）。

（2）生命保険契約の種類

保険の実務では，生命保険契約には，保険事故を被保険者の生存とする生存保険契約と，死亡とする死亡保険契約とがあり，双方とする生死混合保険がある。保険金を一括して支払をする資金保険と，分割して支払をする年金保険とがある。一定の団体の代表者が保険契約者，構成員を包括して被保険者とする団体保険がある。生命保険契約（主契約）に付加して，特定の保険事故が発生した場合に保険給付される約定を特約という。主要な特約には，不慮の事故（交通事故，自然災害等）で死亡・高度障害状態になった場合（災害割増特約）または負傷した場合（傷害特約），癌・急性心筋梗塞・脳卒中に罹患した場合（3大疾病特約），疾病で入院・手術を受けた場合（入院手術特約），成人病（悪性新生物・糖尿病・心疾患・高血圧性疾患・脳血管疾患等）で入院または手術を受けた場合（成人病特約）などがある。

2　生命保険契約の要素
（1）当事者・関係者
（i）生命保険契約の当事者

保険者と保険契約者である（2条1号〜3号）。

（ii）当事者の補助者

（ア）生命保険募集人（募集人）　　特定の生命保険会社のために，生命保険契約の締結の代理または媒介を行う者で（保業2条17項），保険契約の締結過程に

おいて重要な役割を果たす。

（イ）生命保険面接士・診査医等　　生命保険面接士とは，特定の生命保険会社に所属し，当該会社のために，被保険者となる者の身体または健康状態などの概観を観察し，告知事項を確認して，調査報告書に記入して当該会社に提出する任務を負う者をいう。

　被保険者となる者が保険加入にあたり医師（診査医）による医的診査を受けることがある。診査医は，診査を介して，保険者が申込みを承諾するか否か，いかなる条件で承諾するのかを判断するために必要な医的情報を収集する。

　この他に，保険仲立人がいる。

（iii）生命保険契約の関係者

（ア）被保険者　　生命保険契約における被保険者とは，その者の生存または死亡に関し保険者が保険給付を行うこととなる者をいい（2条4号ロ），損害保険契約における被保険者の概念とは異なる。

（イ）保険金受取人　　保険給付を受ける者として生命保険契約（傷害疾病定額保険契約）で定めるものを保険金受取人という（2条5号）。保険金受取人は保険契約の受益者であり，人保険に固有の概念である。

（2）保険事故・保険期間

　被保険者の死亡または一定の時点における生存をいう（2条8号・37条）。生存は発生の可否・時期が不確実であるが，死亡は時期のみが不確実である。

　保険期間は，保険の実務では，所定の暦日から開始し，その日から何年と定める定期保険と，始期は定めるが終了期日を定めない終身保険とがある。

（3）保険料・保険金額

　保険の実務では，保険料（営業保険料）は，純保険料（死亡保険料・生存保険料）と付加保険料からなる。

　生命保険では，保険金額と同額の保険金が支払われる（2条8号）。保険金額は保険契約者の意思によって設定され，上限はない。傷害保険では，障害の程度に応じて保険金額の一定割合を支払い，医療費については，治療日数1日につき保険金額の一定割合を支払う方法が併用されている（傷6条1項）。

第3節　生命保険契約の成立過程

1　生命保険契約の成立に関する解釈

　生命保険契約も諾成契約であり，不要式契約である（2条1号）。約款では，保険契約の成立と保険者の責任開始とは別の概念としている。

2　勧誘・申込み

（1）勧　　誘

　保険の実務では，生命保険会社が，見込客に対し，募集人や仲立人を介して，あるいは直接的に保険契約に関する情報を提供するなどの勧誘（申込みの誘引）を行い，これに応じて申込みがなされる。

（2）申 込 み

　生命保険会社は，被保険者となる者から承諾に必要な情報を収集し，承諾するか否かを判断する（危険選択）。診査医扱では，被保険者となる者が診査医の医的診査を受ける。健康証明書扱では，被保険者となる者の健康診断書を提出する。生命保険面接士扱では，被保険者となる者が告知書に記載された事項について生命保険面接士による確認を受ける。告知書扱では，保険契約者または被保険者となる者が告知書に記入する。保険の実務では，生命保険募集人は，通常，申込みの誘引を行うにすぎない。ただ，保険募集人が申込書を受理したことを所属保険会社による受理と扱う傾向にあること，保険募集人の背信行為等の危険が所属保険会社の認識しうる範囲内にあることからして，保険募集人の受理を所属保険者の受理と同視する見解が有力である。

3　他人の生命の保険契約

（1）意　　義

　保険契約者が自己を被保険者とする場合（自己の生命の保険契約）と，自己以外の者を被保険者とする場合がある（他人の生命の保険契約）（38条。67条）。後者では，保険契約者または保険金受取人が被保険者を殺害して保険金を取得する目的で保険契約を締結したり，契約締結後，殺害を思いつくという事態が発生するなどの道徳的危険のおそれがあるので，保険契約の成立過程および成立後に，対応策として，被保険者の同意を求めている（38条・45条。67条・74条）。

（2）保険契約の成立過程における被保険者の同意

（i）被保険者の同意

　同意は，公序良俗に反する弊害を阻止するためになされる。保険契約者と保険者との合意により契約は成立するが，効力の発生には同意を必要とする。

（ii）同意の方式・時期・内容

　保険の実務では，被保険者が申込書に同意した旨を示し，署名する。公序良俗に反する弊害の阻止を同意という被保険者の判断に委ねているので，成立後になされた同意も有効である。内容が未確定の保険契約について多少の包括性のある同意は許される（東京高判昭和53・3・28判時889号91頁）。

（iii）未成年者の死亡保険契約

　未成年者を被保険者とする場合，同意者については，保険の実務に委ねられる。保険金額の上限について，保険業法では，保険会社に上限を一定の金額とする社内規則を整備することを義務付けている（保業規53条の7）。

（iv）団体生命保険契約

　団体生命保険契約の同意について，保険の実務では，全員加入の保険につき，通知同意方式という形で被保険者の同意を求めている。団体定期保険金が団体または遺族のいずれに帰属するのかについて，判例では，労働組合の代表者による一括同意で足りるなどの簡素化された手続の下では，従業員（被保険者）の死亡で受領した死亡保険金の一部しか従業員の遺族に対し退職金として支払われないことを認める（最判平成18・4・11民集60巻4号1387頁〔保百選55〕）。

4　告知義務

（1）意　　義

　保険契約者または被保険者になる者は，生命保険契約の締結に際し，保険事故の発生の可能性（危険）に関する重要な事項のうち，保険者になる者が告知を求めたもの（告知事項）について，事実の告知をしなければならない（告知義務）（37条。66条）。

　保険法37条（66条）の規定は，片面的強行規定である（41条。70条）。

（2）告知義務の内容

（i）告知義務者

　生命保険契約が締結されると保険契約者または被保険者になる者（37条。66条）である。生命保険では被保険者の属性が重要なので，告知事項により身近な被保険者も告知義務者となる。親権者が未成年者を被保険者とする場合には

親権者が告知し，被保険者が複数の場合には被保険者ごとに告知する。

(ⅱ) 告知の相手方

　告知は，保険者または告知受領権限者になされる（37条。66条）。告知受領権限者の知不知は保険者のそれと同様に考えられ，保険契約の締結代理権を有する者は告知受領権限者と解される。

(ⅲ) 告知の時期・方法

　告知義務者は，保険契約の締結に際し，保険者が承諾の意思表示をする時までに告知することを要する（37条。66条）。約款では，保険会社が，第1回保険料相当額を受領し，告知後に申込みを承諾した場合には，第1回保険料相当額を受領した日または告知を受けた日のいずれか遅い時に遡って責任を負うものとし，責任開始日を契約日としているので，責任開始前に告知することになる。

　保険の実務では，告知は，保険会社の作成した告知書（質問表）に記載された事項について回答するか，診査医の口頭による質問に回答する方式でなされる。告知書は保険者が作成することから，質問事項はすべて重要事実であり，告知書に記載されていない事項は重要事実ではないと推定する。

(ⅳ) 告知事項

　危険に関する重要な事項のうち，保険者になる者が告知を求めたものであり，告知義務は応答義務である（37条。66条）保険の実務では，告知書に記載された事項および診査医が質問した事項が告知事項に該当し，保険者が，申込みの諾否を判断するための資料として，被保険者の危険（死亡または生存の可能性）を測定するために必要な事項をいう。被保険者の健康状態などの保険危険事実（大阪高判平成16・5・27金判1198号48頁），道徳的危険に関する事実（保険契約者側が故意の事故招致等により不正な保険給付を受ける意図を有している事実）（東京地判平成2・6・18金商875号26頁）もこれに該当する。

　他保険契約の締結または不告知が，保険者の保険契約者または被保険者に対する信頼を損ない，当該生命保険契約の存続を困難とする程度であれば，保険者は重大事由による解除が可能となるので（57条。86条），保険者は，当該事由が生じた時から解除の時までに発生した保険事故に関し免責される（59条2項3号。88条2項3号）。

　告知事項は，保険者が，契約締結時に，その事実を知っていたならば契約を締結しなかったか，または，より高額の保険料をもって締結したであろうと認められる事実であることが必要である。

（3）告知義務違反

（i）告知義務違反の成立要件

　保険契約者または被保険者が，告知事項について，故意または重大な過失により（主観的要件）①，事実の告知をせず（不告知），または不実の告知をしたとき（不実告知）（客観的要件）②，告知義務違反となる③（55条1項。84条1項）。

　「故意」とは，告知義務者である保険契約者または被保険者について，重要事項の存在を知り，それが告知事項であることを認識するとともに，告知しないことを知っていることをいう。「重大な過失」とは，重要事実の不告知または不実告知について告知義務者が知らなかったことについて重大な過失があることをいう。

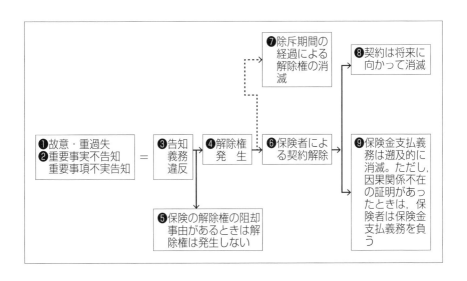

（ii）告知義務違反の効果

　（ア）保険者の解除権の発生　　保険者は，告知義務者が，告知義務に違反が違反したときは③，保険契約を解除できる（55条1項。84条1項）④。他保険契約が告知事項に該当すると解される場合，他保険契約の告知義務違反の状況が保険者の保険契約者または被保険者に対する信頼を損ない，保険契約の存続を困難とする重大な事由に該当する場合も同様である（57条3号。86条3号）。解除の意思表示は，保険契約者に対する一方的意思表示により，到達によって解

除の効果が生ずる（民97条1項）。保険契約者兼被保険者が死亡した場合には，保険事故発生後の解除の意思表示は保険契約者の相続人または相続財産管理人に行い，相続人が複数人の場合には，全員に意思表示する必要がある。

（イ）解除権の阻却事由　保険者は，保険契約の締結の時に，保険者が告知事項に関する事実を知り，または過失によって知らなかったとき，保険媒介者が，保険契約者または被保険者が告知事項について事実の告知をすることを妨げたとき，保険媒介者が，保険契約者または被保険者に対し，告知事項について事実の告知をせず，または不実の告知をすることを勧めたときには，保険契約を解除できない（55条2項。84条2項）（⑤）。これを解除権の阻却事由という。ただし，保険法55条1項2号・3号の規定は，当該各号に規定する保険媒介者の行為がなかったとしても保険契約者または被保険者が保険法55条1項の事実の告知をせず，または不実の告知をしたと認められる場合には，適用しない（55条3項。84条3項）。

　保険法55条1項から3項（84条1項から3項）までの規定は片面的強行規定である（65条1号。94条1号）。

（ウ）解除権の除斥期間　解除権は，保険者が解除の原因があることを知った時から1ヶ月間行使しないとき，または保険契約の締結の時から5年が経過したときは消滅する（55条4項。84条4項）。これは，解除の除斥期間を定めたものである。「解除の原因があることを知った時」とは，保険者が解除権行使のために必要な要件を確認した時をいう（最判平成9・6・17民集51巻5号2154頁〔保百選64〕）。約款では，一般的に，保険契約が責任開始日から2年を超えて継続したときは解除権は消滅すると定めている（終身32条5号）。

（エ）解除の効果　保険契約の解除は，将来に向かってのみその効力を生ずる（59条1項。88条1項）。保険者は，解除の時までに発生した保険事故による給付の責任を負わない（④⑥）（59条2項1号本文。88条2項1号本文）（解除の遡及効）。

（オ）因果関係不存在の法則　不告知の事実または不実告知の事実（病歴等）に基づかずに発生した保険事故（交通事故による死亡等）については，保険者は，給付の責任を負う（59条2項1号ただし書。88条2項1号ただし書）（⑨）。というのは，この場合，危険発生率と無関係のところで保険事故が発生しているので，保険者は不利益を被ったとはいえないからである。ただし，重大事由による解除にはこの法則が適用されないため，解除権行使の要件を充足する限りは，重大事由が生じた時以降に発生した保険事故について保険者は免責される。重大

事由発生時から解除の時までについては保険法59条2項3号（88条2項3号）が適用され，解除の時以降については同条1項が適用される。

（カ）告知義務違反と詐欺・錯誤　　（a）告知義務違反に該当する事実が錯誤（民95条）または詐欺（民96条）に該当するか，（b）該当するとした場合，告知義務違反の効果に関する保険法59条（88条）と民法の規定は重複適用されるのか，民法の規定は適用されないのかという問題がある。重複適用が認められると，除斥期間経過後であっても，錯誤による無効または詐欺に基づく取消しによって，保険者は保険給付を拒むことができる。（a）については，両方に該当すると解される。（b）を巡り，保険法単独適用説，重複適用説（通説・判例），錯誤規定排除説などの見解がある。除籍期間経過後であっても，詐欺に基づく取消しで保険契約は解除され，保険者は保険金給付を拒むことができ，その場合，保険者は保険料を返還する義務を負わない（64条。93条）。

5　遡及保険

　死亡保険契約を締結する前に発生した保険事故に関し保険給付を行う旨の定めは，保険契約者が死亡保険契約の申込みまたは承諾をした時において，保険契約者または保険金受取人がすでに保険事故が発生していることを知っていたときは，無効とする（39条1項。68条1項）。

　死亡保険契約の申込みの時より前に発生した保険事故に関し保険給付を行う旨の定めは，保険者または保険契約者が死亡保険契約の申込みをした時において，保険者が保険事故が発生していないことを知っていたときは，無効とする（39条2項。68条2項）。保険法39条2項（68条2項）の規定は，片面的強行規定である（41条。70条）。

6　保険料の支払

（1）支払義務者

　生命保険契約が成立すると，保険契約者は保険者に対して保険料を支払う義務を負う（2条1号）。保険料支払義務は1年の時効で消滅する（95条2項）。

（2）保険料の減額請求

　保険料は，被保険者の事故発生率および保険金額に応じて算定する。保険契約の締結後に危険が著しく減少したときは，保険契約者は，保険者に対し，将来に向かって，減少後の危険に対応する保険料に至るまで減額を請求することができる（48条。77条）。

（3）支払方式・支払場所

　保険料の支払には，一括払（一時払）と分割払（月払，年払）がある。約款では，一般的に，「保険料は，保険会社の本社又は会社の指定した場所に払い込むことを要します」と定めており，保険料持参債務の原則を定めたものであると解されている。しかし，同時に，「保険会社が集金人を契約者の住所又はその指定した保険料払込場所に派遣したときは，その集金人に払い込んでください」との規定を定めている。この規定は前者を受けて例外を定めたものであって，保険料支払債務が持参債務であることを変更するものではなく，保険会社が集金人を派遣したときは保険料を持参して支払う必要はなく，集金人にこれを支払えば足りる旨を定めているに過ぎないと解される（東京高判昭和45・2・19下民集21巻1＝2号334頁）。

（4）保険料の支払猶予期間

　約款では，一般的に，第2回以後の保険料の払込については猶予期間を設け，期間内に保険料が払い込まれないときは，保険契約は猶予期間満了日の翌日から失効するとしている（終身12条1項・2項）。猶予期間中に保険給付の事由が生じた場合には，その時までに到来している保険料期間の未払込保険料が保険給付の額から控除される（終身13条1項）。

7　保険者の承諾

（1）承諾の効果

（ⅰ）責任の開始

　保険者の承諾によって，生命保険契約は成立する（2条8号・1号。2条9号・1号）。保険の実務では，保険者は保険申込人から提出された資料をもとにして，申込みの引受けを判断する。

　約款では，保険者の責任の始期について，一般的に，生命保険会社が，①承諾した後に第1回保険料を受け取った場合には，第1回保険料を受け取った時（責任開始条項），②第1回保険料相当額を受け取った後に承諾した場合には，第1回保険料相当額を受け取った時（責任遡及条項）としている（終身7条1項）。①では，保険契約が成立しても，第1回保険料の支払があるまでは保険者の責任は発生しない。判例（最判昭和37・6・12民集16巻7号1322頁〔保百選12〕）・多数説は，本条項は保険料の支払までは保険者の責任が開始しない旨を定めたものであり，保険料不払等の理由で保険契約が解除されたときは，解除は保険者の責任開始前のものとなり，保険契約の効果も遡及的に消滅するので，保険者の

保険料請求権は発生しないとしている。②では，生命保険会社が第1回保険料相当額を受け取った時点には，承諾をしていないので保険契約は成立していないが，受領後に保険契約の申込みを承諾したことによって保険契約は成立するとしている。①との関係から，生命保険会社の責任は第1回保険料相当額を受け取った時に開始する。

（ⅱ）申込みの拒絶・変更承諾

　保険者が承諾できないと判断した場合には，保険申込人に申込みを拒絶する旨を通知する。この結果，保険契約は成立せず，申込みの承諾適格も消滅するが，保険者は受け取った保険料相当額があれば，それを返還する。

　保険者が申込みを承諾できないと判断したが，内容を変更すれば承諾できるとして，保険料の増額や保険金額の削減などで申込みに変更を加えて承諾した場合には，申込人の申込みを拒絶するとともに，新たな申込みをしたものとみなされる（民528条）。この結果，申込人の承諾があった場合には，承諾の発信の時に保険契約が成立する。

（2）承諾前死亡

　生命保険契約では，申込みから承諾まで間に被保険者になる者が死亡することがある。この場合，前掲②の解釈上，生命保険会社の責任が認められる。この解釈に関して，被保険者となるはずであった者が②の責任開始時点において生命保険会社が申込みを承諾する状態（保険適格体）であった場合には，生命保険会社に，信義則上，保険契約を成立させる義務がある。裁判例では，保険者の信義則上の承諾義務を認める可能性を示しながら，②の責任開始時に被保険者となるはすであった者が保険適格体でなかったことを理由として契約の成立を否定するものがある（東京地判昭和62・5・25判時1274号129頁）。

8　書面（保険証券）

　保険者は，生命保険契約を締結したときは，遅滞なく，保険契約者に対し，所定の事項を記載した書面（保険証券）を交付しなければならない（40条1項柱書。69条1項柱書）。記載事項が法定されているのは（40条1項。69条1項），保険契約者が法定事項を正確に記載した書面の交付請求権を有することを明らかにするためである。書面には，保険者が署名し，または記名押印しなければならない（40条2項。69条2項）。保険の実務上，文書としての保険証券に代えて電磁的方式でこれを発行することも可能である。

第4節 生命保険契約の進行過程

1 第三者のためにする生命保険契約

（1）総 論

世帯主の死亡で遺族が困窮したり，金融機関から融資を受けている者が死亡すれば，返済が難しくなったり，経営者の死亡で，企業に財務危険が生ずる危険があることから，これに備えて，保険契約者が遺族，金融機関，企業を保険金受取人と指定する第三者のためにする生命保険契約（42条。71条）を締結することがある。

（2）第三者のためにする生命保険契約の性質・構造

この保険契約は第三者のためにする契約である（民537条1項）。この保険契約では，保険契約者の出捐で保険金受取人が保険金を取得する原因となる関係（対価関係）の存在を必要とする。保険金受取人が保険金を取得する理由がないときは，指定を無効とするほうが保険契約者の意思に合致する。対価関係がない保険金受取人が受け取った保険金は不当利得となる（民703条）。

保険法42条（71条）の規定は，片面的強行規定である（49条。78条）。

（3）保険金受取人の指定

保険契約の締結の時または保険期間中の時点において，保険契約者が保険契約の当事者以外の第三者を保険金受取人に指定する。保険の実務では，保険契約者が，申込書の保険金受取人欄に，特定人の氏名・名称または商号を記入するか，保険契約者との関係（相続人〔最判昭和40・2・2民集19巻1号1頁（保百選71）〕等）を記入する。保険期間中，相続人が変わったり，離婚などで（最判昭和58・9・8民集37巻7号918頁〔保百選68〕），保険金受取人との法律関係が変化することがある。

（4）保険金請求権と相続

（ⅰ）保険金請求権取得の固有権性

保険金受取人は，指定によって，自己固有の権利として保険金請求権を取得する。相続人を指定した場合，保険金請求権は相続人の固有財産になるので，相続人が限定承認または相続放棄したときは，この者は保険金を受領できるが，被相続人の債権者は保険金請求権を強制執行の対象にすることができない。

（ii）他の相続人との関係

　保険契約者兼被保険者の相続人が複数人いる場合で，保険金受取人が相続人の１人である場合，他の相続人との関係において，保険金請求権が特別受益の持戻し（民903条）または遺留分減殺（民1042条）の算定の対象となるかの問題がある。これを肯定する場合には，評価額について，保険金請求権は生前贈与の効果として保険金受取人に移転しているととらえ，贈与として持戻しまたは遺留分の算定に加えられるのは，保険契約者の支払った保険料の額となる。

　保険金受取人を相続人と指定した場合や被保険者の法定相続人が保険金受取人になる場合には，各相続人の保険金請求権の取得割合について，保険契約者が被保険者の相続人と指定した場合，指定は法定相続分の割合による（最判平成6・7・18民集48巻5号1233頁〔保百選103〕）。指定によらないで，法律または約款によって被保険者の法定相続人が保険金受取人になる場合には，各相続人の取得する保険金請求権の割合は平等割合になる（最判平成4・3・13民集46巻3号188頁，最判平成5・9・7民集47巻7号4740頁〔保百選75〕）。

（5）保険金受取人の変更

（i）変更の効力要件

　保険契約者は，保険事故が発生するまで保険金受取人を変更できる（43条1項。72条1項）。保険法は，保険契約の締結の時には，つねに保険金受取人の指定が行われているという立場にある。変更は，保険者に対する意思表示による（43条2項。72条2項）。意思表示は，保険契約者の一方的意思表示による単独行為であり，変更権は形成権である。保険契約者は，変更権を放棄できる。

（ii）遺言による変更

（ア）変更の類型　　保険金受取人変更が遺言によってなされる場合には，被相続人（保険契約者）が遺言書の中に，「保険金受取人をAからBに変更する」旨の記載等をなした場合（遺言による保険金受取人の変更），「保険金請求権をCに贈与する」旨の記載等をなした場合（保険金請求権の遺贈）がある。

（イ）保険法の規定　　保険法上，保険金受取人の変更は遺言によって，することができる（44条1項。73条1項）。遺言による変更は，民法の定める遺言の要件（民960条以下）の要件を備えれば，その効力を生ずる。遺言は相手方のない意思表示なので，保険者としては，遺言による変更があったことを直ちに知ることができず，保険金の二重払いの危険を避ける必要がある。そこで，保険法は，遺言による保険金受取人の変更は，遺言の効力が生じた後，保険契約者の

相続人がその旨を保険者に通知しなければ，これをもって保険者に対抗できないとする（44条2項。73条2項）。

（ウ）効力発生時期　遺言の効力発生時期は遺言者の死亡時である（民985条1項）。自己の生命の保険契約の場合，遺言による変更の効力は遺言者である保険契約者（＝被保険者）の死亡時に発生する。他人の死亡保険契約において遺言による変更をする場合には，被保険者の同意が効力要件となる（45条。74条1項）。同意は，保険事故（被保険者の死亡）が発生するまでに，保険者または保険契約者に対してなされていればよい。保険契約者が遺言による変更を行った後，この者が死亡する前に被保険者が死亡するという場合には，遺言による変更の効力は遺言者である保険契約者の死亡時に発生することから（民985条1項），遺言の効力発生前に保険事故が発生したことになるので，変更の効力は生じない。

（エ）遺言後における新たな保険金受取人の変更　遺言後に新たな者を保険金受取人に変更する旨の意思表示がなされる場合，別の遺言により変更できる（民1022条）。遺言以外の方法で遺言書記載の保険金受取人を変更することについて，遺言と異なる生前処分その他の法律行為をした場合には，遺言の撤回とすることが可能なので，保険金受取人の変更も同様である。

（オ）解釈基準　遺言者の意思が遺言書の表示から明らかでない場合には，遺言の解釈が必要である。新旧受取人間の訴訟では，民法上の遺言の解釈基準が妥当する。新旧受取人間では保険金の帰属について争われるが，それは変更の効力発生要件を中心にされるのであり，保険者に対する保険金受取人の変更の対抗要件は争いの対象にならないこともありうる。保険金受取人と保険者間の訴訟では，民法上の遺言の解釈基準とは異なる解釈をするべきであり，保険契約者が遺言に示した意思表示の有する客観的な意味に従って保険金を支払えばよい。保険者は遺言について直接の当事者ではなく，遺言書に記載された権利関係の変動の帰属者でもない。

（カ）変更内容が不明確な場合　遺言書に記載されている変更であることは明確であるが，変更対象となっている保険契約や保険金請求権の内容等が明確でない場合には，保険契約者の通常の意思あるいは合理的意思に基づいて判断される。

（キ）保険金受取人変更か否か不明確な場合　保険契約者が第三者を保険金受取人と指定していたが，その後，保険金受取人を変更せずに，遺言書に「全財産を別の者に遺贈する」，「保険金請求権を別の者に遺贈する」などと記載した

場合には，遺言書の記載内容が保険金受取人の変更か否かが不明確である。このような遺言書につき，変更とみるか否かについて判断するためには，保険契約者の通常の意思に基づくべきである。保険者が遺言に関与する場合の解釈としては，客観的解釈が望ましいが，個別事情はそれほど考慮する必要はない。というのは，保険者は個別事情に深く立ち入ることはできないからである。

（ク）保険金受取人不確知による弁済供託の適否　遺言書の記載内容からいずれの者が保険金受取人となるか不明の場合には，保険者は，保険金受取人（債権者）不確知として保険金を弁済供託することができる（民494条後段）。保険金の支払につき，債務者である保険者に過失なくして保険金受取人を確知できない場合には，保険者は保険金を供託することができ，債務不履行の責任を負わない。

（ケ）規定の性質　保険契約によっては，遺言による変更を制限することに合理性があることもありうるから，保険法44条1項（73条1項）の規定は任意規定であり，保険法44条2項（73条2項）の規定は強行規定である。相続人が複数人の場合でも，相続人の1人が通知を行えばよく，遺言執行者による通知も認められる。保険者が通知を受ける場合，保険契約者の死亡が確認できる書類や遺言書の謄本等が必要であろうし，他人の死亡を保険事故とする契約の場合には，被保険者の同意を証明する書面が必要とされる（45条。74条1項）。

（iii）保険金請求権の遺贈

保険金請求権が保険金受取人の固有の権利であるということは，被相続人（保険契約者兼被保険者）の債権者に対する法律構成であり，保険金受取人に指定された者（指定受取人）は，保険契約者の意思に基づいて保険金請求権を取得したのであるから，保険金請求権を奪われても異論を唱えることはできず，保険金請求権の遺贈も認められる。

（iv）保険金受取人の変更に関する被保険者の同意

他人の生命の保険契約においては，被保険者の保護を図るために，保険契約の成立過程（38条。67条）と同様に，成立後の死亡保険金受取人の変更は，被保険者の同意がなければ，その効力を生じない（45条。74条）。保険法45条（74条）の規定は，道徳的危険の防止などを目的とする公序に関する規定なので，強行規定である。遺言による変更がなされた場合（44条1項。73条1項），保険契約者の相続人に対する被保険者の同意を認め，相続人は，保険者に対して，被保険者の同意を得た旨を含め，遺言による変更の通知を行う（44条2項。73条2項）。

（ⅴ）変更の効力

　保険金受取人の変更の意思表示は，通知が保険者に到達したときは，通知を発した時にさかのぼって効力を生ずる（43条3項本文。72条3項本文）。保険法は，保険者への通知の到達が変更の意思表示の効力要件としているから（43条2項。72条2項），変更の意思表示が保険者に到達する前に，保険者が変更を知らずに旧受取人に保険給付をするおそれがあり，この場合，後に通知が到達して，発信時からの遡及的効力の発生により，保険給付を受けた旧受取人が権利を有していなかったこととなり，債権の準占有者に対する弁済（民478条）の要件を満たさない限り，保険者は二重弁済をさせられてしまうこととなる。保険法では，到達前に行われた保険給付の効力を妨げるものではない（43条3項ただし書。72条3項ただし書）。約款では，保険金受取人の変更は，保険証券に裏書を受けなければ，保険会社に対抗できない（終身23条3項）。

（ⅵ）保険金受取人の権利義務

　指定受取人は，指定および変更により，当然に保険金請求権を取得する。保険金受取人が，保険契約者の同意を得て，契約の当事者以外の者が行った解除の通知を受けた時から1ヶ月の期間が経過するまでの間に，通知の日に死亡保険契約の解除の効力が生じたとすれば保険者が解除権者に対して支払うべき金額を解除権者に対して支払い，かつ，保険者に対してその旨の通知をしたときは，解除は効力を生じないとして，保険金受取人に介入権が認められている（60条2項。89条2項）。この場合，介入権者が義務を負う（61条。90条）。

（ⅶ）保険金受取人が死亡した場合

（ア）保険金受取人死亡の類型　　保険金受取人が保険事故の発生前に死亡したときは，保険契約者が新受取人を指定するまで，死亡した保険金受取人の相続員全員が保険金受取人として取り扱われる（46条。75条）。保険金の配分は民法の原則に従う。保険法46条の規定が適用される場合としては，保険金受取人が，保険契約者（兼被保険者）よりも先に死亡した場合（後述イ）と，保険契約者（兼被保険者）と同時に死亡したと推定される場合（後述ウ）とがある。

（イ）保険金受取人の先死亡　　保険金受取人が保険契約者兼被保険者よりも先に死亡し，保険契約者兼被保険者が再指定権を行使せずに死亡した場合には，新受取人が指定されていないので，死亡保険金の帰属を巡り，指定受取人の相続人と保険契約者兼被保険者の債権者との間で問題が生じる。保険契約者兼被保険者が指定受取人の相続人であり，指定受取人が先に死亡した場合における

保険金の帰属について，二つの最高裁判決がある（最判平成4・3・13民集46巻3号188頁，最判平成5・9・7民集47巻7号4740頁〔保百選75〕）。これらの判決によれば，改正前商法676条（保険金受取人の相続人を新受取人とする）の立法趣旨は，指定受取人が先に死亡した場合に保険金受取人が不存在になる事態を回避し，保険金が相続財産に帰属することを阻止するものなので，指定受取人の法定代理人または順次の法定相続人であって被保険者の死亡時に生存する者が保険金受取人になる。それゆえに，指定受取人の相続人は，指定受取人の死亡時の親族関係を基準として法定相続人になるが，保険金請求権の確定時期は被保険者の死亡時であるから，指定受取人死亡時の法定相続人および順次の相続人で，被保険者死亡時に生存する者が該当するとする。保険法46条にもこの解釈が妥当する。

（ウ）保険金受取人と相続人の同時死亡　保険契約者兼被保険者が指定受取人の相続人であり，両者が同時死亡の推定を受けた場合（民32条の2），死亡保険金の帰属について問題がある。保険金受取人が保険事故の発生前に死亡したときは，相続人の全員が保険金受取人になるので（46条。75条），相続人が保険金受取人となり，相続人が死亡したときは，その相続人が保険金受取人となる。保険法でも，前掲の最判平成4年判決および5年判決の判断は維持される。

(viii) 保険金給付請求権の譲渡についての被保険者の同意

死亡保険契約に基づき保険給付を請求する権利の譲渡またはその権利を目的とする質権の設定（保険事故が発生した後にされたものを除く）は，被保険者の同意がなければ，その効力を生じない（47条。76条）。保険事故発生後の譲渡については明文で除いており，同意は不要であり，転質の場合は必要である。被保険者の同意の相手方について規定はないが，譲渡契約の当事者である譲受人または譲渡人のいずれかに行えばよく，譲渡の対抗要件については，指名債権譲渡として民法467条の規定に従う。

(ix) 保険契約者の変更

約款では，保険契約者は，被保険者および保険者の同意を得て，その権利および義務のすべてを第三者に承継できるとし（終身26条1項），保険料支払義務を負う保険契約者の変更を認めている。

2　保険者・保険契約者等の権利義務

（1）保険者の義務

保険者は，保険契約者の請求があったならば，所定の事項を記載した書面

（保険証券）を作成し，遅滞なく，保険契約者に交付しなければならない（40条1項。69条1項）。保険契約者の請求があれば，解約返戻金額の所定の範囲内，および，所定の利息でこれに貸付けをする義務を負う（最判平成9・4・24民集51巻4号1991頁〔保百選96〕）。保険相互会社では，保険契約者は，社員として，剰余金の分配を受けることができる（終身40条）。保険株式会社は，約款に契約者配当の旨を定めた場合には（保業114条），配当義務を負う。

（2）保険契約者等の義務

　生命保険契約が成立すると，保険契約者は保険料支払義務を負う（2条3号）。保険契約者または被保険者は，危険増加に関する告知事項について内容に変更が生じたとき，保険者に遅滞なくその旨の通知をすべきであるが，故意または重大な過失により遅滞なく通知をしなかった場合には，保険料を危険増加に対応した額に変更するとしたならば生命保険契約を継続できるときであっても，保険者は生命保険契約を解除することができる（56条1項。85条1項）。

　保険法56条1項（85条1項）の規定は，片面的強行規定である（65条1号。94条1号）。

3　生命保険債権の処分・差押え・担保化

（1）生命保険債権の処分・差押え

（ⅰ）生命保険債権の処分・差押えの類型

　生命保険債権（保険金受取人に帰属する保険金請求権，保険契約者に帰属する解約払戻金請求権および積立金払戻請求権）は，支払事由が発生するまでは，抽象的な権利であるが，発生後には具体化するので，債権の処分と差押えを検討する場合には，支払事由発生前後に分ける必要がある。生命保険債権は財産権なので，質権を設定できる。保険契約者の債権者は，生命保険契約の解約権に質権を設定した場合，債権の回収を確実にするために，保険契約者に保険金受取人変更権を放棄させ，被保険者および保険金受取人を債務者とし，保険契約者や保険金受取人の有する権利に質権を設定する。債権者を保険金受取人として指定することで，保険金請求権を担保化できる。住宅ローンの借入れに際しては，通常，金融機関を保険金受取人とする生命保険契約が締結される。

（ⅱ）支払事由発生前の債権の処分・差押え

　解約払戻金請求権は保険契約者が有する金銭債権なので，保険契約者の債権者は差押えができる。解約払戻金は，保険契約の解約後でなければ，支払われない。解約権は形成権であるから，それを差し押さえられないので，債権者が

保険契約が進行中に解約払戻金請求権を差し押さえ，その後，契約が解約され
た場合，差押債権者として請求権を行使できるかが問題となる。判例では，保
険契約者の債権者が解約前の解約払戻金請求権を差し押さえ，差押債権者とし
て取得する取立権（民執155条1項）に基づき，解約権を行使することで当該請
求権を具体化させて取り立てることができるとして，差押債権者の権利行使を
認めている（最判平成11・9・9民集53巻7号1173頁〔保百選93〕）。

　自己のためにする生命保険契約の場合，保険契約者兼保険金受取人は保険金
請求権を譲渡することができる（民467条・364条1項）。他人の死亡の保険契約で
は，差押えについては被保険者の同意を要しないが，譲渡および転付命令（民
執159条）については同意を必要とする（47条。76条）。

（ⅲ）支払事由発生後の債権の処分・差押え

　保険事故が発生すると，保険金受取人は保険者に対して保険金の支払を請求
することができる。解約返戻金請求権や積立金払戻請求権も，同様に扱われる。
生命保険債権は通常の債権なので，各権利者は譲渡または質入れが可能となり，
各権利者の債権者はこれを差し押さえることができる（最判昭和45・2・27判時
588号91頁〔保百選94〕）。

第5節　生命保険契約の処理過程

1　保険給付
（1）保険事故発生後の法律関係
　保険事故が発生すれば，保険者は保険金を支払うなど，保険給付義務を負う。
ただし，免責事由に起因するときには，保険者は保険給付を免れ（51条。80条），
保険契約は終了する。

（2）被保険者の死亡の通知
　死亡保険契約の保険契約者または保険金受取人は，被保険者が死亡したこと
を知ったときは，遅滞なく，保険者に対しその旨を通知しなければならない
（50条。79条）。保険者は，死亡通知を受理しないまま保険期間が満了すれば，
生存保険金を支払う。通知の効力は，保険契約者または保険金受取人が発信し
た時に生ずる。通知義務は真正義務である。通知がなかったことで保険者に損
害が生ずることがあろうが，この者に損害賠償請求権を認めることは考えにく
い。

（3）保険者による保険給付義務

（ i ）保険事故

　死亡保険では，被保険者が保険期間内に死亡したという事実による。被保険者に失踪宣告がなされた場合（民30条・31条），死亡が認定され，被保険者の戸籍が抹消された場合（戸籍89条）も該当する。生存保険では，被保険者が保険期間満了時に生存している事実による。約款では，高度障害状態も保険事故とされる（終身1条1項）。また，被保険者が余命6ヶ月以内と判断される場合に，保険金が支払われるリビング・ニーズ特約がある。

（ ii ）保険者の免責事由

（ア）被保険者の自殺　　死亡保険契約で被保険者が自殺をしたときがある（51条1号）。「自殺」とは，自己の生命を絶つことを意識し，それを目的として生命を絶つことをいう（大判大正5・2・12民録22輯234頁〔保百選81〕）。治療中の者が生命を絶つ場合でも，生命が絶たれることの意識はあるが，それを目的としない行為は自殺とはいえない。自殺の立証責任は，自殺免責事由が法定免責事由なので保険者が負うが，被保険者が精神障害等の事由で自殺したことの立証責任は保険金受取人が負う。

　約款では，一般的に，責任開始日から3年以内の自殺は免責されると定める（終身1条）。これは，契約締結の動機が自殺による保険金取得であっても，動機を長期に持つことは難しいこと，自殺の動機・原因を事後に解明することは難しいこと，自殺原因には同情すべき場合も多く，遺族の生活保障の必要もあることなどの理由による。約款規定を反対解釈すれば，免責期間経過後の自殺は免責とならないが，判例は，保険者が被保険者の保険金取得目的を立証できた場合には，保険者の免責を認めている（最判平成16・3・25民集58巻3号753頁〔保百選82〕）。

（イ）保険契約者による被保険者の故殺　　死亡保険契約で，保険契約者が被保険者を故意に死亡させたときがある（故殺）（51条2号）。保険契約者は保険給付請求権者ではないので，保険者に対して信義誠実の原則に反することが根拠になるが，保険給付に利害関係がある場合には，免責は公益に基づく。故殺の立証責任は保険者が負う。保険契約者が被保険者を故殺した場合，保険契約は終了するが，保険契約者に対して保険料積立金（受領した保険料の総額のうち，生命保険契約に係る保険給付にあてるべきものとして，保険料または保険給付の額を定めるための予定死亡率，予定利率その他の計算の基礎を用いて算出される金額に相当する部分〔63条

柱書〕）は払い戻されない（63条1号。92条1号）。約款では，解約払戻金を保険契
約者に支払う（終身1条9項3号）。保険料積立金の払戻請求権は，これらを行
使することができる時から3年間行使しないときは，時効によって消滅する
（95条1項）。

（ウ）保険金受取人による被保険者の故殺　　死亡保険契約で，保険金受取人が
被保険者を故意に死亡させたときがある（51条3号）。保険金受取人は保険給付
請求権者なので，被保険者を殺害して保険給付を受けることは，契約上の信義
則・公益に反する（最判昭和42・1・31民集21巻1号77頁〔保百選83〕）。保険金受取
人には，保険法51条3号の趣旨からして，被保険者の死亡で当然に保険金を受
け取る者，保険金受取人から権利を譲り受けた者も含まれる。保険金受取人が
法人で，代表者が被保険者を故殺した場合も免責が認められる（最判平成14・
10・3民集56巻8号1706頁〔保百選84〕）。この解釈の基準は，①第三者による故殺
が法人によるそれと同一評価されること，②①の判断は，法人における支配的
な地位，保険給付による利益享受の可能性に着目すること，③②の判断は，法
人の諸事情を総合して判断することである。この場合，保険者は保険料積立金
を払い戻す義務を負う（63条1号。終身1条9項3号。92条1号）。故殺の立証責任
は保険者が負う。

（エ）戦争その他の変乱による被保険者の死亡　　被保険者が戦争その他の変乱
により死亡したときがある（51条4号。80条4号）。保険者は保険料積立金を払い
戻す義務を負う（63条1号。92条1号）。

（4）保険給付の履行期・場所・方法

（ⅰ）保険給付の履行期

民法412条1項の特則として，保険法上，保険給付の期限を定めた場合でも，
期限が，保険事故，保険者の免責事由その他の保険給付を行うために確認をす
ることが保険契約上必要とされる事項の確認をするための相当の期間を経過す
る日後の日であるときは，期間を経過する日を保険給付を行う期限とする（52
条1項。81条1項）。

民法412条3項の特則として，保険法上，保険給付の期限を定めなかったと
きは，保険者は，保険給付の請求があった後，請求に係る保険事故の確認をす
るために必要な期間を経過するまでは，遅滞の責任を負わない（52条2項。81条
2項）。「確認をするために必要な期間」とは，請求に関する個別の事情に照ら
して，保険事故や給付事由の確認に客観的に必要な期間をいう。保険者が保険

法52条1項・2項に規定する確認に必要な調査を行うにあたり，保険契約者，被保険者または保険金受取人が正当な理由なく調査を妨げ，または，これに応じなかった場合には，保険者は，これにより保険給付を遅延した期間について遅滞の責任を負わない（52条3項。81条3項）。

保険法52条1項・3項（81条1項・3項）の規定は，片面的強行規定である（53条。82条）。

（ⅱ）保険給付の場所・方法

約款では，持参債務の原則を変更し，保険者の本店・支社で行う（終身18条3項）とし，保険金受取人の預貯金口座に振り込むことが多い。年金契約の場合には年金支払となり，その他の契約では一時支払である（終身18条9項）。

（5）保険給付請求権の消滅時効

保険給付請求権は，これらを行使することができる時から3年間行使しないときは，時効によって消滅する（95条1項。終身41条）。

2　生命保険契約の終了等

（1）生命保険契約の変更

約款では，一般的に，保険期間内に，保険契約者が，将来の保険料の払込を中止するが，保険契約の効力を維持する旨を希望したときは，保険金額を減額し，保険期間がそのままの契約（払済保険）に変更できる（終身20条）。

（2）生命保険契約の失効・復活

約款では，一般的に，第2回以後の保険料が払込期日にまでに支払われない場合，保険者は保険契約者に対して猶予期間内に保険料を払い込むように催告し，期間内に支払われないときは，保険契約は期間満了日の翌日から失効し，保険契約者は解約払戻金を請求することができる（終身13条）。

契約失効後，新契約を締結する場合には，旧契約と同じ条件で締結できないので，約款では，一般的に，保険契約者は，契約の失効日からその日を含めて3年以内は，保険会社の承諾を得て，失効した契約を復活できる（終身17条）。

（3）生命保険契約の当然の終了等

保険期間が満了した場合，保険者は生存保険金を支払い，保険期間内に被保険者が死亡した場合，保険者は死亡保険金を支払うことで保険契約は終了する。約款では，一般的に，高度障害保険金を支払った場合，被保険者が高度障害状態に該当した時から保険契約は消滅する（終身1条2号・3条）。

（4）解　　除

（ⅰ）保険契約者による解除

保険契約者は，いつでも保険契約を解除することができる（54条。83条）。

（ⅱ）保険者による解除

（ア）告知義務違反・危険増加による解除　　保険者は，保険契約者等が告知義務に違反したときは，阻却事由に該当しない限り，保険契約を解除できる（55条1項・2項。84条1項・2項）。契約締結後に危険増加が生じた場合，保険料を危険増加に対応した額に変更するとしたならば契約を継続できるときであっても，保険者は解除できる（56条。85条）。保険法55条4項の規定は，保険法56条1項の解除権について準用する。

（イ）重大事由による解除

①背景　　保険契約は道徳的危険を伴うので，保険の健全性を維持するためにも，保険者による契約解除を認める必要がある。民法（628条本文）や商法（540条2項）等の規定の趣旨などを参考にして，裁判所は，保険者による契約解除が可能であるとして，一般法理による契約解除を認めた（大阪地判昭和60・8・30判時1183号153頁，東京地判昭和63・5・23判時1297号129頁）。

②保険法の規定　　保険者は，(a) 保険契約者または保険金受取人が，保険者に保険給付を行わせることを目的として故意に被保険者を死亡させ，または死亡させようとしたとき（1号事由），(b) 保険金受取人が，保険契約に基づく保険給付の請求について詐欺を行い，または行おうとしたとき（2号事由），(c) (a)(b)の他，保険者の保険契約者，被保険者または保険金受取人に対する信頼を損ない，保険契約の存続を困難とする重大な事由あるとき（3号事由），保険契約（(a)は死亡保険契約）を解除することができる（57条。86条）。

③約款の規定　　保険者は，(a) 保険契約者，被保険者または保険金受取人が保険金，年金・給付金を詐取する目的または第三者に保険金等を詐取させる目的で事故招致をしたとき，(b) 保険金，年金・給付金の請求に関し，保険金受取人の詐取があったとき，(c) 他の契約との重複で給付金額との合計額が著しく過大であって，保険制度の目的に反する状態のそれがあるとき，(d) (a)〜(c)の他，保険会社の保険契約者，被保険者または保険金受取人に対する信頼を損ない，保険契約の存続を困難とする(a)〜(c)の事由と同等の重大な事由があるとき，将来に向かって契約を解除することができる（終

身33条・24条）。

④解除事由　　（a）1号事由（保険金詐取目的の事故招致）　　この場合，保険法では保険契約は存続するので，保険契約者または保険金受取人が，保険給付を目的として故意に被保険者を死亡させ，死亡させようとしたとき，保険者に契約解除権を付与している（57条1号。86条1号）。約款では，詐取目的で事故招致をした場合と定められ，高度障害状態も保険事故とされていることによる（広島地判平成8・4・10判タ931号273頁）。保険者を共通にする他の保険契約または異にする他の保険契約において解除事由にあたる場合，解除事由とは関係のない契約も解除することができる。

（b）2号事由（保険給付請求に関する詐欺）　　「詐欺」とは，保険者を錯誤に陥らせ，保険金を支払わせる意思で欺罔行為を行ったことをいう。保険金受取人が保険者を欺罔して保険金を受け取るために，保険事故の発生，発生原因，被害の程度などに関し保険者に虚偽事実を述べ，真実を告げない行為をいう。未遂でも解除事由に該当する（東京地判平成7・9・18判タ907巻264号）。

（c）3号事由　　包括的な条項である（バスケット条項）。1号・2号と同程度に強度の背信行為を行った場合に解除権を認める。本号は不正取得目的がなくとも適用される。約款では，一般的に，他契約との重複で被保険者に係る給付金額との合計額が著しく過大で，保険制度の目的に反する状態がもたらされるおそれがある場合（終身34条1項3号），1号から3号の他，保険会社の保険契約者等に対する信頼を損ない，保険契約の存続を困難とする1号から3号に定める事由と同等の重大な事由がある場合（終身34条1項4号）を定める。「保険者の保険契約者，被保険者又は保険金受取人に対する信頼を損ない，当該生命契約の存続を困難とする重大な事由」に該当する具体例には，覚せい剤を使用し，収入に比べて過大な入院給付金を受け取ることが可能であり，診療内容に不合理な点のある入院をし，契約当事者の信頼関係を破壊したこと（徳島地判平成8・7・17文研生保判例集8巻532頁），多数の契約を締結し，保険料も多額で，契約締結後6回も入院し，入院給付金の請求状況は不自然であり，保険契約者による作為の疑いを払拭できないこと（大阪地判平成12・2・22判時1728号124頁〔保百選91〕）などがある。約款では，他の保険契約との重複により，給付金額の合計額が著しく過大で，保険制度の目的に反する状態のおそれがある場合が重大事由とされているが，保険法では，解釈上，3号事由に該当する。裁判例では，短期間の締結で，保険料の額が

収入の額を上回っており，多額のローンを抱えていた者が，入院時に頻繁に外出外泊していた事実（札幌高判平成13・1・30事例研レポ171号9頁），給付金額等の合計額が被保険者の収入等に比べて著しく過大であり，一定の時期に極めて多数の保険契約を締結しているなど，契約の締結状況が不自然である，入院回数が不自然に多く，客観的には入院治療の必要性に欠けるなどの事実（大分地判平成17・2・28判タ1216号282頁）などが認められている。

　保険法57条（86条）の規定は，片面的強行規定である（65条2号。94条2号）。

（ウ）被保険者による解除請求　　保険契約の成立後の弊害を防ぐために，被保険者は，次の場合，保険契約者に対し，死亡保険契約の解除を請求することができる（58条1項。87条1項）。①保険契約者または保険金受取人が，保険給付を目的として故意に被保険者を死亡させ，または死亡させようとした場合，②保険金受取人が保険給付の請求について詐欺を行い，または行おうとした場合，③①②の他，被保険者の保険契約者または保険金受取人に対する信頼を損ない，死亡保険契約の存続を困難とする重大な事由がある場合，④保険契約者と被保険者との間の親族関係の終了その他の事情により，被保険者の同意の基礎となった事情が著しく変更した場合がある。保険契約者は，被保険者から死亡保険契約の解除の請求を受けたときは，契約を解除することができる（58条2項。87条2項）。①②は，重大事由解除事由に関するものである。これらの行為は保険者の保険契約者，被保険者または保険金受取人に対する信頼を破壊する行為であり，解除請求を認めるに足りる。被保険者が，解除を請求できるのは保険契約者に対してであるが，①②の場合，被保険者が，保険法57条（86条）に基づき，保険者に解除を依頼し，保険者が解除することがあろうが，被保険者は解除を強制できない。③は，重大事由による解除の場合と同様と考えられ，保険契約者が保険金取得目的で被保険者以外の者を殺害し，または殺害しようとした場合であり，④は，事情変更の原則が機能する場合で，保険契約者と被保険者間の身分関係の変更（離婚等），債務返済完了による債権債務関係の終了などである。

　保険契約者が保険契約を解除できるとするのは（58条2項。87条2項），保険契約者の解除権を強行規定とする趣旨である。

（iii）解除の効力

　保険契約の解除は将来に向かって効力を生ずる（59条1項。88条1項）。保険者は，告知義務違反による解除，危険増加による解除（解除に係る危険増加が生じた

時から解除された時までに発生した保険事故），重大事由による解除（保険法57条〔86条〕の事由が生じた時から解除がされた時までに発生した保険事故）をした場合，保険事故に関し保険給付を行う責任を負わない（59条2項。88条1項）。

保険法59条（88条）の規定は，片面的強行規定である（65条2号。94条2号）。

（iv）介 入 権

（ア）趣 旨　保険契約者の債権者は，解約返戻金請求権を差し押さえた場合，保険契約を解除することができる（最判平成11・9・9民集53巻7号1173頁〔保百選93〕）。しかし，保険契約が進行中に解除されると，新契約の締結が難しくなること，生命保険契約が生活補償の機能を果たすことなどから，保険契約の存続を図ることが望ましい。そこで，保険法は，保険契約が生活保障の機能を果たすと認められる保険金受取人に限って保険契約の解除権（介入権）を認めている（60条。89条）。

（イ）介入権行使の要件　介入権の対象は，①差押債権者，破産管財人その他の死亡保険契約の当事者以外の者で，②保険料積立金がある死亡保険契約の解除ができるもの（解除権者）がする解除である（60条1項。89条1項）。介入権者は，③解除の通知の時において保険契約者である者を除き，保険契約者もしくは被保険者の親族または被保険者である保険金受取人に限られる，④介入権の行使にあたっては，保険契約者の同意を必要とする，⑤保険者が解除の通知を受けた時から1ヶ月以内に，通知の日に保険契約の解除の効力が生じたとすれば保険者が解除権者に対して支払うべき金額を解除権者に対して支払うことを必要とする，⑥保険者に対して支払う旨の通知をする必要がある（以上，60条2項。89条2項）。

（ウ）介入権行使の効果　①から⑥までが充足されると，介入権の行使となり，その結果，差押債権者等の解除の効力を生じないこととなり，保険契約は継続する（60条2項。89条2項）。倒産手続の拘束が及ばないようにするために，解除の意思表示が差押えの手続または保険契約者の破産手続，再生手続もしくは更生手続においてされたものである場合には，差押えの手続，破産手続，再生手続または更生手続との関係においては，保険者が解除により支払う金銭の支払をしたものとみなされる（60条3項。89条3項）。介入権は，保険契約者の扶養者の保護を目的とするものであり，保険金受取人が保険契約者もしくは被保険者の親族または被保険者である場合には，効果的に作用する。

（エ）介入権者による供託　差押債権者が取立権に基づき死亡保険契約を解

除した場合，介入権者は差押手続における第三債務者と類似の地位にある。差押債権者が，取立権に基づいて解除通知をした場合，解約返戻金相当額の支払の時に，介入権者が民事執行法（民執156条1項）などの規定による供託ができるときは，介入権者は，供託の方法により支払ができる（権利供託）（61条1項。90条1項）。

差押債権者による解除通知があった場合，民事執行法（民執156条2項）などの規定による供託の義務を負うときは，介入権者は，供託の方法により解除権者に対する支払をしなければならない（義務供託）（61条2項。90条2項）。

介入権者が供託の方法による支払をしたときは，供託に係る差押えの手続との関係においては，保険者が差押えに係る金銭債権につき供託の方法による支払をしたものとみなされる（61条3項。90条3項）。

介入権者は，供託をしたときは，民事執行法（民執156条3項）などにより，第三債務者が執行裁判所その他の官庁または公署に対して届出（民執規138条）義務を負う（61条4項。90条4項）。

（オ）解除停止期間中に保険事故が発生した場合の取扱い　保険者は，保険給付を行うべき額の限度で，解除権者に対し，解約返戻金相当額を支払わなければならない（62条1項前段。91条1項前段）。この場合，保険金受取人に対しては，保険給付額から解除権者に支払った金額を控除した残額について保険給付を行えば足りる（62条1項後段。91条1項後段）。

（ⅴ）保険料積立金の払戻

保険者は，保険契約が消滅した場合（51条・54条・56条・58条・96条。80条・83条・85条），保険者が保険給付を行う責任を負うときを除き，保険契約者に対し，終了時における保険料積立金を払い戻さなければならない（63条。92条）。

保険法63条（92条）の規定は，片面的強行規定である（65条3号。94条3号）。

（ⅵ）保険料の返還の制限

保険契約者，被保険者または保険金受取人の詐欺または強迫を理由として保険契約に係る意思表示を取り消した場合，および，保険者が保険事故の発生を知って死亡保険契約の申込みまたは承諾をしたときを除き，死亡保険契約が遡及保険で無効とされる場合に限り，保険者は保険料の返還義務を負わない（64条。93条）。これは，保険契約者に制裁を課す趣旨であり，民法703条の特則である。

保険法64条（93条）の規定は，片面的強行規定である（65条3号。94条3号）。

第9章
傷害疾病定額保険契約の法理

第1節　傷害疾病定額保険契約の意義・種類

1　傷害疾病定額保険契約の意義
（1）保　険　法

　傷害疾病定額保険契約とは，保険者が人の傷害疾病に基づき一定の保険給付
を行うことを約する保険契約をいう（2条1号・9号）。この契約は傷害疾病に
起因して被保険者が死亡した場合も保険給付をするので，保険法では，死亡の
原因を傷害疾病に限定しているものを傷害疾病定額保険契約とし，限定してい
ないものを生命保険契約としている（2条1号・8号）。

（2）約　　　款

　損害保険会社の傷害保険では，被保険者が急激かつ偶然な外来の事故により
身体に損傷を受けた場合，その結果（死亡，後遺障害，入院，通院等）に対して保
険者が保険金受取人に保険金を支払う（傷1条1項）。これに対して，生命保険
会社の傷害保険では，被保険者が不慮の事故により死亡または身体障害の状
態になった場合に，保険金を支払う（新傷特1条1項）。

　損害保険会社の疾病保険では，被保険者が身体障害を被り，直接の結果とし
て入院した場合または手術を受けた場合に保険金を支払う（医療2条）。これに
対して，生命保険会社の疾病保険では，被保険者に生じた疾病を直接の原因と
して保険期間中に身体障害の状態になった場合に保険金を支払う（疾障特1条）。

2　傷害疾病定額保険契約の種類
（1）傷害保険の種類

　損害保険会社の傷害保険は，独立の保険契約であるのに対して（普通傷害保険，
搭乗者傷害保険等），生命保険会社の傷害保険は，生命保険に付帯する特約であ
る（災害保障特約，傷害特約，災害入院特約等）。

（2）疾病保険の種類

　保険事故の違いによって分類される。①疾病に罹患したことを保険事故とす

るもの（三大疾病保険等），②疾病で入院し，または治療を受けたことを保険事故とするもの（生命保険会社の疾病特約，入院・通院特約，女性特定疾病特約，ガン保険等，損害保険会社の医療費用保険等），③疾病で一定の身体状態になったことを保険事故とするもの（生命保険契約の高度障害保険の部分，三大疾病保険の急性心筋梗塞等），④疾病で就業不能になったことを保険事故とするもの（生命保険会社の就業不能保険，損害保険会社の所得補償保険），⑤疾病で介護状態となったことを保険事故とするもの（生命保険会社の介護保償保険），⑥疾病で介護状態となり入院または治療を受けたことを保険事故とするもの（損害保険会社の介護費用保険）がある。

第2節　傷害疾病定額保険契約の保険事故

1　傷害保険の保険事故

　保険期間中に被保険者に保険事故が発生すれば，保険給付がなされる。

　損害保険会社の傷害保険は，保険期間内に，被保険者が，急激かつ偶然な外来の事故によって身体に傷害を被った場合において，直接の結果として，以下の場合，保険給付がなされる（傷1条1項・5条〜8条）。①事故発生の日から180日以内に死亡した場合，②後遺障害が生じた場合，③平常の業務に従事すること，あるいは平常の生活ができなくなり，入院または治療を受けた場合，④平常の業務に従事すること，あるいは平常の生活に支障が生じ，通院した場合である。このように，被保険者が身体に被った傷害を保険事故とする（原因発生主義）。

　生命保険会社の傷害保険は，責任開始後に生じた不慮の事故または責任開始以後に発病した感染症を直接の原因として，被保険者が保険期間中に死亡したとき，または，高度障害状態になったときに，保険給付がなされる（災割1条1項）。このように，被保険者の身体に生じた傷害または疾病やそれに起因する死亡自体を保険事故とする（結果発生主義）。これは，生命保険会社は，生命保険契約（主契約）において，被保険者の保険期間内の死亡・保険期間経過後の生存を保険事故として定額の保険金を支払うことによる。不慮の事故とは，急激かつ偶然の外来の事故であって，分類項目中（厚生労働省大臣官房統計情報部編「疾病，傷害及び死因統計分類提要」による）に定められている事故をいう。

2 傷害保険契約の保険事故の 3 要件

（1）急激かつ偶然の外来の事故（保険事故の 3 要素）

（ⅰ）急 激 性

　保険事故が突発的に発生し，それを原因とする結果（傷害・死亡）の発生まで
の時間的間隔が短いことを要する（東京地判平成 9・2・3 判タ952号272頁）。急激
性の判断には，保険事故の発生を予見できなかったこと，予見できた場合であ
っても傷害という結果の発生を回避できなかったことも重要な要素となる。

（ⅱ）偶 然 性

　被保険者が事故の原因や傷害の結果を予知できないことを要する。事故の原
因が偶然である場合と，事故の原因は必然だが結果が偶然である場合とを含む。
被保険者が回避できたが，放置していた結果として被った傷害（東京地判平成20
・10・15判時2032号151頁）は予知の範囲内であり，偶然性を欠く。被保険者が傷
害の原因となる事故の発生を予見し，結果の発生を予見できた場合における偶
然性の有無については，被保険者が事故発生の結果を認識または認容していな
いにもかかわらず，事故発生の結果が予見可能であったとして偶然性を否定す
るのは，被保険者の重過失免責規定がある場合には妥当とはいえない。

　保険事故の偶然性とは被保険者の故意によらない事故であるので，故意によ
らないということは保険事故の構成要素であるから，故意によらないことにつ
いて保険金請求権者が立証責任を負う。しかし，約款では，被保険者の故意は
免責事由とされることから（傷 3 条 1 項 1 号等），故意による事故であることは
保険者が立証責任を負うこととなり，矛盾する。判例では，保険金支払事由に
不慮の事故として偶然性の要件が含まれているから，偶然性の要件を充足する
ことは保険金請求権の成立要件であり，立証責任を保険金請求権者に負担させ
なければ保険金の不正請求が容易となるおそれが増大する結果，保険制度の健
全性を阻害し，誠実な保険加入者の利益を損なうおそれがあるので，保険金の
支払を請求する者は，発生した事故が偶発的な事故であることについて立証責
任を負うとされる（最判平成13・4・20民集55巻 3 号682頁〔保百選84〕）。

（ⅲ）外 来 性

　傷害の原因が被保険者の身体の外部からの作用であることを要する（最判平
成19・7・6民集61巻 5 号1955頁〔保百選98〕，最判平成19・10・19判時1990号144頁〔保百
選41〕）。これは，疾病による身体の事故を傷害から除外するためであり，脳内
出血は，急激性と偶然性を満たすが，外来性がなく（東京地判平成 8・11・21判タ

942号231頁），溺死は，入浴中の意識障害の結果である場合，外来性はない。

第3節　傷害疾病定額保険契約の成立過程

1　告知義務

　保険契約者または被保険者になる者は，傷害疾病定額保険契約の締結に際し，給付事由の発生可能性（危険）に関する重要な事項のうち，保険者になる者が告知を求めたものについて，事実の告知をしなければならない（66条）。

　保険法66条の規定は，片面的強行規定である（70条）。

2　他人の傷害疾病の定額保険契約

　他人の傷害疾病の定額保険契約は，被保険者の同意がなければ，効力を生じない（67条1項本文）。ただし，給付事由が傷害疾病による死亡だけの契約の場合を除き，被保険者が保険金受取人である場合は，同意を必要としない（67条1項ただし書・2項）。これは，他人の傷害または疾病の定額保険契約では，契約締結時に被保険者を特定できず（自動車保険の搭乗傷害条項やイベントの参加者全員を被保険者とする傷害保険等），被保険者から個別の同意を得ることが不可能な場合に，保険金受取人を被保険者・その相続人と定めた上で，被保険者の同意を得ない取扱いが広く行われているからであり，また，傷害疾病定額保険契約は，被保険者の傷害疾病に際して，被保険者が必要とする医療費等の出費に備えて結ぶものであり，恩恵を被るのは被保険者だからである。しかし，給付事由が傷害疾病による死亡だけの傷害疾病定額保険契約では，被保険者の死亡に備えて締結されるので，死亡保険契約と同様に，被保険者の同意を効力要件とする（67条2項）。これによれば，多額の死亡給付を行う契約に少額の生存給付を組み合わせた場合には，保険法67条に該当する。

第4節　傷害疾病定額保険契約の進行過程

1　被保険者の同意

（1）保険金受取人の変更に関する被保険者の同意

　保険契約者以外の者を保険金受取人とする傷害疾病定額保険契約は可能である。保険金受取人は，法律上当然に，傷害疾病定額保険契約の利益を享受する（71条）。保険契約者は，給付事由が発生するまでは保険金受取人を変更できる

が (72条1項)，被保険者の同意がなければ，変更の効力は生じない (74条1項本文)。しかし，給付事由が傷害疾病による死亡のみである傷害疾病定額保険契約の場合は同意を必要とするが，変更後の保険金受取人が被保険者の場合は，同意は不要である (74条1項ただし書・2項)。これは，傷害疾病定額保険では被保険者の生存中に保険金受取人に給付がなされるので，被保険者が保険金受取人である限りは，道徳的危険の可能性が低く，この者の人格的利益の保護も考慮する必要はないからであり，被保険者の死亡給付は，この者の相続人が被保険者とされても，生命保険や給付事由が傷害疾病による死亡のみである傷害疾病定額保険と比べて，道徳的危険の可能性が低く，被保険者の同意を得やすいからである。

（2）保険給付請求権の譲渡等についての被保険者の同意

保険給付請求権の譲渡または権利を目的とする質権の設定は，被保険者の同意がなければ，効力を生じない (76条)。保険金給付請求権の処分を肯定するもので，第三者のためにする保険において，被保険者以外の者による事故招致等の保険金の不正取得を防止する目的で，被保険者の同意を効力要件とする。

2　危険増加の通知義務

傷害疾病定額保険契約の締結後に危険増加が生じた場合において，保険料を危険増加に対応した額に変更するとしたならば傷害疾病定額保険契約を継続できるときであっても，保険者は，要件に該当する場合には，契約を解除できる (85条1項)。保険契約者・被保険者は，危険増加に関する告知事項について内容に変更が生じたとき，保険者に遅滞なくその旨を通知すべき義務を負う。

第5節　傷害疾病定額保険契約の処理過程

1　被保険者による解除請求

被保険者と保険契約者とが異なる傷害疾病定額保険契約で，被保険者の同意が不要とされている場合などにおいて，被保険者は，保険契約者に対し，保険契約の解除を請求することができる (87条1項)。

2　保険給付

（1）給付事由発生の通知

保険期間内に被保険者に給付事由が発生したり，満期が到来すれば，保険者の保険金支払義務は具体化する (2条1号・9号)。定額給付型の傷害疾病保険

契約では，契約締結時に約定された保険金額に相当する保険金が支払われる。

　保険契約者，被保険者・保険金受取人は，給付事由が発生したことを知った
ときは，遅滞なく，保険者に対し，その旨を通知しなければならない（79条）。
保険者は，満期の到来を確認し，保険金受取人に満期保険金を支払うことがで
きるが，被保険者の死亡等の給付事由の発生については，保険契約者側から通
知を受けない限り認識できないので，保険契約者等に通知義務を課している。

（2）保険者の免責事由

（ア）法定免責事由　　保険法80条に明示されているが，本条は任意規定なの
で別段の内容の合意ができる。

（イ）約定免責事由　　損害保険会社の傷害保険には，①保険契約者，被保険
者または保険金受取人の故意・重大な過失，②被保険者の自殺行為，犯罪行為，
闘争行為，③自動車等を無免許，酒酔い，麻薬，大麻，あへん，覚醒剤，シ
ナー等の影響により正常な運転ができない状態で運転している間に生じた障害，
④被保険者の脳疾患，疾病・心神喪失，⑤被保険者の妊娠，出産，早産または
流産，⑥被保険者に対する外科的手術その他の医療処置，⑦被保険者に対する
刑の執行等（傷3条1項）がある。生命保険会社の傷害保険には，①被保険者・
保険契約者の故意・重大な過失，②災害死亡保険金については，保険金受取人
の故意・重大な過失，③被保険者を巡る以下の行為または事故犯罪行為で，犯
罪行為，精神障害・泥酔状態を原因とする事故，法令所定の運転資格を持たな
いで運転中に生じた事故，法令所定の酒気帯び運転等中に生じた事故がある
（新傷特1条1項）。

（ウ）重過失免責　　保険法80条および約款では，保険契約者，被保険者また
は保険金受取人の重大な過失も免責事由とする。これは，危険の高い行為を保
険保護の対象から除外しようとするもので，故意免責を補完するものである。
生命保険会社の傷害保険について，最高裁は，重過失について，改正前商法
641条（保険法80条）の重大な過失と同趣旨と解している（最判昭和57・7・15民集36
巻6号1188頁〔保百選104〕）。裁判例は，重過失を肯定するもの（大阪高判昭和57・
5・19判時1064号119頁，大阪高判平成2・1・17判時1361号128頁）と否定するもの（大
阪高判平成元・12・26判タ725号210頁〔保百選87〕，仙台地判平成5・5・11判時1498号125
頁）がある。

（3）請求権代位と損益相殺

　第三者の行為で被保険者に保険事故が発生したり，損害が発生した場合，被

保険者は，保険者に対する保険給付請求権と第三者に対する損害賠償請求権（民709条）を併有し，被保険者が二つの権利を行使できるとすると，この者に利得が生ずる。このことから，保険金と損害賠償請求権との重複の調整が問題となる場合において，保険給付と民事責任との関係を明確にする必要があり，損益相殺と請求権代位（25条）が認められるか否かという問題がある。

（i）傷害保険契約における請求権代位・損益相殺

（ア）請求権代位　定額給付型の傷害保険契約について，生命保険契約に相当すると考えれば，保険金受取人が保険金を受領しても，保険者は被保険者等の損害賠償請求権を代位取得しない（最判昭和55・5・1判時971号102頁）。損害保険会社の傷害保険契約の約款においても，被保険者の第三者に対する損害賠償請求権は保険者に移転しないとして，請求権代位は生じない旨が定められているものがある（傷31条）。損害てん補型の人身傷害補償条項付き自動車保険では，請求権代位が明示されている（自〔人傷〕12条・自〔一般〕23条）。

（イ）損益相殺　損益相殺を論じるにあたり，保険給付は控除すべき利益にあたるかが問題となるが，定額保険では，請求権代位・損益相殺が生じないと解されているから，被保険者の損害賠償請求権は縮減しない。

（ii）搭乗者傷害保険における請求権代位・損益相殺

搭乗者傷害保険の保険金は損益相殺の対象とならない（最判平成7・1・30民集49巻1号211頁〔保百選40〕）。加害者としては搭乗者傷害保険金が賠償額から控除されることを予想していないこと，搭乗者傷害保険金が定額給付として認められている限り被害者が二重に取得しても不当な利益ではないこと等の理由から，一般的には，搭乗者傷害保険金が損益相殺されるものではないが，慰謝料を算定するにあたり搭乗者傷害保険金を斟酌すべきであると解する。

（4）疾病保険における契約前発病不担保条項

（i）契約前発病不担保条項の概要

疾病保険では，保険期間開始前に発病していた疾病については，治療等の行為が保険期間開始後であっても給付対象とならない（契約前発病不担保条項）。生命保険会社の疾病入院保険では，被保険者が保険期間中に，責任開始時以後に被保険者に生じた疾病，不慮の事故・不慮の事故以外の外因を直接の原因とする入院をしたときに保険金が支払われる（総医特4条1項2号）。損害保険会社の医療保険では，被保険者が身体障害を被り，直接の効果として入院を開始した場合・手術を受けた場合に限り，保険金が支払われる（医療2条1項）。身体障

害を被った時とは，傷害については，傷害の原因となった事故発生の時，疾病については，医師の診断による発病の時をいい，先天性異常については，医師の診断により発見された時をいう（医療 1 条）。

（ⅱ）契約前発病不担保条項と告知義務との関係

　疾病保険では，保険契約者側が告知義務を履行したとしても，責任開始後の入院等が被保険者が責任開始前に罹患していた疾病によるものであるとされる限り，保険給付がなされない。告知義務制度が，契約締結時に，保険者が危険測定上重要な事項について告知を求めて危険選択を行うことで，予定事故発生率を維持し，契約当事者間の衡平をはかる制度であるのに対して，契約前発病不担保制度は，趣旨において同一であるが，契約締結後に危険選択を行うことで，告知義務制度によって果たされていない危険の選択を補完するものである。

第2編

海商法

第1章
総　論

第1節　海商法の意義

　商法のうち，船舶を用いる海上運送を中心とした海上企業に特有の経済生活
関係を規律するとともに，海上企業活動に関する経済主体間の私的な利害を調
整する法を形式的意義の海商法ということがある。「商法第3編海商」（海商編）
がこれにあたる。

　「海上運送」とは，商法上，商行為をする目的で航海の用に供する船舶（非
航海船〔747条〕を含む）による物品または旅客の運送をいう（569条3号・684条）。
「海上企業」とは，船舶を使って，海上において営業を行う経済的主体をいい，
これには，海上運送業（物品運送・旅客運送），水先業，曳船業，海難救助業など
を営む企業が該当する。もっとも，商法は，商行為に属さない原始産業を，原
則として，適用範囲から除いていること（4条1項），および，商法の適用対象
を商行為船とする商法684条との兼ね合いなどから，漁業を営む企業や，他の
海上企業の存在を前提とする海上売買業や海上保険業を営む企業などは商法の
対象にはならない。

　海上企業による海上運送に適用される法令には，海商編のほかに，次節に示
すような海事特別私法や海事普通取引約款などがあり，これを総称して実質的
意義の海商法ということがある（海商法の法源）。「海商法」（実質的意義の海商法）
は，海上企業活動に関する私的な利害を調整するゆえに，私法である。ただし，
海上企業は，船舶を企業活動の手段とすることから，「海商法」（実質的意義の海
商法）のほかに，航海活動に特有の公法（船舶法，海上交通安全法，船舶衝突予防法，
水先法，港則法，港湾法，海難審判法，船舶職員法，船員法等）の規定の適用も受ける。

第2節　海商法の法源

1　制　定　法
（1）商　　　法

　法源として最も重要なのは，「商法第3編海商」（海商編）である。海商編は8章（684条〜850条）からなり，①海上企業の組織に関する規定（第1章・第2章），②海上企業の活動に関する規定（第3章・第8章），③航海に伴う海上損害に関する規定（第4章〜第7章）で構成される。

　海上企業が次のような性質を有していることから，商法はこれらに対応する規定を設けている。すなわち，①海上企業の活動に不可欠の手段である船舶が高価であることから（大資本性），船舶共有規定や船主責任制限規定を設けている。②海上企業の活動舞台が広大な海であり，船舶が海上において孤立して展開することから（広大性），船長に広範な代理権を認める規定を設けている。③海上危険は科学技術をもってしても克服困難なこと（危険性）から，海難救助，共同海損，海上危険などに関する規定を設けている。

（2）海事特別法
（ⅰ）海事特別私法

　商法と並立するものに海事特別私法がある。この中で重要なのは，「国際海上物品運送法」および「船舶の所有者等の責任の制限に関する法律」（船主責任制限法）である。

　国際海上物品運送法は，1924年「船荷証券に関するある規則の統一のための国際条約」（Convention internationale pour l'unification de certaines règles en matière de connaissement〔船荷証券統一条約〕。ヘーグ・ルール〔ヘーグ・ヴィスビー・ルール〕）が批准されたことにより制定されたものである。その後，1968年ブリュッセル外交会議でヘーグ・ルールの改正議定書（ウィスビー・ルール）が制定され，1977年に発効したことから，わが国でも，平成5年（1993年）に改正議定書を批准し，国際海上物品運送法の内容も責任制限の不法行為への適用，責任限度額の算定におけるSDR（船舶所有者等の責任限度額を定める国際通貨基金〔IMF〕協定3条1項に規定する特別引出権〔Special Drawing Rights〕）の採用などの点で改正された。国際海上物品運送法は，船積港または陸揚港が日本の国外にある外航船による物品運送について，商法に優先して適用されるが（国海1条），郵便物の運送には適用されない（国海17条）。

船主責任制限法は，1957年「海上航行船舶の所有者の責任制限に関する国際条約」（International Convention Relating to the Limitation of the Liability of Owners of Seagoing Vessels〔船主責任制限条約〕）が批准されたことにより制定されたものであり，金額責任主義に基づく船主責任制限（有限責任）制度を導入した法律である。船主責任制限法の特別法として「船舶油濁損害賠償保障法」がある。

(ⅱ) 海事特別公法

海上企業は，船舶を企業活動の手段とすることから，航海活動に特有の公法規制を受ける。

①航行の安全等に関する法規として，船舶法，船舶安全法（昭和8年法律第11号），港則法（昭和23年法律第174号），水先法，海上運送法，港湾法（昭和25年法律第218号），船舶衝突予防法（昭和52年法律第62号）などがある。これらは，船舶の運航に特有の技術的要請や行政的監督・規制の要請に応えるものである。

②海上事故の原因究明に関する法規として，海難審判法（昭和22年法律第135号）などがある。

③船員の資格・義務・権利に関する法規として，船員法，船舶職員法などがある。

本書は，主として，商法（海商編）および国際海上物品運送法などの私法を対象とするが，航海活動に特有の公法も対象とすることがある。

2 海事条約

海上企業に関する法制度は，国際的にその沿革からみれば，イギリス法系，フランス法系およびドイツ法系に大別される。わが国の商法は，明治32年（1899年）に制定された当初，ドイツ旧商法典を手本とし，一部，フランス商法典を受け継いだ。もっとも，国の違いにより法律の内容が異なることは，国際的に事業を展開する海上企業にとって好ましくはない。そこで，海商法の分野においては，19世紀後半から，海事条約（条約）や普通取引約款（約款）の制定などを通じて国際的な統一化が図られている。

条約の中には，締約国の国民の生活関係を直接的に規律するものがあり，このような条約は，批准公布されると，締約国の法源になると解される。1910年「船舶衝突ニ付テノ若干ノ規定ノ統一ニ関スル条約」（衝突統一条約）及び同年「海難ニ於ケル救助救援ニ付テノ若干ノ規定ノ統一ニ関スル条約」（海難救助統一条約）などはこれにあたる。これに対して，1924年船荷証券統一条約などのように，批准公布がなされても，締約国の法源にならないものがある。ただ，こ

のような条約も，これらに基づき制定された国内法の規定を解釈する上で重要な指針となるので，国内法の制定後も意義を有している。

海商法の分野において国際的な統一化を推進しているのが，国際法協会（International Law Association, ILA：1783年創立），万国海法会（Comité Maritime International, CMI：1893年創立），国際海事機関（International Maritime Organization, IMO：1982年創立〔前身は政府間海事協議機構（Inter-Governmental Maritime Consultative Organization, IMCO：1958年創立）〕），国連貿易開発会議（United Nations Conference on Trade and Development, UNCTAD：1963年創立），国連国際商取引法委員会（United Nations Commission on International Trade Law, UNCITRAL：1966年創立）などの国際機関である。

このような海事を巡る規律を広くとらえ，私法・公法・条約等にまたがる海事全体に関する規律を総合して「海法」（maritime law, droit maritime）ということがある。

3　海事慣習法

商法によれば，商事に関し，商法に定めがない事項については商慣習に従い，商慣習がないときは，民法の定めるところによる（1条2項）。このことから，海事慣習法が海商法の重要な法源であるといえる。海上運送（海運）の実務では，事実たる慣習が数多く存在しており，法律行為の当事者が事実たる慣習による意思を有すると認められるときは，事実たる慣習が任意法規に優先し，当事者を拘束する。

4　海事普通取引約款

法典と現実の海運との乖離を補うものとして普通取引約款があり，海運の実務においては，海事普通取引約款（海事約款）の役割は大きい。

国際的約款として，国際法協会が制定した1877年の共同海損に関する「ヨーク・アントワープ規則」（York-Antwerp Rules）および1932年のCIF売買に関する「ワルソー・オックスフォード規則」（Warsaw-Oxford Rules）などがある。通常，これらの国際的な規則や海事約款は法規範としての拘束力はないが，当事者が規則や約款によるべき旨の合意をした場合に限り，当事者はこれらの規則や約款に拘束される。これに対して，共同海損やCIF売買では，これらの規則や約款によることが国際的な慣習になっている。

5　海事判例・海事仲裁判断

判例（海事判例）は，事実的拘束力あるいは影響力を有する。また，仲裁（海事仲裁）は，海運の実務において自主的な紛争解決として活用されている。

第2章
船　　舶

第1節　船舶の意義・分類

1　社会通念上の船舶の意義

　船舶とは，社会通念上，水（水上，水中を問わない）を航行する用に供する機具である。「航行する用に供する」とは，物品または人の運搬に使うもので，航行に適するものであることを要する。また，水を航行する用に供する機具である限り，一定の形態を有することを要することから，製造中の船舶は，商法上，船舶とみなされることがあるが（850条），進水し航行できる段階前までは船舶とはいえない。

2　商法上の船舶の意義

（1）商法の規定が適用される船舶

（i）総　　論

　海商法は，船舶を用いて行う海上運送を中心とした海上企業に特有の経済生活関係に関する法であることから，海商法を含む商法の規定が適用される船舶の意義を明らかにする必要がある。

　「商法第3編海商」（海商編）（747条を除く）において，「船舶」とは，商行為をする目的で航海の用に供する船舶（端舟その他ろかいのみをもって運転し，または主としてろかいをもって運転する舟を除く）をいう（684条，国海2条1項，船責2条1項）。沈没船や難破船は「船舶」ではない（最判昭和35・9・1民集14巻11号1991頁〔海底63メートル以上の海底にあって引揚困難な沈没船は，商法上の船舶の性質を失っており，所有権移転を第三者に対抗するには，引渡し（民178条）があれば足りる〕）。

（ii）商行為船

　商法上の船舶は，商行為をする目的のために利用される商行為船（商船）でなければならない。

　「商行為」とは，海上運送に限定すれば，主として，運送（物品運送・旅客運送）に関する行為（502条4号）である。その他，工作船が行う加工に関する行

為（502条2号），曳船や救助船が行う作業の請負（502条5号），陸上企業がその営業のために行う油槽，鉱石運搬や農作物運搬（503条）などがある。しかし，船舶法35条が，商法の規定を，官庁または公署（国または地方公共団体等）の所有に属する船舶（公用船・公船）を除く非商行為船である航海船に対して準用する旨を規定していることから，漁船，学術船やレジャー用の船舶等にも商法の規定が準用され，その限りにおいて，商法の適用範囲が拡大されている。

（ⅲ）航 海 船

　商法上の船舶は，航海の用に供する船舶（航海船）でなければならない。「航海」とは，海上の航行をいい，海上とは，湖川港湾を除く海洋をいう。ただし，商行為をする目的で，もっぱら湖川，港湾その他の海以外の水域において航行の用に供する船舶（端舟その他ろかいのみをもって運転し，または主としてろかいをもって運転する舟を除く）（非航海船）によって物品を運送する場合については，個品運送に関する規定（737条以下）を準用する（747条，756条）。また，船舶（航海船）と非航海船との衝突などの事故（791条），および，非航海船または非航海船内にある積荷その他の物を救助する場合（807条）には，船舶の衝突に関する規定および海難救助に関する規定が準用される。船舶において，自力航行の能力は不要と解されている（東京高判昭和47・8・23高民集25巻4号309頁）。

　湖川港湾において運送を行う場合であっても，それが海上運送の発着点にあたり，主たる運送区域が海上の場合は，商法が定める海上運送契約に関する規定が適用されると解される。

（2）商法の規定が適用されない船舶

（ⅰ）端舟・ろかい船

　端舟その他ろかいのみをもって運転し，または主としてろかいをもって運転する舟は，商法の規定を適用しない（684条・747条）。

　「端舟」とは，推進具として機関・帆を使用しない船舶をいい，「ろかい船」とは，ろかいをもって，または，主としてろかいをもって運転する船舶をいう。これらの船舶に商法の規定を適用しないのは，これらの船舶は，通常，小型であることから，船舶所有者において商法の規定を遵守するのが難しいことがあるからである。ただし，総トン数20トン未満の船舶は船舶登記制度の適用を受けないが（686条2項），端舟・ろかい船でない限り，商法の適用を受ける。

（ⅱ）公 用 船

　船舶を所有する主体により，官庁または公署の所有に属する船舶（船舶1条

1号）を公用船（公船）といい，私人あるいは私企業などが所有する船舶を私船という。公用船は，自由な航行によって公用を達成させるべきであることから，私法である商法の規定は準用しない（船舶35条）。

3　船舶の分類

（1）日本船舶・外国船舶

日本国籍の有無により，日本船舶と外国船舶に区別される。日本船舶には，日本国旗の掲揚権（船舶2条），不開港場に寄港する権利，日本各港の間において物品または旅客の運送をする権利（船舶3条）などが付与されている。

（2）航海船・内水船

船舶がもっぱら航行する水域の違いにより，航海船と内水船に区別される。もっぱら海上を航行する船舶を航海船，もっぱら湖川港湾（内水）を航行する船舶を内水船という。この区別は商法の適用ないし準用の基準となり，内水船は商法の適用を受けない（684条）。というのは，内水船は，通常，規模の小さい船舶が多く，船舶所有者において商法の規定を遵守するのが難しいことがあるからである。もっとも，最高裁は，航海船および内水船・バージ（艀）が一体となって曳船列を構成して航行している時，係留されていた自衛艦にバージが衝突した事故について，いわゆる曳船列一体の原則により，内水船・バージについても商法の規定の適用を認めている（最判平成4年4月28日判時1421号122頁〔商百選101〕）。

（3）外航船・内航船

船舶がもっぱら航行する領域の違いにより，国内港の間を航行する内航船と，外国港と国内港との間を航行する外航船に区別される。内航船による運送には商法の規定が適用され，外航船による物品運送には国際海上物品運送法の規定が適用される（国海1条）。

（4）貨物船・旅客船

運送の対象の違いにより，貨物船と旅客船に区別される。両方を兼ねた貨客船がある。

（5）定期船・不定期船

船舶の運航の態様に基づく分類である。定期船（liner）は，あらかじめ定められた時刻表により，一定の航路（定期航路）で定期的に運航される船舶をいう。通常，個品運送を行うコンテナ船が定期航路で運航されている。不定期船（tramper）とは，運送品の所有者（荷主）の求めに応じて不特定の航路を不定期

に運航される船舶をいう。

（6）登記船・不登記船

　船舶法の定めるところに従って登記をしなければならない船舶（686条・687条・701条）を登記船といい，そうでない船舶を不登記船という。

第2節　船舶の性質

1　不動産的取扱い

　船舶は，民法上，動産であるが（民86条），商法上，総トン数20トン以上の登記船は不動産的取扱いを受ける（686条参照）。これは，船舶は，通常，運送の用具であり，売買の対象となることを主たる目的としないこと，高価であるので同一性の認識が容易であることなどの理由による。

　船舶には登記制度があり（686条・687条・701条），抵当権の設定が認められ（847条），船舶に対する強制執行に関する制度が設けられ（民執112条以下），競売も不動産の場合とほぼ同じ同一の規定に従う（民執189条）。

2　擬人的取扱い（船舶の識別）

　船舶は名称を有し，国籍および船籍港を持つ。船舶の国籍は，運送などについて準拠法を決定したり，国際法および行政法上の意義を有するなどの機能がある。公海上の船舶は，国籍を有する国の法令（旗国法）が適用され，戦時には，海上捕獲や中立船の取扱いを受ける。行政法上，自国船と外国船との待遇において差別を設けている。船舶の国籍は所有者の国籍による（船舶1条）。

　船舶所有者は，船舶法の定めるところに従い，登記をし，船籍港を管轄する管海官庁に備えた船舶原簿に登録し，かつ，船舶国籍証書の交付を受けなければならない（686条1項，船舶5条）。その結果，日本国籍を有する船舶は，日本国旗の掲揚権などを取得する（船舶2条・3条）。「船籍港」は，船舶所有者が船舶の登記および登録をなし，船舶国籍証書を受ける地であり，原則として，船舶所有者の住所地をもって定める（船舶細3条）。

　これらのことから，日本国籍を有する船舶は法令の定めるところに従い，日本の国旗を掲げ，かつ，名称，船籍港，番号，総トン数，喫水の尺度その他の事項を標示しなければならない（船舶7条）。

3　合成物としての船舶

　船舶は，船体・船橋・甲板・機関・船倉などからなる合成物であって，各部

分は法律上独立の存在を失っている。これに対して，羅針盤・海図・碇錨・端艇・レーダー・救命具・信号器具などは，船舶の運航に必要なことから船舶に附属された独立の存在として権利の客体（属具）となり，船舶先取特権および船舶抵当権の効力はこれらにも及ぶ（842条・847条2項）。

商法上，船舶の属具目録に記載した物は，その従物と推定し（685条1項），属具目録の書式は，国土交通省令で定める（685条2項）。

第3節　船舶の公示

1　船舶の登記

総トン数20トン以上の船舶の所有者は，船舶法の定めるところに従い，登記をしなければならない（686条1項）。

船舶の登記は，船舶の表示，船舶の所有権・抵当権・賃借権の保存等や船舶管理人の選任，氏名・名称・住所の変更や代理権の消滅などについてなされることから（船舶登令3条1項），私法上の効力を有する。その結果，船舶賃貸借の登記は，その後の当該船舶について物権を取得した者に対しても賃貸借の効力が生じ（701条），抵当権設定の登記をしたときは，第三者に対抗できる（847条）。さらに，船舶に対する強制執行に関して特別の制度があり（民執112条以下），競売も不動産の場合と同じような規定に従う（民執189条）。ただし，商法686条1項の規定は，総トン数20トン未満の船舶については，適用しない（686条2項，船舶20条）。というのは，これらの船舶は小型であることから，船舶所有者において商法の規定を遵守するのが難しいことがあるからである。

2　船舶の登録

総トン数20トン以上の船舶の所有者は，船舶法の定めるところに従い，船籍港を管轄する管海官庁に備えた船舶原簿に登録し，かつ，船舶国籍証書の交付を受けなければならない（686条1項，船舶5条）。船舶の登録は，それにより当該船舶は国籍等を取得することから，公法上の効力を有する。船舶の登録のために定められている船籍港は，原則として，船舶の航行できる海面に面した地であって，船舶所有者の住所地である市町村の名称による（船舶細3条）。

船舶所有権の移転は，その登記をし，かつ，船舶国籍証書に記載しなければ，第三者に対抗することができない（687条）。

第3章
海上企業の主体

第1節　海上企業の主体の形態

　海上企業者は，海上企業を営むにあたり，船舶を所有することで企業活動を展開する場合や，他者から船舶を賃借りして企業活動を展開する場合（他船利用）がある。そこで，商法では，自己所有船舶によって海上企業を営む場合（船舶所有者，船舶共有者），および，他人所有の船舶を賃借りして海上企業を営む場合（船舶賃借人，定期傭船者）について定めている。

第2節　船舶所有者

1　船舶所有者の意義

　商法は，船舶所有者（船主）の意義について，広義の船舶所有者と狭義の船舶所有者を定めている。

　広義の船舶所有者とは，船舶の所有権を有する者をいう。この者は，船舶法に定めるところに従い，船舶を登記し，かつ，登録後，船舶国籍証書の交付を受けなければならず（686条1項），自己所有の船舶を船舶賃借人が利用することによって生じた船舶先取特権に対しても責任を負う（703条2項）。これに対して，狭義の船舶所有者とは，自己所有の船舶を商行為をする目的で航海の用に供する者をいう。この者は，船舶を所有することと船舶を使って商行為をすることとを目的とすることから，海上企業の主体として商法の適用を受ける。それゆえに，一人の者が複数の船舶を所有する場合には，船舶ごとに船舶所有者の存否が決まる。船舶所有者には，複数の者で船舶を所有する船舶共有者（692条以下）も含まれる。

2　船舶所有権の得喪

（1）船舶に特有の得喪原因

　船舶は，法律上，動産（民86条）としての性質を有することから，船舶所有

権の得喪も動産所有権の得喪に関する一般原則による。ただし，商法上，登記
制度が設けられていることから（686条・687条・701条），登記船には，民法上の
即時取得の規定（民192条）は適用されない。

　船舶に特有の得喪原因には，私法上の原因として，造船契約，船舶の売買，
船舶共有持分の買取り（694条・700条・715条），船舶の沈没および解体などがあ
り，公法上の原因として，戦時国際法上の捕獲，刑法上および船舶法上の没収
（刑19条，船舶22条・22条ノ2・23条）などがある。

（2）造船契約

　造船契約の形態には，注文者が造船者に造船資材の全部または大部分を供給
する場合（請負契約）と，造船者がこれらを供給する場合（請負契約と売買契約の
混合契約）とがある。

　造船契約は，通常，日本海運集会所が制定する標準書式などに基づき造船契
約書を作成することによってなされる。それによると，造船者は，所定の総ト
ン数などの要目に適合するよう，製造仕様書や図面に従い，船舶を製造する義
務を負う。船舶が船舶安全法などによる検査に合格し，所定の船級・資格（航
行区域）を取得することを保証する義務を負う。自己が製造し，引き渡した船
舶が所定の要件に合致しない場合には，担保責任（526条，民562条）および損害
賠償責任（民415条）などを負う。これに対して，注文者は，代金支払義務を負
う。

（3）船舶の売買

　船舶の売買は，原則として，所有者の意思に基づいてなされる。ただし，私
法上の例外として，商法は，船舶共有において，国籍維持のための持分売渡請
求権・競売請求権（700条）を定めている。

　船舶の売買は，通常，日本海運集会所が制定する標準書式などに基づき売買
契約書を作成することによってなされる。それによると，船舶の売買契約は，
特定の船舶を目的物とすることから，契約書には，船舶を特定するための記載
事項が定められている。船舶が，引渡前に減失した場合および修繕不能の損傷
を被った場合，または，不可抗力によって契約の目的を達成できなくなった場
合には，当事者は，無償で契約を解除できる。売主は，約定の期間内および場
所において，船舶引渡の準備を行い，船舶に先取特権や抵当権などがない状態
で，かつ，買主の権利を害することがない状態で船舶を引き渡さなければなら
ない。これに対して，買主は，船舶を受け取ると同時に，約定の場所で代金を

支払わなければならない。売主は，代金を受け取ると同時に，船舶の所有権移転登記に必要な書類を買主に交付する義務を負う。買主が約定期日までに船舶を受け取らない場合，または，正当な理由なくして受取りを拒否した場合には，売主は，催告をせずに，契約を解除できる。この場合，売主は，契約締結の時に受領していた手付金などがあれば，それを違約金として没収することができる。

3　船舶所有権の移転

船舶所有権の移転は，当事者の意思表示のみによって効力を生ずる（民176条）。船舶所有権の移転を第三者に対抗するためには，登記船については，船舶登記簿に移転の登記をなし，かつ，船舶国籍証書にこれを記載することを要し（687条），不登記船については，動産に関する民法の一般原則に従って船舶の引渡しを要する（民178条）。船舶の所有権が航海中に売買その他の事由により譲渡されたときは，その航海によって生ずる損益は，譲受人に帰属する（688条）。商法688条の規定は，相続などの包括承継による船舶所有権の移転には適用されないと解される。

船舶所有者と船員との雇用関係は船舶所有権の移転によって終了するが，その時から，船員と新所有者と間に従前と同一条件の雇入契約が存するものとみなされる（船員43条）。

公法上の制約であるが，国際海上輸送の確保上重要なものとして国土交通省令で定める船舶（国際船舶）を，外国へ譲渡または貸渡しをしようとするときは，国土交通大臣に届け出なければならない（海運44条の2）。

4　航海中の船舶に対する差押え等の制限

差押えおよび仮差押えの執行（仮差押えの登記をする方法によるものを除く）は，航海中の船舶（停泊中のものを除く）に対してはすることができない（689条）。これは，運送品の所有者（荷主）など，船舶の利害関係人の利益を保護するためであるとともに，船舶の出航までに差押えおよび仮差押えを怠った債権者に非を求めるものである。商法689条の規定は強行規定である。

5　船舶所有者の責任

船舶所有者は，船長およびその他の船員がその職務を行うについて故意または過失によって他人に加えた損害を賠償する責任を負う（690条）。商法690条は，船員の不法行為に関して，船舶所有者の責任を定めた特則であり，民法715条1項ただし書を排除し，船員の選任および監督について過失の有無にかかわら

ず，船舶所有者は無過失責任を負うというものである（大判大正2・6・28民録19
輯560頁）。これは，①国から海技免許状を付与されている船長等の選任につい
て船舶所有者の過失は問題になりにくい，②船舶所有者が航海中に船長等を監
督することが難しく，船舶所有者は無過失の立証（民715条1項ただし書）がしや
すいなどから，被害者の保護を必要とするなどの理由による。

「その職務を行うについて」とは，本来的な意味における船舶を巡る業務お
よびそれと相当の関連性を有する作業をとらえ，客観的に観察して，船長およ
びその他の船員の職務行為に属すると思われる職務を行うことをいう。「その
他の船員」とは，船舶の運航に従事する船員の他に，船内労務に従事するすべ
ての船員をいう（神戸地判昭和39・11・20下民集15巻11号2790頁）。水先人および曳
船の船員もこれに含まれると解される。

6　社員の持分の売渡しの請求

持分会社の業務を執行する社員の持分の移転により持分会社の所有する船舶
が日本国籍を喪失するときは，他の業務を執行する社員は，相当の対価でその
持分を売り渡すことを請求することができる（691条）。

「持分の移転」とは，日本国籍との関係で，外国人に移転する原因のすべて
を含み，譲渡よりも広い概念である。売渡請求権の行使時期については，国籍
を維持するという趣旨からすれば，他の業務を執行する社員が，船舶が日本の
国籍を喪失することとなる事実を知った時に，遅滞なく，権利行使をするべき
であると解される。

第3節　船舶共有者

1　船舶共有者の意義

船舶所有者には，複数人で船舶を所有する船舶共有者も含まれる。このうち，
広義の船舶共有者とは，1隻の船舶を所有する複数人をいい，商法が対象とす
る狭義の船舶共有者とは，複数人が共有する船舶が商行為をする目的で航海の
用に供する場合の船舶所有者をいう（692条〜700条）。

2　船舶共有の法的性質

商法の規定は，船舶共有者間に組合関係が生ずることを前提としていると解
されている。これは，商法の規定では，共有者の持分という文言を，船舶の利
用（692条・693条・695条），新たな航海・船舶の大修繕をすること（694条），持分

の譲渡（696条），および，船舶共有者の持分の売渡しの請求等（700条）などに
関して使っていることなどによる。

3 船舶共有の内部関係

　船舶共有は共有者間の船舶共有契約によって運営され，内部関係は当事者の
自治に委ねられる。

（1）共有に係る船舶の利用

（ⅰ）業務執行

　船舶共有者の間においては，船舶の利用に関する事項は，各船舶共有者の持
分の価格に従い，その過半数で決する（692条）。「持分」とは，共有船舶をもっ
て海上企業を営むための共有船舶を含んだ総財産に対する持分をいう。船舶共
有者の持分の価格は減額することがある。一人の船舶共有者が持分の過半数を
有することは可能であり，この場合，この者は単独で船舶の利用に関する事項
を執行することができる。「船舶の利用に関する事項」とは，共有船舶を商行
為をする目的で航海の用に供することをいう。船舶の利用に関しない事項につ
いては，船舶共有者全員の同意を要する。

（ⅱ）費用分担

　船舶共有者は，持分の価格に応じ，船舶の利用に関する費用を負担しなけれ
ばならない（693条）。これには，船舶の利用に必要とされる，船舶の艤装費，
燃料費などの費用の分担が含まれる。

（2）船舶共有者の持分買取請求

　船舶共有者が，新たな航海（船舶共有者の間で予定されていなかったものに限る）
をすること，または，船舶の大修繕をすることを決定したときは，決定につい
て異議のある船舶共有者は，他の船舶共有者に対し，相当の対価で自己の持分
を買い取ることを請求することができる（694条1項）。船舶共有では，一つの
航海を企業の単位とすることから，予定されていなかった新たな航海は共有船
舶を新たな危険に晒すことになるので，また，船舶の大修繕は巨額の費用を必
要とするので，商法は，これらに反対する共有者に持分の買取りという方法で
これらの危険を回避することを認めている。

　商法694条1項の規定による請求をしようとする者は，同項の決定の日（決
定に加わらなかった場合にあっては，決定の通知を受けた日の翌日）から3日以内に，
他の船舶共有者または船舶管理人に対してその旨の通知を発しなければならな
い（694条2項）。通知の相手方である船舶共有者は，請求内容が船舶共有契約

の内容を変更する重大なものであるということからすれば，すべての船舶共有者とする必要があると解される。

（3）持分の譲渡

船舶共有者の間に組合契約があるときであっても，各船舶共有者（船舶管理人であるものを除く）は，他の船舶共有者の承諾を得ないで，持分の全部または一部を他人に譲渡することができる（696条1項）。持分の譲渡は，譲渡当事者間では譲渡契約の締結と同時に効力が生じ，他の共有者に対しては，譲渡の通知をした時から，第三者に対しては，持分移転の登記および船舶国籍証書を書き換えた時から対抗することができる（687条）。

これに対して，船舶管理人（共有船舶の利用に関して包括的な代理権を有する者）である船舶共有者は，他の船舶共有者の全員の承諾を得なければ，持分の全部または一部を他人に譲渡することができない（696条2項）。というのは，船舶管理人は共有船舶の利用に関して包括的な代理権を有するからである。

（4）船舶共有者の持分の売渡しの請求等

船舶共有者の持分の移転または国籍の喪失により船舶が日本の国籍を喪失することとなるときは，他の船舶共有者は，相当の対価でその持分を売り渡すことを請求し，または競売に付することができる（700条）。

「持分の移転」とは，日本国籍との関係で，相続など，外国人に移転する原因のすべてを含み，譲渡よりも広い概念である。売渡請求権の行使時期について，国籍を維持するという趣旨からすれば，他の共有者が船舶が国籍を喪失することとなる事実を知った時，遅滞なく権利行使をするべきであると解される。

4　船舶共有の外部関係（船舶共有者の第三者に対する責任）

船舶共有者は，持分の価格に応じ，船舶の利用について生じた債務を弁済する責任を負う（695条）。これは，船舶共有者の責任を軽減することによって，海上企業の保護・助長を図るものである。すなわち，船舶の利用について生じた債務は多数当事者間の連帯債務になるはずであるが（511条），商法は，特則として695条を設け，船舶所有者にその持分価格に応じた分割債務を負担させていると解されている。「船舶の利用について生じた債務」とは，契約によるものの他，不法行為によるものも含まれる。

船舶共有では，共有者が船舶を利用する制度なので，取引の相手方との間で対外的な関係が生じることから，また，この者の利益を保護する必要があることから，商法695条の規定は強行規定の性質を持つ。

5　船舶管理人
（1）船舶管理人の意義・選任・終任・登記

　船舶管理人とは，共有船舶の利用に関して包括的な代理権を有する者をいう。船舶共有者にとって，船舶管理人に業務の遂行を委託することは便利であることから，かつ，行政上の便宜性および取引の相手方の利便性などを考え，船舶共有者は，船舶管理人を選任しなければならない（697条1項）。

　船舶管理人の選任は，船舶の利用に関する事項に該当するので，各船舶共有者の持分の価格に従い，その過半数で決する（692条）。船舶管理人の資格については法定されていないが，船舶共有者でない者を船舶管理人とするには，船舶共有者の全員の同意を要することから（697条2項），商法は，船舶管理人を船舶共有者の中から選定することを前提としているように解されるし，また，船舶共有者の信頼を得る者が船舶管理人に選定されることを前提としていると解することができる。商法697条2項は，船舶共有者間の内部関係に関する事項を定めていることから，任意規定であると解される。

　船舶管理人は，船舶管理に関する契約に基づき，受任者として，善良な管理者の注意をもって，委任事務を処理しなければならない（民644条）。それゆえに，船舶管理人は，委任の終了事由により，その地位を失う。船舶共有者でない船舶管理人を解任する場合には，選任の場合と同じ扱いとなろう（697条2項参照）。

　船舶共有者が船舶管理人を選任したとき，および船舶管理人の代理権が消滅したときは，その登記をしなければならない（697条3項）。商業登記の効力について定める商法9条の規定は，商法697条3項の規定による登記について準用する（697条4項）。というのは，船舶代理人の選任および代理権の消滅を公示して第三者に知らせることが望ましいからである。

（2）船舶管理人の代理権

　船舶管理人は，以下に示す五つの行為を除き，船舶共有者に代わって船舶の利用に関する一切の裁判上または裁判外の行為をする権限を有する（698条1項）。船舶管理人は，その権限が船舶の利用に関する一切の行為に及ぶことから，対外的な関係において，船舶共有者を代理する。船舶共有者は，内部関係において船舶管理人の権限を制限できるが，船舶管理人の代理権に加えた制限は，善意の第三者に対抗することはできない（698条2項）。

　船舶管理人は，以下に示す五つの行為は，船舶共有者に授権されなければ，

行うことはできない（698条1項）。というのは，これらの行為は船舶共有者の利害に重大な影響をもたらすからである。

①　船舶を賃貸し，またはこれについて抵当権を設定すること　　船舶の賃貸がなされると，船舶共有者に賃料収入はあるが，船舶共有者が船舶の占有を失い，船舶を利用できなくなるからである。また，船舶に抵当権が設定されると，被担保債権の弁済がなされなかった場合，船舶共有者は船舶所有権を喪失する可能性があるからである。

②　船舶を保険に付すること　　船舶管理人が船舶を巨額の保険料を支払う保険に付するおそれがあるからである。

③　新たな航海（船舶共有者の間で予定されていなかったものに限る）をすること　　予定されていなかった新たな航海は，共有船舶を新たな危険に晒すおそれがあり，船舶共有者の利害に重大な影響をもたらすからである。

④　船舶の大修繕をすること　　船舶の大修繕は，船舶の寿命を延ばすことができるが，巨額の費用を要するので，船舶共有者の利害に重大な影響を及ぼすからである。

⑤　借財をすること　　「借財」とは，海上企業の継続に著しい障害をもたらすものをいう。海上企業が，経営上，日常的に少額の融資を受けることがあることを考えれば，船舶抵当権を設定するような巨額の借財だけが該当する。

（3）船舶管理人の義務

船舶管理人は，善良な管理者として注意義務を負うとともに（民644条），広範な権限を有するので，その責任を明確にするために，職務に関する帳簿を備え，船舶の利用に関する一切の事項を記載しなければならない（699条1項）。

船舶管理人は，一定の期間ごとに，船舶の利用に関する計算を行い，各船舶共有者の承認を求めなければならない（699条2項）。計算の対象となる期間については，船舶管理に関する契約で定められる。船舶管理人は，計算報告義務を各船舶共有者に対して行うことから，持分価格の過半数で承認されたとしても（692条），少数持分者はそれに拘束されない。

このように，船舶共有者は，船舶管理人に帳簿備付義務・計算報告義務を課すことによりこの者を監督し，その権限の濫用を防止することができる。

6　船舶共有の解散・清算

船舶共有の解散・清算については，商法に規定がない。それゆえに，船舶共有に民法の組合に関する規定が適用されると解するとすると，船舶共有は，目

的である事業の成功または成功の不能によって解散する（民682条1号）。1回の航海だけを目的として船舶共有がなされた場合，航海が成功すれば，船舶共有は解散する。さらに，共有船舶の修繕不能・沈没は，事業の成功の不能として，解散事由となろう。

　船舶共有が解散し，清算したときは，清算人が選任される（民685条1項）。というのは，船舶管理人は船舶の利用に関して選任されているにすぎず，清算は船舶の利用に関する事項ではないので，船舶管理人は，当然には，清算人にならないからである。

第4節　船舶賃借人

1　船舶賃借人の意義

　他人が所有する船舶を賃借りするもの（他船利用者）を広義の船舶賃借人といい，商法が対象とする狭義の船舶賃借人とは，船舶の賃借人であって，商行為をする目的でその船舶を航海の用に供するもの（702条本文）をいう。賃借りした船舶を商行為をする目的で航海の用に供することで，船舶賃借人を，船舶所有者・船舶共有者と同様に，海上企業主体として取り扱うことができる。

2　船舶賃貸借契約

（1）意義等

　船舶賃貸借では，通常，船舶だけが賃貸借され，船長およびその他の船員といった船舶を航海の用に供するために必要な乗組員等は船舶賃借人が手配し，これらの者は船舶賃借人の指揮下において，船舶賃貸借契約に基づき業務を遂行する。それゆえに，海運の実務では，一般的に約定されている船舶賃貸借契約は裸傭船契約（bare boat charter contract）である。

　船舶賃貸借契約は諾成契約，かつ，不要式契約であるが，目的物である船舶が高額なので契約書が作成される。

（2）船舶賃借人と船舶所有者との関係（内部関係）

　借主である船舶賃借人と貸主である船舶所有者との関係は，当事者間の特約である船舶賃貸借契約，および，民法の賃貸借に関する規定により決せられる。

　船舶所有者は，賃貸借することを約定した船舶を，約定した日・場所において，堪航能力を有する状態で，船舶賃借人に引き渡さなければならない。船舶の占有の移転が船舶賃借人による船舶の使用収益（民601条）の前提であり，そ

れゆえに，船舶所有者が負担する船舶の修繕義務（民606条）および妨害排除義務などにより，賃貸借期間中の船舶賃借人による船舶の使用収益が可能となる。ただし，船舶賃借人が船舶を受け取った後にこれに生じた損傷があるときは，その損傷が賃貸人の責めに帰すべき事由によるものであるときを除き，その利用に必要な修繕をする義務は船舶賃借人が負担する（702条）。

　船舶賃借人は，このほか，以下のような義務を負う。すなわち，①約定した賃料を船舶所有者に支払わなければならない（民601条）。②船舶所有者から船舶の引渡しがあれば，これを受け取らなければならない。③契約または目的物である船舶の性質によって定まった用法に従い，船舶を使用および収益しなければならない（民616条・594条1項）。④契約満了時には，船舶を，約定の場所において，引渡しを受けたと同じ状態で，船舶所有者に返却（返船）しなければならない。⑤船舶所有者の承諾なしに，船舶を転貸または契約から生じる権利を譲渡することができない。これは，船舶所有者の知らない転借主または第三者によって船舶が運航されることを防ぐためである。

（3）船舶賃借人の外部関係

（i）船舶賃貸借の対抗力

　船舶の賃貸借は，これを登記したときは，その後，その船舶について物権を取得した者に対しても，その効力を生ずる（701条）。船舶賃借人は，登記をしなければ，船舶の譲受人や競落人などに賃貸借を対抗できない。船舶所有者は，特約がない限り，船舶賃貸借に関する登記義務を負わないと解される。

（ii）船舶の賃借人の権利義務等

　船舶賃借人は，船舶の利用に関する事項については，第三者に対して，船舶所有者と同一の権利義務を有する（703条1項）。というのは，船舶賃借人による船舶の利用に関しては，船舶所有者のそれと異なることはなく，このようにすることが船舶賃借人にとっても第三者にとっても合理的だからである。

　「船舶の利用に関する事項」とは，運送賃支払請求権，船荷証券上の債務，船長の法定権限内の法律行為に基づく権利義務，救助料請求権，共同海損分担義務などをいう。これに対して，船舶の譲渡や船舶上の抵当権の設定などは船舶所有者の業務に属するから，船舶の利用に関する事項に含まれない。「船舶所有者と同一の権利義務を有する」とは，船舶賃借人だけが第三者との関係に立つことをいう。

（ⅲ）船舶所有者と第三者との関係

　船舶賃貸借契約が締結されると，船舶賃借人が賃借りした船舶について企業
主体となり，船舶所有者は，船舶の利用に関する事項について第三者と直接的
な関係には立たない。しかし，船舶の利用に関して，船舶先取特権が付与され
る債権（842条）が発生することがあり，この場合，①船舶が債務者である船舶
賃借人の財産ではないことを理由に（民303条），船舶先取特権を認めないので
あれば，債権者の保護を欠くことになるとともに，賃貸借された船舶について
金融がなされないおそれがある。また，②船舶所有者も，船舶が航海の用に供
される限り，船舶先取特権が設定される可能性を認識していたはずである。そ
れゆえに，①②から，船舶賃借人が賃借りした船舶を商行為をする目的で航海
の用に供した場合，船舶の利用について生じた先取特権は，船舶所有者に対し
ても，その効力を生ずる（703条2項本文）。この先取特権には，民法上の先取特
権も含まれると解される（最決平成14・2・5判時1787号157頁〔商百選109〕）。

　ただし，船舶賃借人によるその利用の態様が船舶所有者との契約に反するこ
とを先取特権者が知っていたときは，船舶所有者は，債権者の先取特権の行使
を排除できる（703条2項ただし書）。というのは，商法703条2項本文は船舶先取
特権者を保護することを目的とした規定であることから，船舶賃貸借契約に反
する船舶利用を知っていた悪意の債権者は，保護する必要がないからである。
「契約に反する」とは，船舶賃借人が，船舶賃貸借契約の終了・失効などによ
り船舶の使用収益権を失っていた場合，あるいは，約定の就航区域をはずれた
運航や約定とは異なる運送品を運送していた場合など，船舶賃貸借契約の本旨
に反する場合をいう。「知っていたとき」とは，船舶先取特権者が船舶の利用
が契約に反することを知っていた場合，および，その事実を重大な過失により
知らなかった場合などをいう。

第5節　定期傭船者

1　定期傭船契約の意義等
（1）定期傭船契約の意義

　他船利用の形態として，傭船契約（charter party：C／P）がある。傭船契約
とは，当事者の一方（船舶所有者）が船長以下の船員および必要な属具等を配備
した船舶を提供し，相手方（傭船者）がこれに対して傭船料を支払う契約をい

う。傭船契約は，船長およびその他の船員は船舶所有者が配備することにおいて，船舶賃貸借契約とは異なる。

　傭船契約の中には，航海傭船契約（voyage charter party）と定期傭船契約（time charter party）とがある。前者は，特定の一航海（複数の航海を含む）を単位として，船舶の全部または一部を目的とする運送契約をいう（748条1項）。これに対して，後者は，当事者の一方（船舶所有者）が艤装した船舶に船員を乗り込ませて，当該船舶を一定の期間（1年または数年），相手方（定期傭船者）の利用に供することを約し，相手方がこれに対して傭船料を支払うことを約束することによってその効力を生ずる契約をいう（704条1項）。航海傭船契約については本書第2編第6章で論じる。

　傭船契約の内容は，契約当事者間で取り交わされた傭船契約書によって定まり，通常は，貨物の種類に応じた典型的な標準書式が用いられる。

（2）定期傭船契約の普及

　定期傭船は，定期傭船者が，船舶所有者から，一定の期間，船舶を傭船する形態であるが，定期傭船者は，傭船している船舶で自己の貨物を運送することもあるが，第三者と運送契約を締結して，傭船している船舶を使って第三者の貨物を運送すること（再運送）もある。この場合，海運の実務では，定期傭船者は，傭船している船舶の煙突に自己の社章を表示したり，船舶所有者が配備した船長およびその他の船員に対して，船舶の運航に関して日常的に具体的な指示命令を発したりすることがある。このように，定期傭船者は，傭船している船舶を商行為をする目的で航海の用に供する限りにおいて，船舶所有者，船舶共有者および船舶賃借人と同様に，海上企業主体として取り扱うことができる。

　定期傭船契約は，海運の実務では，他船利用の海運形態として国際的に普及している。この背景には，①定期傭船が，海運会社が自社船を新たに建造する危険を負うことなく船舶を調達できる方法であること，②船舶所有者が節税のために船舶を便宜置籍船とした場合，船籍国に設立した会社を所有者として当該船舶を定期傭船して利用することが便利であることなどがあるとされる。

2　定期傭船契約の法的性質

　定期傭船契約の法的性質について，大審院の判例では，船舶賃貸借契約と労務契約の混合契約である（混合契約説）としてきた（大判昭和3・6・28民集7巻8号519頁）。これは，定期傭船契約が船舶賃貸借契約である部分については改正前商法704条（現行703条）の適用を認め，定期傭船者が船舶所有者と同様の責任

を負うと解するものである。これに対して，海運の実務では，定期傭船契約を
運送契約の一種であるとする考え方（運送契約説）が支配的であった。その根拠
には，日本の立法が傭船契約を運送契約としていること，定期傭船契約では船
長およびその他の船員の選任監督権が船舶所有者に留保されていること，定期
傭船契約の下では船舶の占有が傭船者に移転しないため，傭船者が船舶上の支
配権を行使しえないことなどがあげられている。

　近時，定期傭船契約の性質論から定期傭船者の責任を論じるべきでなく，定
期傭船者と船長およびその他の船員との関係（指揮監督関係）から定期傭船者の
責任を判断すべきであるという見解が多くみられる。そのような中，最高裁平
成4年4月28日判決（判時1421号122頁〔商百選101〕）が，定期傭船契約の下で運
航されていた船舶が起こした衝突事故による損害について，船長の不法行為責
任を認めると同時に，定期傭船者にも改正前商法704条1項（現行703条1項）の
類推適用による不法行為責任を認めるに至った。最高裁平成4年判決は近時の
見解に立ったものであるといえる。

3　普通契約約款
（1）主な書式
　定期傭船契約の内容は，契約の当事者間で取り交わされる定期傭船契約書に
よって定まるが，次のように，定期傭船契約にも主要な標準書式がある。

　①　ボールタイム書式（The Baltic and White Sea Conference Uniform
Time Charter：BALTIME）　定期傭船契約はバルチック海の木材・鉱石を運
送するための契約として発展してきたものであり，ここから派生した書式である。

　②　ニューヨーク・プロデュース書式（Time Charter Government Form
approved by New York Produce Exchange：ASBATIME）　英米法系の国
で最も利用されている書式である。

　③　日本海運集会所の標準書式

（2）定期傭船契約書の記載内容
　定期傭船契約書には，一般的に，次の内容が記載されていることが多い。

　①　船舶所有者は，所定の傭船期間について船舶を傭船者に提供すること
　②　傭船者は，傭船期間に対応して傭船料を支払うこと（通常1ヶ月単位の前
払い）
　③　船舶所有者は，当該船舶が堪航能力を有することを保証し，かつ，傭船
契約の期間中にこの状態を保持すること

④ 船舶所有者は，船舶に必要な備品を入れる場所を除き，一切の船倉，客室等を傭船者の運送に従事させること

⑤ 船舶所有者は，船員の給料および船員に関するその他の諸費用，船体保険料，修繕費，当該船舶にかかる税金等の費用を負担すること

⑥ 傭船者は，燃料，積荷に関する諸費用，貨物積揚に関する一切の費用，港税，桟橋料，曳船料，水先料などの費用を負担すること

⑦ 船舶所有者は，船長またはその他の船員をして迅速に航海させ，傭船者の業務を援助させなければならないこと

4 定期傭船者の権利義務

(1) 定期傭船者による指示

定期傭船者は，発航前の検査その他の航海の安全に関する事項を除き，船長に対し，航路の決定その他の船舶の利用に関し必要な事項を指示することができる（定期傭船者の船長指示権〔Employment Clause〕）(705条)。これは，定期傭船契約では船長およびその他の船員は船舶所有者が配備するが，定期傭船者が，自己の貨物を運送する場合であれ，第三者の貨物を運送する場合であれ，海運の実務では，船長およびその他の船員に対して指揮命令を行うものであることによる。

定期傭船者の船長指示権をめぐり，改正前商法下における下級審判決では，ニューヨーク・プロデュース書式を用いた定期傭船契約等からすると，船長は，船舶の安全航行に必要な権限および責任を有しているが，定期傭船者は，当該船舶の利用に関する事項について船長を指示命令する権限を有するにすぎないから，船長が港外に避難するか留まるかの判断をする権限および責任を有すると判示されている（東京地判平成25・6・20判タ1418号305頁〔オーシャン・ビクトリー号事件判決〕）。

(2) 費用の負担

船舶の燃料，水先料，入港料その他船舶の利用に関する通常の費用は，定期傭船者の負担とする(706条)。海運の実務では，船舶の利用に関する業務は，定期傭船者の指揮命令によって行われることによる。

5 定期傭船者の責任

(1) 運送人としての責任

海運の実務では，定期傭船者は，第三者と再運送契約（または再傭船契約）を締結して再運送契約の運送人となることが多くみられる。このような運送契約

における責任について，改正前商法759条は，その契約の履行が船長の職務に属する範囲内においては船舶所有者のみが第三者に対して履行の責任を負うと定めていた。この場合，第三者と運送契約を締結した当事者は定期傭船者であり，船舶所有者は第三者と無関係であるが，定期傭船契約において船長は船舶所有者の指揮監督に従うとされていることが，このような責任の根底にある。しかし，改正前商法759条の下でも，定期傭船者の使用人の過失に基づく責任，または貨物の取扱いに関して生じた責任については，定期傭船者が負うべきであるとする解釈が有力であった。

　海運の実務では，定期傭船契約の下で再運送契約が締結され，船荷証券が発行された場合，傭船契約の内容および船荷証券の署名者のいかんによって運送人として責任を負う者が異なる。最高裁平成10年 3 月27日判決（民集52巻 2 号527頁〔商百選102〕）〔ジャスミン号事件判決〕）では，傭船者の代理人が「船長のために」（for the master）という表示の下でした署名は船舶所有者を代理してなされたものとして，船荷証券上の運送人は船舶所有者であると判示している。

（2）不法行為責任

　東京地裁昭和49年 6 月17日判決（判時748号77頁〔フルムーン号事件判決〕）では，ボールタイム書式に基づく定期傭船契約の下で運航されていた貨物船が漁船に衝突した事故による損害について，定期傭船者の不法行為責任を認め，本件貨物船はいわゆる便宜置籍船であり，船籍会社の実体が明らかでなく，このような船舶所有者が船長およびその他の船員の使用者として指揮監督権限を行っていたことが疑わしいとされ，実質的には，指揮監督権限を行使していたと思われる定期傭船者の責任が認められた。

　大阪地裁昭和58年 8 月12日判決（判タ519号189頁〔進宏丸事件判決〕）では，日本海運集会所の標準書式に基づく定期傭船契約の下で運航されていた内航船が，沖合海上で錨泊中の漁船に衝突した事故による損害について，従来の判例法理に基づき，改正前商法704条 1 項（現行703条 1 項）を類推適用して，定期傭船者の衝突責任が認められた。

　最高裁平成 4 年 4 月28日判決（判時1421号122頁〔商百選101〕）は，ボールタイム書式に基づく定期傭船契約の下で運航されていた船舶が起こした衝突事故による損害について，船長の不法行為責任を認めるとともに，定期傭船者にも，改正前商法704条 1 項（現行703条 1 項）の類推適用により，商法690条の不法行為責任を認めた。定期傭船契約は傭船契約の一種であることから，定期傭船者

は第三者とさらに運送契約を締結して再運送人として貨物に関する責任を負うことはあっても，海上企業主体として船舶所有者と同様の責任を負うことはない。しかし，海運の実務では，定期傭船者は，傭船している船舶の煙突に自己の社章を表示したり，船舶所有者が配備した船長およびその他の船員に対して，船舶の運航に関して日常的に具体的な指示命令を発したりすることがあることなどから，対外的には，その実体は海上企業者であると判断されることもある。最高裁平成4年判決も，このような状況および理由に基づいて，定期傭船者は船舶所有者と同様の企業主体としての経済的実体を有していたものと判断しているといえる。

　これらのことから，定期傭船者に不法行為責任が認められる条件としては，①定期傭船者の実体が海上企業主体と認められるものであり，商法703条の類推適用が可能であること，②定期傭船者が船長およびその他の船員の指揮監督権限を有していたこと，③定期傭船者が船舶の運航に関して実質的支配権を有していたことなどがあげられよう。さらに，これらがすべて揃わないまでも，いずれかの条件に適合する場合，商法690条が規定する一種の使用者責任を定期傭船者に課すことができると解される。

6　運送および船舶賃貸借に関する規定の準用

　商法572条，739条1項ならびに740条1項および3項の規定は定期傭船契約に係る船舶により物品を運送する場合について，商法703条2項の規定は定期傭船者の船舶の利用について生ずる先取特権について，それぞれ準用し，この場合において，商法739条1項中「発航の当時」とあるのは，「各航海に係る発航の当時」と読み替えるものとする（707条）。

第4章
海上企業の補助者

第1節　総　　論

　海上企業を運営するためには，船舶所有者や船舶共有者・船舶賃借人などはさまざまな補助者を必要とする。船舶所有者等との雇用契約に基づいて船舶を運航する船長およびその他の船員，あるいは，船舶所有者とは独立した関係においてこの者を補助する水先人および曳船業者などは，海上において船舶所有者等を補助する海商編に固有の補助者である。この他に，陸上における補助者には，船舶所有者の使用人，独立の商人である仲立人（543条），代理商（27条），運送取扱人（559条）などが存在する。

第2節　船　　員

　商法では，船員に関する規定を定めている（690条・704条・739条・788条・797条～800条・810条・842条）。しかし，商法は船員の意義については明示していないことから，解釈によることになる。商法上，「船員」とは，船舶所有者との間で雇用契約を締結し，それに基づき特定の船舶に乗り込み，継続して船舶の航海上の労務に服する者をいうと解される。

　公法である船員法では，船員とは，日本船舶または日本船舶以外の国土交通省令で定める船舶に乗り組む船長および海員ならびに予備船員をいう（船員1条1項）。「海員」とは，船内で使用される船長以外の乗組員で労働の対償として給料その他の報酬が支払われる者をいい，「予備船員」とは，船舶に乗り組むために雇用されている者で，船内で使用されていない者をいう（船員2条1項・2項）。商法には海員に関する規定があることから（713条・803条3項），船長および海員について，商法は船員法の規定による区別によることなろう。

第3節 船 長

1 船長の意義

船員のうち船長の意義についても商法は明示していないことから，解釈によることになるが，商法における船長の意義は二つある。広義の船長は，特定の船舶の運航指揮者をいう。これには，船舶所有者が船長である同時船長（船主船長）が含まれ，船員法にいう船長にあたる（船員7条）。これに対して，狭義の船長は，特定の船舶の運航指揮者であり，船舶の指揮権を有し，船舶所有者の代理人として法定された範囲の代理権を有する船員の長をいう。

2 船長の選任等

（1）船長の選任

船長は，原則として，船舶所有者が選任する。さらに，船舶共有における船舶管理人は，船舶の利用に関する裁判外の行為として，船長を選任することができる（698条1項）。船長は，国家試験に合格し一定の海技免状を受有する者の中から選任されなければならない（船職18条）。

船長は職務代行者を選任できる。すなわち，船長は，病気や拘留などのやむを得ない事由により，自ら船舶を指揮できない場合には，法令に別段の定めがあるときを除き，自己に代わって船長の職務を行うべき者（代船長）を選任することができる（709条前段）。代船長も船長の資格を有していなければならない。この場合，船長は，船舶所有者に対してその選任に関する責任を負うが（709条後段），監督についてまで責任を負うものではない。

（2）船長の終任・解任

船長は船舶所有者との間で雇用契約を締結しているので，雇用契約の終了原因である死亡や雇用期間の終了などにより，その地位を失う。

船舶所有者は，いつでも，船長を解任することができる（715条1項）。船舶所有者の解任権の行使は，正当な理由を必要としないし，期限による制限を受けない。しかし，解任された船長は，解任について正当な理由がある場合を除き，船舶所有者に対し，解任によって生じた損害の賠償を請求することができる（715条2項）。

船長が船舶共有者である場合において，その意に反して解任されたときは，船長は，他の船舶共有者に対し，相当の対価で自己の持分を買い取ることを請

求できる（715条3項）。このように，船長である船舶共有者に持分買取請求権が認められているのは，船長への就任が船舶共有への参加の動機となっているからである。船長は，持分の買取を請求しようとするときは，持分の買取請求が他の者に影響することから，遅滞なく，他の船舶共有者または船舶管理人に対してその旨の通知を発しなければならない（715条4項）。

3　船長の権限

　船長は，選任された船舶所有者から代理権を付与される。船長は，船員法上，海員を指揮監督し，かつ，船内にある者に対して自己の職務を行うのに必要な命令をすることができるともに（船員7条），職務代行者の選任権限の他，以下のような権限を有する。

（1）船長の一般的代理権

（i）船籍港外における代理権

　船長は，船籍港外においては，船舶について抵当権を設定すること，および，借財をすることを除き，船舶所有者に代わって航海のために必要な一切の裁判上または裁判外の行為をする権限を有する（708条1項）。このように，船籍港外では船舶所有者から迅速な指示を得るのが難しいことから，船長に広範な代理権を付与している。「船籍港」とは，船舶法の規定により船舶国籍証書または船籍票を受けた地をいう（大判明治45・2・17民録18輯6巻201頁）。「航海」とは，船籍港を出て戻るまでのすべての航海をいう。「航海のために必要な行為」とは，当該船舶が行う航海について，運航技術として必要かつ不可欠な水域での水先人や曳船との契約や，堪航能力を確保するための修繕契約などがこれに該当するが，運送契約や保険契約の締結は含まれない。船長は，船舶について抵当権を設定すること，および，借財をすることが禁止されている（708条1項）。これらの行為は，航海が終了した後も船舶所有者の負担として残ることから，やむを得ない場合を除き，船長は行うことができない。

　船長の代理権に加えた制限は，善意の第三者に対抗することができない（708条2項）。これは，取引の安全の保護の趣旨による。

（ii）船籍港内における代理権

　船長は，船籍港では，委任を受けた場合を除き，特別な代理権を有しない。というのは，船籍港では，船舶所有者が船舶の利用に関するすべての行為を行うことができるからである。

（2）航海継続のための積荷の使用権限

　船長は，航海を継続するため必要があるときは，積荷を航海の用に供することができる（712条1項）。これは，航海中の非常の場合において，積荷の所有者などの利害関係人の犠牲において船舶所有者の利益を保護するためのものである。「積荷を航海の用に供する」とは，船舶の修繕費，救助料その他の必要な費用を支弁するために，他人が所有する積荷を売却・質入れまたは使用することなどをいう。

　積荷の処分権は船舶所有者の利益を保護するものであることから，積荷の利害関係人が被った損害は賠償されなければならない。その基準として，商法は，損害賠償の額について定める商法576条1項および2項の規定は，商法712条1項の場合において船舶所有者が支払うべき賠償金の額について準用し，この場合において，商法712条1項中「引渡し」とあるのは，「陸揚げ」と読み替えるものとしている（712条2項）。

4　船長の義務・責任

（1）属具目録の備置き

　船長は，属具目録を船内に備え置かなければならない（710条）。属具目録以外の運送契約に関する書類（傭船契約書，船荷証券等）の備置義務は船舶所有者または傭船者が負担することになろう。

（2）積荷の処分

　船長は，航海中に積荷の利害関係人の利益のため必要があるときは，利害関係人に代わり，最もその利益に適合する方法によって，その積荷の処分をしなければならない（711条1項）。これは，航海中に，積荷に腐敗のおそれがあるなどのように，処分したほうが積荷の利害関係人に利益になるような場合をいい，船長の義務であるとともに，権限でもある。

　「航海中」とは，積荷の受取・船積みから引渡・供託まで，積荷が船長の管理下にある間をいう。「利害関係人」とは，荷送人，荷受人および船荷証券の所持人をいう。「利害関係人に代わり」とは，船長の行った積荷処分に関する効果は，積荷の利害関係人に帰属するということである。船長は，「最もその利益に適合する方法」を講ずる際には，積荷が安全・迅速・経済的に目的港に到着すべきことを考えるべきであるが，それが，船舶所有者の利益に反する可能性もある。積荷の処分は，売却・寄託などの法律行為であると，投棄・償却などの事実行為であるとを問わない。

　積荷の利害関係人は，商法711条1項の処分により積荷について債務を負担したときは，利害関係人に過失があったときを除き，当該債務に係る債権者に積荷について有する権利を移転して，その責任を免れることができる（711条2項本文）。というのは，船長による積荷の処分は利害関係人の利益保護のためになされるべきであり，その行為により積荷の価格以上の債務を利害関係人に負担させるのは酷であり，制度の趣旨に反するからである。ただし，利害関係人は，自分に過失があったときは，責任を負う（711条2項ただし書）。というのは，債権者の犠牲において利害関係人を保護する理由がないからである。

（3）船長の責任

　船長は，海員の監督について注意を怠らなかったことを証明したときを除き，海員がその職務を行うについて故意または過失によって他人に加えた損害を賠償する責任を負う（713条）。判例上，船長は，平常，海員の職務執行に注意し，相当の監督を怠らなかった場合でなければ，休養中に生じた海員の過失による損害について，責任を負わなければならない（大判明治42・6・22民録15輯596頁）。水先人の行為についても，同様である（大判昭和10・6・3判全19巻993頁）。

（4）船長の報告義務

　船長は，遅滞なく，航海に関する重要な事項を船舶所有者に報告しなければならない（714条）。船舶衝突や共同海損の発生などの事実のみならず，船長の権限に基づく行為をなしたときに航海に関する重要な事項が生ずれば，それを報告しなければならない。その結果，船舶所有者は，航海の状況を知り，指示を出すことができる。商法714条の趣旨から，船長は，毎航海の終了時，遅滞なく，航海に関する計算をして，船舶所有者の承認を求め，または，船舶所有者の請求があるときはいつでも計算の報告をしなければならないと解される。

（5）公法上の義務

（i）発航前の検査義務

　船長は，国土交通省令の定めるところにより，発航前に船舶が航海に支障ないかどうかその他航海に必要な準備が整っているかいないかを検査しなければならない（船員8条）。「発航前」とは，船籍港または始発港の発航だけではなく，途中港の発航も含む。

（ii）航海の成就義務

　船長は，航海の準備が終ったときは，遅滞なく発航し（即時発航），かつ，必要がある場合を除いて，予定の航路を変更しないで到達港まで航行（直航）し

なければならない（船員9条）。この義務も，船籍港または始発港および途中港
の発航に課される。「予定の航路」とは，当事者の特約または特約がないとき
には慣習で定められた航路をいい，「変更」するとは，寄港先の変更・航路の
逆行など，予定の航路を著しく離脱すること（離路）をいう。「必要がある場
合」とは，海難救助など具体的な行動が義務付けられた場合などをいう。

（ⅲ）在船義務

　船長は，やむを得ない場合を除いて，自己に代わって船舶を指揮すべき者に
職務を委任した後でなければ，荷物の船積みおよび旅客の乗込の時から荷物の
陸揚げおよび旅客の上陸の時まで，自己の指揮する船舶を去ってはならない
（船員11条）。というのは，安全かつ迅速な航海を遂行するためには，船長の在
船が重要な要素だからである。

第4節　水　先　人

1　水先人の意義

　水先とは，水先区において，船舶に乗り込み，当該船舶を導くことをいい
（水先1条1項），水先人とは，一定の水先区について水先人の免許を受けた者を
いう（水先1条2項）。このように，水先人は，港湾などの水先区において一時
的に船舶に乗り込み，船舶の操縦に関する指揮をする。

2　水先人の雇入・位置付け

　水先人の雇入は，船長の権限に属する（708条1項）。水先人は水先区におい
て船舶の操縦に関する指揮をすることから，水先人が指揮をしている船舶が第
三者に損害を与えた場合の責任の帰属が問題となる。水先は，船長の要請でな
される任意水先と，水先人の乗組が強制される強制水先（水先35条）がある。
任意水先の場合，船長が指揮を要請して船舶を航行させるものであるから（大
判昭和10・6・3判全19巻993頁），任意水先人の行為については，船舶所有者が責
任を負わなければならないと解される。これに対して，強制水先の場合，水先
法によれば，船長は，水先人が船舶に赴いたときは，正当な事由がある場合の
ほか，水先人に水先をさせなければならないが（水先41条1項），水先法では，
41条1項の規定は，水先人に水先をさせている場合において，船舶の安全な運
航を期するための船長の責任を解除し，またはその権限を侵すものと解釈して
はならないと定めていることから（水先41条2項），この場合も，船舶所有者の

責任が認められると解される。

第5節　曳船業者

1　曳船業者の意義

　曳船契約とは，当事者の一方（曳船業者）が，その船舶（曳船）をもって，他人の船舶（被曳船）を，一定の地点までまたは一定の期間，曳航することを約し，他方が報酬を支払うことを約する契約をいう。曳船業者は，他船を曳航することによって船舶の航行を補助する性質を有するので，船舶所有者の補助者（補助商）である。

　曳船契約は，通常，日本海運集会所が制定する曳船契約書などによりなされるが，運送契約，請負契約および雇用契約の三つの類型に分類できる。運航指揮権が被曳船にある場合には，請負契約または雇用契約のどちらかとなる。つまり，被曳船を一定の地点まで曳航したことに対して報酬が支払われる場合には，請負契約となり，曳航による曳航労務の供給がなされるだけの場合には，雇用契約となる。これに対して，曳船と被曳船で構成される曳船列の運航指揮権が曳船にある場合には，運送契約となるが，運送契約となるためには，運航指揮権が曳船にあるだけでは足りず，曳船が被曳船を保管下に置くことが求められる（松山地判昭和36・8・25下民集12巻8号1966頁）。

2　曳船列の内部関係

　曳船契約の内部関係は，曳船契約により定められ，必要があれば，前掲の三つの契約類型ごとに，一般法の規定により規律される。

　曳船業者は，被曳船を曳船契約で約定された場所まで曳航する義務を負う。曳船契約が運送契約の場合，曳船業者は曳船について堪航能力担保義務を負う（739条1項）。被曳船が運航指揮権を有する場合，その指揮が誤っていれば，曳船業者は臨機の処置をなすべき義務を負う。曳船業者は，被曳船の船舶所有者に対して曳船料を請求することができる。また，曳船料債権について，船舶先取特権を有すると解される。

3　曳船列の外部関係

　曳船列側の過失による曳船列と第三船等との衝突における責任の帰属が重要となる。この場合，前掲の三つの契約類型に従って，責任を負担する者を決めることになる。運送契約の場合，曳船業者のみが対外的な責任を負い，雇用契

約の場合，被曳船のみが対外的な責任を負うと解される。請負契約の場合，原則として，曳船が責任を負うべきであるが，被曳船が運航指揮権の指図をすることについて過失があった場合には，被曳船が対外的な責任を負うと解される。

　これに対して，曳船列を一定目的のためには法律上単一の船舶とみなす，いわゆる曳船列一体の原則によれば，被曳船側にすべての責任が帰属するという考え方になる。最高裁平成 4 年 4 月28日判決（判時1421号122頁〔商百選101〕）は，この原則を肯定したと解される判断を下している。

第5章
船主責任制限制度

第1節　船主責任

1　船主責任の意義

　海上企業の主体およびその補助者は，船舶を使って海上企業活動を行うにあたり，第三者に対して損害を与えることがある。運送品が滅失損傷した場合には，運送品の所有者（荷主）に対して運送契約上の損害賠償責任を負うことになり，他船に衝突した場合には，他船の所有者に対して不法行為に基づく損害賠償責任を負う。この場合，その責任は，原則として，人的無限責任である。商法690条によれば，船舶所有者（船主）は，船長その他の船員がその職務を行うについて故意または過失によって他人に加えた損害を賠償する責任を負う。商法690条は，船員の不法行為に関して船舶所有者の責任（船主責任）の特則であり，民法715条1項ただし書を排除し，船員の選任および監督について過失の有無にかかわらず，船舶所有者は責任を負うというものである（無過失責任原則）（最判昭和48・2・16民集27巻1号132頁〔商百選99〕）。

2　船主責任の主体

　船主責任の主体としては，船舶を所有する船舶所有者および船舶共有者，他船を使って海上企業活動を行う船舶賃借人および傭船者（船舶所有者等），さらに，これら海上企業の主体を補助する船長およびその他の船員，水先人および曳船業者が該当する。また，救助者またはその被用者等も含まれる。

第2節　船主責任制限制度

1　船主責任制限制度の意義

　船主責任は，原則として，人的無限責任であることから（690条），企業活動で負担した損害賠償は莫大な額になるおそれがある。それゆえに，責任の額が海上企業の負担能力を超える場合には，海上企業は企業活動を継続できなくな

る。このことは，海上企業にとって好ましくない。そこで，1957年「海上航行船舶の所有者の責任の制限に関する国際条約」（ブリュッセル条約）が成立し，船舶所有者等には，企業活動で負担した債務について，一定の限度額にまでその責任を制限することができるとする船主責任制限制度が認められた。これに伴い，わが国でも，1975年「船舶の所有者等責任の制限に関する法」（船主責任制限法）が制定され，さらに，1976年「海事債権についての責任の制限に関する条約」が成立したことから，船主責任制限法が改正されている。

　このように船主責任制限制度を認めることで，船舶所有者等の責任が軽減され，商法690条の無過失責任原則との均衡が図られている。さらに，船主責任制限法の特別法として「船舶油濁損害賠償保障法」がある。

2　船主責任制限制度の根拠・合憲性

　船主責任制限制度の根拠は多岐に分かれている。①この制度は古くから認められていること，②巨額な船舶が航海をしていることから，事故が発生した場合，損害が巨額化すること，③船長の代理権が広汎であること，④船長その他の高等船員は国家がその技術を公認したものであり，また，船舶所有者は，航海中，これらの者に対して指揮・監督が困難であること，⑤船舶所有者は船員がその職務を行うにあたり他人に加えた損害については無過失責任を負っていること，⑥一つの国だけがこの制度を廃止することは海運の国際性上難しいこと，⑦この制度を廃止しても，船舶ごとに株式会社を設立することで，責任制限の効果を上げることができることなどがあげられている。

　船主責任制限法が財産権を保障した憲法29条に違反するか否かを争った事案において，最高裁昭和55年11月5日大法廷決定（民集34巻6号765頁）は，①この制度は，海運業の保護のため各国において古くから認められていること，②日本だけがそれを廃止できないこと，③現行制度が金額責任主義によることなどを理由に，船主責任制限法の合憲性を認めている。

第3節　船主責任制限法

1　責任制限の主体

　船主責任制限法によれば，船舶所有者等またはその被用者等，および救助者またはその被用者等は，所定の債権について，船主責任制限法で定めるところにより，その責任を制限することができる（船責3条1項・2項）。これらの者が

責任制限の主体である。「船舶所有者等」とは，船舶所有者，船舶賃借人および傭船者ならびに法人であるこれらの者の無限責任社員をいい，「被用者等」とは，船舶所有者等または救助者の被用者その他の者で，その者の行為につき船舶所有者等または救助者が責めに任ずべきものをいい，「救助者」とは，救助活動に直接関連する役務を提供する者をいう（船責2条1項2号・2号の2・3号）。

2　責任制限の対象範囲

（1）船舶所有者等またはその被用者等の責任制限（制限債権）

船舶所有者等またはその被用者等は，次に掲げる債権（制限債権）について，船主責任制限法で定めるところにより，責任を制限することができる（船責3条1項）。

①　船舶上でまたは船舶の運航に直接関連して生ずる人の生命もしくは身体が害されることによる損害または当該船舶以外の物の滅失もしくは損傷による損害に基づく債権（最判昭和60・4・26民集39巻3号899頁〔商百選100〕）

②　運送品，旅客または手荷物の運送の遅延による損害に基づく債権

③　船主責任制限法3条1項1号および2号の債権のほか，船舶の運航に直接関連して生ずる権利侵害による損害に基づく債権（船舶の滅失または損傷による損害に基づく債権および契約による債務の不履行による損害に基づく債権を除く）

④　船主責任制限法2条2項3号の措置（制限債権を生ずべき損害の防止または軽減のために執られる措置）により生ずる損害に基づく債権（船舶所有者等およびその被用者等が有する債権を除く）

⑤　船主責任制限法2条2項3号の措置に関する債権（船舶所有者等およびその被用者等が有する債権ならびにこれらの者との契約に基づく報酬および費用に関する債権を除く）

（2）救助者またはその被用者等の責任制限

救助者またはその被用者等は，次に掲げる債権について，船主責任制限法で定めるところにより，責任を制限することができる（船責3条2項）。

①　救助活動に直接関連して生ずる人の生命もしくは身体が害されることによる損害または当該救助者に係る救助船舶以外の物の滅失もしくは損傷による損害に基づく債権

②　船主責任制限法3条2項1号の債権のほか，救助活動に直接関連して生ずる権利侵害による損害に基づく債権（救助者に係る救助船舶の滅失または損傷による損害に基づく債権および契約による債務の不履行による損害に基づく債権を除く）

③　船主責任制限法2条2項3号の措置により生ずる損害に基づく債権（救助者およびその被用者等が有する債権を除く）

④　船主責任制限法2条2項3号の措置に関する債権（救助者およびその被用者等が有する債権ならびにこれらの者との契約に基づく報酬および費用に関する債権を除く）

3　責任制限阻却事由
（1）責任制限できない損害
　船舶所有者等もしくは救助者または被用者等は，船主責任制限法3条1項および2項の債権が，自己の故意により，または損害の発生のおそれがあることを認識しながらした自己の無謀な行為（認識ある無謀行為）によって生じた損害に関するものであるときは，その責任を制限することができない（船責3条3項）。

（2）責任制限できない債権
　船舶所有者等またはその被用者等は，旅客の損害に関する債権については，その責任を制限することができない（非制限債権）（船責3条4項）。

　さらに，船舶所有者等および救助者は，①海難の救助または共同海損の分担に基づく債権，②船舶所有者等の被用者でその職務が船舶の業務に関するものまたは救助者の被用者でその職務が救助活動に関するものの使用者に対して有する債権およびこれらの者の生命または身体が害されることによって生じた第三者の有する債権については，責任を制限することができない（船責4条）。

　また，タンカー油濁損害に基づく債権および原子力損害に基づく債権は，船舶油濁損害賠償保障法および「原子力損害の賠償に関する法律」（昭和36年法律第147号）によって損害賠償責任が定められているので，船主責任制限法上，責任制限できない債権である（油濁5条参照，原賠4条3項）。

4　同一事故から生じた損害に基づく債権の差引き
　船舶所有者等もしくは救助者または被用者等が制限債権者に対して同一の事故から生じた債権を有する場合においては，船主責任制限法の規定は，債権額を差し引いた残余の制限債権について，適用する（船責5条）。これは，双方の船舶の過失によって船舶が衝突した場合，双方の船舶所有者が損害賠償請求権を有するが，双方の債権額を差引計算することで，双方の債権額が巨額になることを防ぐためである。

5　責任制限の及ぶ範囲

　船舶所有者等またはその被用者等がする責任の制限は，船舶ごとに，同一の事故から生じたこれらの者に対するすべての人の損害に関する債権および物の損害に関する債権に及ぶ（船責6条1項）。

　救助船舶に係る救助者もしくは救助船舶の船舶所有者等またはこれらの被用者等がする責任の制限は，救助船舶ごとに，同一の事故から生じたこれらの者に対するすべての人の損害に関する債権および物の損害に関する債権に及ぶ（船責6条2項）。船主責任制限法6条2項の救助者以外の救助者またはその被用者等がする責任の制限は，救助者ごとに，同一の事故から生じたこれらの者に対するすべての人の損害に関する債権および物の損害に関する債権に及ぶ（船責6条3項）。

　船主責任制限法6条1項から3項までの責任の制限が物の損害に関する債権のみについてするものであるときは，責任の制限は人の損害に関する債権に及ばない（船責6条4項）。

6　責任の限度額等

（1）金額責任主義

　船主責任制限制度の立法例は大きく四つに分かれるが（委付主義・執行主義・船価責任主義・金額責任主義），船主責任制限法は金額責任主義をとっている。すなわち，船舶所有者等の責任は，事故ごとに，そして，事故を発生させた船舶のトン数に応じ，物的損害および人的損害について一定の計算式で算出された金額に制限される（船責7条）。責任限度額の「単位」は，SDRが採用されている（船責2条1項7号）。

（2）責任の限度額

　船主責任制限法6条1項または2項に規定する責任の制限の場合における責任の限度額は，次のとおりとする（船責7条1項）。

　①　責任を制限しようとする債権が物の損害に関する債権のみである場合には，船舶のトン数に応じて，次に定めるところにより算出した金額。ただし，100トンに満たない木船については，1単位の507,360倍の金額とする。

　イ　2,000トン以下の船舶にあっては，1単位の151万倍の金額

　ロ　2,000トンを超える船舶にあっては，イの金額に，2,000トンを超え3万トンまでの部分については1トンにつき1単位の604倍を，3万トンを超え7万トンまでの部分については1トンにつき1単位の453倍を，7万トンを超

える部分については 1 トンにつき 1 単位の302倍を乗じて得た金額を加えた金額

②　その他の場合には，船舶のトン数に応じて，次に定めるところにより算出した金額。

　イ　2,000トン以下の船舶にあっては，1 単位の453万倍の金額

　ロ　2,000トンを超える船舶にあっては，イの金額に，2,000トンを超え 3 万トンまでの部分については 1 トンにつき 1 単位の1,812倍を，3 万トンを超え 7 万トンまでの部分については 1 トンにつき 1 単位の1,359倍を，7 万トンを超える部分については 1 トンにつき 1 単位の906倍を乗じて得た金額を加えた金額

　船主責任制限法 7 条 1 項 2 号に規定する場合においては，制限債権の弁済に充てられる金額のうち，その金額に同項 1 号に掲げる金額（100トンに満たない木船については，同号イの金額）の同項 2 号に掲げる金額に対する割合を乗じて得た金額に相当する部分は物の損害に関する債権の弁済に，その余の部分は人の損害に関する債権の弁済に，それぞれ充てられる（船責 7 条 2 項本文）。ただし，後者の部分が人の損害に関する債権を弁済するに足りないときは，前者の部分は，その弁済されない残額と物の損害に関する債権の額との割合に応じてこれらの債権の弁済に充てられる（船責 7 条 2 項ただし書）。

　船主責任制限法 6 条 3 項に規定する責任の制限の場合における責任の限度額は，①責任を制限しようとする債権が物の損害に関する債権のみである場合においては，1 単位の151万倍の金額，②その他の場合においては，1 単位の453万倍の金額とする（船責 7 条 3 項）。

　船主責任制限法 7 条 2 項の規定は，船主責任制限法 7 条 4 項 2 号に規定する場合について準用する（船責 7 条 4 項）。

　制限債権者は，制限債権の額の割合に応じて弁済を受ける（船責 7 条 5 項）。

7　船舶のトン数の算定

　船主責任制限法 7 条 1 項および 2 項の船舶のトン数は，「船舶のトン数の測度に関する法律」（昭和55年法律第40号）4 条 2 項の規定の例により算定した数値にトンを付して表したものとする（船責 8 条）。

8　責任制限手続

　船主責任制限法は，責任制限手続開始の申立ておよび決定（船責17条〜25条・26条〜36条等），制限債権の届出と調査（船責47条〜56条・57条〜67条等），配当（船

責68条～81条等），制限債権者の船舶先取特権（船責95条等）など，責任制限手続
を規定している。

第4節　船舶油濁損害賠償保障法

1　船舶油濁損害賠償保障法の概要

　船舶による油濁損害の賠償責任に関しては，わが国は，1969年「油による汚
染損害についての民事責任に関する国際条約」（CLC1969〔責任条約〕）および
1971年「油による汚染損害の補償のための国際基金の設立に関する国際条約」
（FUND1971〔国際基金条約〕）を批准し，1975年に「油濁損害賠償保障法」を制定
した。その後，1992年の両条約の改正に伴い，油濁損害賠償保障法を改正し，
名称を「船舶油濁損害賠償保障法」に変更した。さらに，「2001年の燃料油に
よる汚染損害についての民事責任に関する国際条約」（バンカー条約。燃料油条約）
および「2007年の難破物の除去に関するナイロビ国際条約」（難破物除去条約）
が承認されたことに伴い，船舶油濁損害賠償保障法を改正している。

2　船舶油濁損害

（1）損害の類型

　タンカー油濁損害とは，タンカーから流出し，または排出された原油等によ
る汚染により生ずる責任条約の締約国の領域内または排他的経済水域等内もし
くは責任条約の締約国である外国の責任条約2条（a）（ⅱ）に規定する水域内
における損害をいう（油濁2条9号・14号）。

　一般船舶等油濁損害とは，タンカーまたは一般船舶（旅客またはばら積みの原油
等以外の貨物その他の物品の海上輸送のための船舟類）から流出し，または排出され
た燃料油による汚染により生ずるわが国の領域内または排他的経済水域内にお
ける損害，タンカーまたは一般船舶から流出し，または排出された燃料油によ
る汚染により生ずる燃料油条約の締約国である外国の領域内または燃料油条約
2条（a）（ⅱ）に規定する水域内における損害，または，それらの損害を防止
し，または軽減するために執られる相当の措置に要する費用およびその措置に
より生ずる損害をいう（油濁2条10号・16号）。

　難破物除去損害とは，わが国の領域内もしくは排他的経済水域内または難破
物除去条約の締約国である外国であって同条約3条2項の規定により通告を行
ったものの領域内もしくは同条約の締約国である外国の同条約1条1項に規定

する水域内における，①難破物の位置の特定，②港湾法その他法令の規定または同条約6条の規定による決定により難破物の除去その他の措置が必要となった場合における難破物の標示，③②の場合における難破物の除去その他の措置に要する費用の負担により生ずる損害をいい，タンカー油濁損害または一般船舶等油濁損害に該当するものを除く（油濁2条17号）。

（2）タンカー所有者の損害賠償責任および責任の制限

　タンカー油濁損害が生じたときは，タンカー油濁損害に係る原油等が積載されていたタンカーのタンカー所有者は，損害賠償責任を負う（油濁3条1項）。タンカー油濁損害の賠償責任を負うタンカー所有者は，タンカー油濁損害に基づく債権について，油濁損害賠償保障法で定めるところにより，責任を制限できる（油濁5条）。

　2以上のタンカーに積載されていた原油等によりタンカー油濁損害が生じた場合において，タンカー油濁損害がいずれのタンカーに積載されていた原油等によるものであるかを分別できないときは，各タンカー所有者は，連帯してその損害を賠償する責任を負う（油濁3条2項）。

　責任条約9条1項の規定により管轄権を有する外国裁判所がタンカー油濁損害の賠償の請求の訴えについてした確定判決は，①判決が詐欺によって取得された場合，②被告が訴訟の開始に必要な呼出しまたは命令の送達を受けず，かつ，自己の主張を陳述するための公平な機会が与えられなかった場合を除き，その効力を有する（油濁12条）。

　日本国籍を有するタンカーは，油濁損害賠償保障法所定のタンカー油濁損害賠償保障契約（保障契約）が締結しなければ，2,000トンを超えるばら積みの油の輸送の用に供してはならない（油濁13条）。保障契約は，タンカー所有者が積載されている原油等によるタンカー油濁損害の賠償の責任を負う場合において，賠償義務の履行によりタンカー所有者に生ずる損害をてん補する保険契約または賠償義務の履行を担保する契約とする（油濁14条）。

（3）一般船舶等油濁損害賠償責任および保障契約

　一般船舶等油濁損害が生じたときは，一般船舶等油濁損害に係る燃料油等が積載されていたタンカーまたは一般船舶の船舶所有者等（燃料油条約1条3項に規定する船舶の管理人および運航者を含む）は，①戦争，内乱または暴動により生じたこと，②異常な天災地変により生じたこと，③もっぱら船舶所有者等およびその使用する者以外の者の悪意により生じたこと，④もっぱら国または公共団

体の航路標識または交通整理のための信号施設の管理の瑕疵により生じたことに該当する場合を除き，連帯して損害を賠償する責任を負う（油濁39条）。これは，船舶所有者の無過失責任を定めている。

　油濁損害賠償法39条1項または2項において準用する同法3条2項の規定により一般船舶等油濁損害の賠償の責任を負うタンカーまたは一般船舶の船舶所有者等の当該一般船舶等油濁損害に基づく債権に係る責任の制限については，船主責任制限法で定めるところによる（油濁40条）。

　次に掲げる船舶は，船舶について油濁損害賠償保障法で定める一般船舶等油濁損害賠償保障契約（保障契約）が締結されているものでなければ，次に定める航海に従事させてはならない。①タンカーまたは一般船舶（総トン数が1,000トンを超えるものに限り，航行に際し燃料油等を用いることを要しないものを除く。第一種特定船舶）で日本国籍を有するもの……すべての航海，②一般船舶（総トン数が100トン以上1,000以下のものに限り，航行に際し燃料油等を用いることを要しないものを除く。第二種特定船舶）で日本国籍を有するもの……国際航海（本邦の港と本邦以外の地域の港との間の航海）（油濁41条）。

　油濁損害賠償保障法39条において準用する同法3条の規定による第一種特定船舶の船舶所有者等の損害賠償の責任が発生したときは，第一種特定船舶の船舶所有者等の悪意によって損害が生じたときを除き，被害者は，保険者等に対し，損害賠償額の支払を請求できる（油濁43条）。

（4）難破物除去損害賠償責任および保障契約

　難破物除去損害が生じたときは，当該難破物除去損害に係るタンカーまたは一般船舶の船舶所有者は，難破物除去損害が，①戦争，内乱または暴動により生じたこと，②異常な天災地変により生じたこと，③もっぱら船舶所有者およびその使用する者以外の者の悪意により生じたこと，④もっぱら国または公共団体の航路標識または交通整理のための信号施設の管理の瑕疵により生じたことのいずれかに該当するときを除き，損害を賠償する責任を負う（油濁47条）。これは，船舶所有者の無過失責任を定めている。

　油濁損害賠償保障法47条の規定に基づくタンカーまたは一般船舶の船舶所有者に対する訴えは，難破物がわが国の領域内または排他的経済水域内において生じたときは，日本の裁判所に提起することができる（油濁48条）。

　次に掲げる船舶は，船舶について油濁損害賠償保障法で定める難破物除去損害賠償保障契約（保障契約）が締結されているものでなければ，次に定める航

海に従事させてはならない。①タンカーまたは一般船舶（総トン数が300トン以上のものに限る。第一種特定船舶）で日本国籍を有するもの……すべての航海，②一般船舶（総トン数が100トン以上300トン未満のものに限る。第二種特定船舶）で日本国籍を有するもの……国際航海（油濁49条）。

第6章
海上物品運送

第1節　総　論

1　海上物品運送契約の意義・性質

　海上運送とは，商法684条に規定する船舶（商法747条の非航海船を含む）による物品または旅客の運送をいう（569条3号）。海上運送契約とは，海上運送人が，船舶によって，荷送人から受け取った物品を運送して荷受人に引き渡すことを約し，または旅客を運送することを約し，物品運送の荷送人または旅客運送の相手方がその結果に対して運送賃を支払うことによって，その効力を生ずる契約をいう（570条・589条参照）。その限りにおいて，海上運送契約は請負契約である（民632条）。

　海上運送契約には，運送する対象の違いにより，海上物品運送契約と海上旅客運送契約とがあり，後者については，海商編に規定がないことから，陸上旅客運送契約に関する商法の規定（589条～594条）による。本書では，海上物品運送契約について論じる。

2　海上物品運送契約の当事者

　海上物品運送にあたり，海上運送人（運送人）と荷送人との間で海上物品運送契約が締結される（570条参照）。海上運送人とは，海上運送の引受けをすることを業とする者をいう（569条1号・3号）。商法上，船舶賃借人（701条～703条参照）も船舶所有者と同様に海上企業主体なので，運送人になることができる。また，傭船契約の傭船者（704条・748条参照）も，傭船した船舶を使って他人の物品を運送する再運送契約を締結することにより運送人となる。これに対して，運送人とこの者に物品運送を委託する他方当事者として海上物品運送契約を締結する者は，傭船契約では傭船者であり，個品運送契約では荷送人（運送品の所有者〔荷主〕の場合もある）である。

　国際海上物品運送法では，運送人とは，船舶による物品運送で，船積港または陸揚港が本邦外にあるものを引き受ける者をいい，荷送人とは，運送を委託

する者をいう（国海2条2項・3項）。

3　海上物品運送契約の法源

　海上物品運送に適用される法規は，内航船の場合と外航船の場合とで異なる。

　内航船に適用されるのは，商法「第3編　海商」「第3章　海上物品運送に関する特則」（737条～787条）である。定期傭船契約に関する規定（704条～707条）は，商法第3編第1章第4節に定められているが，海上物品運送契約に適用される。内航船には，この他に，海上物品運送契約の当事者間で締結された船荷証券（Bill of Lading：B／L）の約款の規定も適用される。船荷証券とは，後述するように，海上運送契約に基づく運送品の受取または船積みを証明し，かつ，その引渡請求権を表章する有価証券である。

　これに対して，外航船には，国際海上物品運送法の規定が適用される（国海1条）。国際海上物品運送法1条の運送には，商法575条・576条・584条・587条・588条・739条1項（商法756条1項において準用する場合を含む）・2項・756条2項・769条の規定を除き，商法第2編第8章第2節および第3編第3章の規定を適用する（国海15条）。

　さらに，海運の実務と制定法には隔たりがあり，それを埋める役割を果たしているのが，国際海上物品運送法の他，船主責任制限法などの特別法，および船荷証券に記載される約款などであり，これらも海上物品運送契約の法源となる。

4　海上物品運送契約の種類

（1）総　　論

　海上物品運送の船舶の運航方法による分類をすると，定期船と不定期船がある。定期船は，一定の航路を一定の日程に従って航行するもので，不特定多数の荷主の小口，かつ，雑多な貨物を運送の対象とし，運送契約の内容は船荷証券の約款による場合が多い。これに対して，不定期船は，荷主の物品運送の需要に応じて必要な時期および航路に船舶が提供されるもので，鉄鉱石，石油，木材などの大量貨物の運送に利用され，通常，傭船契約によって行われる。

　商法上，海上物品運送契約には個品運送契約（737条～747条）と傭船契約（704条～707条，748条～756条）とがある。一般的に，前者は，定期船による運送契約に用いられるのに対して，後者は，不定期船による運送契約に用いられる。

（2）個品運送契約・航海傭船契約

（i）個品運送契約

　個品運送契約とは，個々の運送品の運送を目的とする運送契約をいう（737条1項）。この場合，海上企業が個々の運送品の運送を引き受け，契約の相手方である荷送人がこれに対して運送賃を支払う。

　個品運送契約では，運送品の個性（種類，数量，重量等）が重視されるため，一般的に，船積みが予定されていた船舶に替えて他の船舶で運送することを約した代船約款（substitution clause），および，船積みした貨物を他の船舶に積み換える自由を留保した積換約款（transshipment clause）が用いられる。

（ii）航海傭船契約

　航海傭船契約とは，船舶の全部または一部を目的とする運送契約をいう（748条1項）。航海傭船契約では，傭船者が特定の航海について船舶の全部または一部を利用することになり，船舶所有者等は，船舶を艤装（ぎそう）するほかに，船舶の運航を管理し，港費・燃料費・水先料・曳船料などの費用を負担するほか，運送行為をめぐる危険をすべて引き受ける。航海傭船契約の運送賃（傭船料）は，貨物の数量または船舶の容量によって定められる。

　航海傭船契約は純然たる運送契約の性質を有するが，航海傭船者が第三者との間で再運送契約を締結した場合は，貨物の運送に関して航海傭船者が再運送人として責任を負う。

（3）通し運送契約

（i）通し運送契約の種類

　一つの運送契約に複数の運送人が関与する運送を通し運送（through carriage）という。通し運送は次のように大別される。①1人の運送人が全区間の運送を引き受け，全部または一部について他の運送人を下請けとして使用する場合（下請運送），②数人の運送人が全区間の運送を引き受け，内部において各自の担当区間を定める場合（同一運送），③数人の運送人が相次いで各特定区間の運送をするが，各運送人は一通の通し運送状によって運送を各自引き継いでいく場合（相次運送）がある。商法は③を規定している（579条）。

（ii）相次運送人の権利義務

　通し運送のうち，相次運送では，運送人は，次の運送人に運送品を引き渡すと運送品を占有しなくなるので，荷送人などに対して運送賃や立替金などの請求権およびこれに関連する留置権や先取特権などを有していても，自ら行使す

ることが難しくなる。そこで，商法では，相次運送をするとき，後の運送人は，前の運送人に代わってその権利を行使する義務を負うとして（579条1項），前の運送人の権利を代位行使する義務を定めるとともに，後の運送人が前の運送人に対して運送賃や立替金その他の費用を弁済したときは，後の運送人は，前の運送人の権利を取得するとする（579条2項）。また，ある運送人が引き受けた陸上運送について荷送人のために他の運送人が相次いで陸上運送の一部を引き受けたときは，各運送人は，運送品の減失等につき連帯して損害賠償の責任を負う（579条3項）（大判明治44・9・28民録17輯525頁〔商百選103〕）。この運送形態は相次運送を意味するものと解され，商法579条3項の規定は相次運送のみに適用される。

　商法579条1項から3項までの陸上の相次運送人の権利義務に関する規定は，海上運送について準用する（579条4項）。準用される根拠には，①特定の運送手段に関して他の運送人が相次いで運送の引受けをした場合，当該運送手段の規律に従って各運送人の責任を連帯責任とすることは合理的であること，②これらの規律は任意規定であることなどがある。

（4）複合運送契約

　陸上運送，海上運送または航空運送のうち，二つ以上の運送手段を用いて行われる通し運送を複合運送（combined transport）という（578条1項）。複合運送は，輸送手段が代わるたびに積換え作業を必要としないコンテナによる運送の発達によって普及した。

　複合運送は，通常，下請運送の形でなされる。この場合，荷送人との運送契約に基づいて責任を負うのは，契約の直接の相手方である複合運送人であるが，実際の運送は運送機関ごとに行われ，複数の国にまたがって運送されることが多いため，各運送人が異なった法制度で危険を分担している。

第2節　船荷証券・海上運送状

1　船荷証券
（1）総　　論
（i）船荷証券の意義

　運送人または船長は，荷送人または傭船者の請求により，運送品の船積み後遅滞なく，船積みがあった旨を記載した証券（船積船荷証券），または，船積み

前においても，運送品の受取があった旨を記載した証券（受取船荷証券）を交付しなければならない（757条1項）。この証券は，船荷証券といい，船積書類の一つで，運送品の受取または船積みを証明し，運送品の売買や引渡しの際に活用する有価証券である。

（ⅱ）海上物品運送における船荷証券を巡る流れ

海上物品運送契約における船荷証券の流れは，二つに大別される。

① 運送品に関する売買代金の支払がない場合　　運送人または船長は，船積地において，荷送人または傭船者から運送品を受け取るか船積みすると，荷送人または傭船者に対して船荷証券を交付し，荷送人または傭船者は船荷証券を荷受人に送付する。荷受人は，陸揚地において，運送人または船長に対して船荷証券を呈示し，これと引き換えに運送品を受け取る。運送中に荷主が変わった場合には，船荷証券は新しい所有者に譲渡され，この者が荷受人となる。

② 運送品に関する売買代金の支払がある場合　　荷送人は，運送人または船長から船荷証券を受け取ると，船積書類（為替手形，商業送り状，信用状原本等）を添えて，銀行に船荷証券および船積書類の買取（代理支払）を依頼する。銀行は買い取った船荷証券および船積書類を荷受人の取引銀行に送付し，荷受人が代金と引き換えに船荷証券および船積書類を取得する。

（ⅲ）船荷証券の機能・法的性質

（ア）要式証券性　　船荷証券は，記載事項が法定されていることから（758条1項），要式証券である。法定の記載事項を欠いているものも，船荷証券としての本質を害さない限り証券としての効力が認められる。船荷証券は，記載事項からみて，運送人と荷送人との間で運送条件を示した運送契約書である。

（イ）非設権証券性　　船荷証券には運送品の引渡請求権が表章される。この権利は，運送契約に基づいて運送品が荷送人または傭船者から運送人に引き渡された時に発生する権利であることから，船荷証券は非設権証券である。

（ウ）要因証券性　　船荷証券は，運送品の引渡請求権を表章する証券であるから，運送契約に基づく運送品の引渡しという原因関係の存否が証券の効力に影響する要因証券である。

（エ）文言証券性　　運送人と船荷証券所持人の間の債権関係は，船荷証券の記載によって定まる。運送人は，船荷証券の記載が事実と異なることをもって善意の所持人には対抗できないことから（760条），船荷証券は文言証券である。

（オ）法律上当然の指図証券性　　船荷証券には，証券上の権利者が船荷証券上

に表示されるか否かの違いによって，記名式，指図式，無記名式および選択無記名式がある。船荷証券は，記名式のときであっても，船荷証券に裏書を禁止する旨の記載がない限り，裏書によって，譲渡し，または質権の目的とすることできることから（762条），法律上当然の指図証券である。

　船荷証券には，この他に，引渡証券性（物権的効力）（763条），処分証券性（761条），受戻証券性（764条）などの性質がある。

（2）船荷証券の記載事項

　船荷証券には，次の事項（受取船荷証券では7号・8号の事項を除く）を記載し，運送人または船長が署名し，または記名押印しなければならない（758条1項）。

　①　運送品の種類　　運送品の同一性を示すための事項である。

　②　運送品の容積もしくは重量または包もしくは個品の数および運送品の記号　　運送品の同一性を示すための事項である。「運送品の記号」とは，運送品を識別するための荷印であり，通常，図形に文字・数字などを組み合わせて表示される。

　③　外部から認められる運送品の状態　　運送品の同一性を示すための事項である。運送人が，運送品の外観が良好であるか否かを確認して記載する。

　④　荷送人または傭船者の氏名または名称　　運送契約の当事者であり，運送品の発送者である荷送人を明確にし，船荷証券の信用を高める事項である。

　⑤　荷受人の氏名または名称　　「荷受人」とは，船荷証券により最初に運送品引渡請求権を行使できる者をいい，運送契約当事者以外の者である必要はない。荷受人の氏名または名称を証券上に記載しない無記名式の船荷証券の発行も認められる。

　⑥　運送人の氏名または名称　　船荷証券を発行する運送人（証券上の債務者）を明確にする事項であり，運送契約に基づく法律関係を確定するための絶対的な記載事項である。

　⑦　船舶の名称　　「船舶」とは，運送品を船積みした船舶をいう。

　⑧　船積港および船積みの年月日　　船積港は運送品の産地を推測できる。

　⑨　陸揚港　　「陸揚港」とは，運送人が船荷証券所持人に運送品の引渡しを約定している港である。船荷証券所持人にとっては，運送人に対して運送品の引渡請求権を行使する場所であり，不可欠な記載事項である。

　⑩　運送賃　　運送賃が着払いの場合，船荷証券所持人が運送人に対して運送賃を支払う旨を記載する。

⑪　数通の船荷証券を作成したときは，その数　船荷証券が数通発行された場合における運送品の引渡しについて定める商法765条・766条の規定を適用するための事項である。

⑫　作成地および作成の年月日　「作成地」とは，作成者が船荷証券に署名した地をいう。「作成の年月日」とは，作成者が船荷証券に署名した年月日をいう。船積みの年月日の記載のない船荷証券では，作成の年月日を船積みの年月日と推定する。

（3）船荷証券の発行

（i）発　　行

運送人または船長は，荷送人または傭船者の請求により，運送品の船積み後，遅滞なく，船積みがあった旨（「本船に船積みした」〔shipped on board〕）を記載した船積船荷証券の1通または数通を交付するか，あるいは，船積み前においても，運送品の受取後に受取があった旨（「船積みのために受け取った」〔received for shipment〕）を記載した受取船荷証券の1通または数通を交付しなければならない（757条1項）。受取船荷証券が交付された場合には，受取船荷証券の全部と引換えでなければ，船積船荷証券の交付を請求できない（757条2項）。商法757条1項・2項の規定は，運送品について現に海上運送状（sea waybill）（770条参照）が交付されているときは，適用しない（757条3項）。

受取船荷証券と引換えに船積船荷証券の交付の請求があったときは，受取船荷証券に船積みがあった旨を記載し，かつ，署名し，または記名押印して，船積船荷証券の作成に代えることができる（758条2項前段）。この場合には，船舶の名称ならびに船積港および船積みの年月日（758条1項7号・8号）をも記載しなければならない（758条2項後段）。

（ii）数通の発行

船荷証券は，数通の発行が認められる（757条1項）。これは，船荷証券の紛失や延着に備えるものである。

（4）船荷証券の効力

（i）総　　論

船荷証券は，運送人と船荷証券所持人との間の債権的関係を定める効力（債権的効力）と，船荷証券によって運送品を受け取ることのできる者に船荷証券を引き渡したときは，その引渡しは運送品の上に行使できる権利の取得につき，運送品の引渡しと同じ効果が生じる効力（物権的効力）を有する。

（ⅱ）船荷証券の債権的効力

　運送人は，船荷証券の記載が事実と異なることをもって善意の所持人に対抗することができない（760条）。これを船荷証券の債権的効力といい，商法は，船荷証券の債権的効力として文言証券性を認めている。船荷証券の債権的効力は，船荷証券の流通の安全を保護するために認められたものである。「善意」とは，船荷証券の取得にあたり，記載が事実と異なることを知らなかったことをいい，「所持人」とは，荷受人から船荷証券を取得した者以降の者（第三取得者）をいう。

　船荷証券所持人は，通常，運送人と荷送人との間で締結された運送契約の内容を知らないことから，自己の取得できる権利の内容は船荷証券の記載内容から判断するしかない。船荷証券の債権的効力は，運送人と船荷証券所持人との間においてのみ認められ，荷送人が船荷証券を所持している間は，船荷証券は証拠証券としての効力を有するにすぎない。

　船荷証券の債権的効力は，船荷証券所持人のために認められたものであるから，たとえば，運送人が船荷証券に記載された数量以上の運送品を受け取っていた場合，船荷証券所持人は，その事実を立証し，運送人が受け取った数量の運送品の引渡しを請求することができる。

（ⅲ）文言証券性と要因証券性との関係

　運送人と船荷証券所持人との間の債権関係は，船荷証券の記載によって定まることから，船荷証券は文言証券である。その一方で，船荷証券は，原因関係（運送契約に基づく運送品の引渡し）の存否が証券の効力に影響する要因証券でもある。海運の実務では，運送品が受取または船積みされていないにもかかわらず，船荷証券が交付されていたり（空券），運送人が受け取ったまたは船積みした運送品と船荷証券に記載された運送品とが異なる場合がある（品違い）。これらの場合の取扱いについて，船荷証券の要因証券性とは，債権の原因が船荷証券に記載してあることが要求されるという意味であり，船荷証券上に運送人の運送品の受取の記載がある限り，船荷証券所持人は，運送人に対して船荷証券に記載の通り運送品の引渡しを請求することができると解するのが一般的である。これによれば，運送人は，空券の場合には，運送品の全部滅失に準じて，品違いの場合には，運送品の一部滅失・損傷に準じて，債務不履行責任を負わなければならない。

（ⅳ）不知約款・無留保船荷証券のための補償状の効力

（ア）荷送人または傭船者の通知による記載と不知約款の関係　　運送人は，大量の運送品を正確に検査することが難しいことから，船荷証券の不正確な記載による責任を回避するために，「内容不知」「重量不知」などの文言を記載した不知約款（unknown clause）を使用することがある。

　運送品の種類，ならびに，運送品の容積もしくは重量または包もしくは個品の数および運送品の記号に掲げる事項は，その事項につき荷送人または傭船者の書面または電磁的方法による通知があったときは，通知に従って記載しなければならない（759条1項）。しかし，①通知が正確でないと信ずるべき正当な理由がある場合，および，②通知が正確であることを確認する適当な方法がない場合には，商法759条1項の規定は適用せず（759条2項前段），運送人は荷送人または傭船者からの通知の通りに記載する義務を負わない。また，運送品の記号について，運送品または容器もしくは包装に航海の終了の時まで判読に堪える表示がされていない場合も，同様とする（759条2項後段）。荷送人または傭船者は，運送人に対し，通知が正確でないことによって生じた損害を賠償する責任を負う（759条3項）。不知約款の効力が認められるのは，①②の場合に限る（東京地判平成10・7・13判時1665号89頁〔商百選84〕）。

（イ）無留保船荷証券のための補償状の効力　　運送品の数量不足などの異常について記載のない船荷証券を無留保（無故障）船荷証券（clean B/L）といい，異常について記載のある船荷証券を留保付船荷証券（foul B/L）という。留保付船荷証券で取り組まれた荷為替手形は銀行による割引きを受けられない。そこで，海運の実務では，荷送人が運送人からの求償に応じることを約する補償状（letter of indemnity：L/I）と引換えに，運送人が無留保船荷証券を発行する慣行がある。

（ⅴ）船荷証券の物権的効力

　民法上，物権の設定および移転の効力は，当事者の意思表示のみによって生じ（民176条），動産に関する物権の譲渡は，動産の引渡しがなければ第三者に対抗できない（民178条）。また，動産上に質権を設定するためには，債権者に動産を引き渡すことを要する（民344条）。しかし，運送中に運送品が売買された場合，新たな所有者が運送品の所有権取得を第三者に対抗するにあたって，運送品の引渡しを受けることが難しい。

　そこで，商法は，船荷証券が発行されている場合には，船荷証券により運送

品を受け取ることができる者（船荷証券が記名式の場合，証券に記載された荷受人，指図式の場合，連続した裏書の最後の被裏書人，選択式または無記名式の場合，証券所持人等）に船荷証券を引き渡したときは，その引渡しは，運送品について行使する権利（所有権，質権等）の取得に関しては，運送品の引渡しと同一の効力（占有移転の効力）を有するとしている（763条）。これを船荷証券の物権的効力という。この結果，債権者としての荷為替手形の割引銀行は，荷送人から船荷証券を交付されることによって運送品上の質権を設定することができる。

2　海上運送状

（1）海上運送状の意義・性質

海運の実務上，船荷証券に代わって，海上運送状が発行されることがある。商法は海上運送状について規定しているが，海上運送状に関する規定（770条1項〜3項）は，船荷証券が交付されているときは，適用しない（770条4項）。海上運送状には，有価証券性はないと解される。

（2）海上運送状の交付義務

運送人または船長は，荷送人または傭船者の請求により，運送品の船積み後遅滞なく，船積みがあった旨を記載した海上運送状を交付しなければならず，船積み前においても，運送品の受取後は，受取があった旨を記載した海上運送状を交付しなければならない（770条1項）。

（3）海上運送状の記載事項

海上運送状には，①商法758条1項各号（11号を除く）の事項（運送品の受取があった旨を記載した海上運送状にあっては，商法758条1項7号および8号の事項を除く），および，②数通の海上運送状を作成したときは，その数を記載しなければならない（770条2項）。

運送人または船長は，海上運送状の交付に代えて，法務省令で定めるところにより，荷送人または傭船者の承諾を得て，海上運送状に記載すべき事項を電磁的方法により提供できる（770条3項前段）。この場合，運送人または船長は，海上運送状を交付したものとみなす（770条3項後段）。

第3節　船舶の堪航能力担保義務

1　堪航能力担保義務の意義・類型

運送人は，発航の当時，運送品を積み込んだ船舶が安全に航海するに堪える

能力を担保すべき義務（堪航能力担保義務）を負担し，次の事項を欠いた（堪航能力担保義務を怠った）ことにより生じた運送品の滅失，損傷または延着について，損害賠償の責任を負う（739条 1 項・756条 1 項，国海 5 条）。

　①　船舶を航海に堪える状態に置くこと（狭義の堪航能力）　　船舶の設計，構造，性能等が，約定された航海における通常の海上危険に堪えることができる能力をいう。

　②　船員の乗組み，船舶の艤装および需品の補給を適切に行うこと（運航能力）　　約定された航海を完了するためには，航海と船舶・運送品との関連で，経験ある有能な船長および十分な員数のその他の船員を乗り組ませることが必要である。また，運送人は，船舶の器具および航海に必要な書類を備え付け（艤装），航海に必要な需品（燃料，缶水，食糧，医薬品等）を補給しておかなければならない。

　③　船倉，冷蔵室その他運送品を積み込む場所を運送品の受入れ，運送および保存に適する状態に置くこと（堪貨能力）　　運送品を目的港まで安全に運送するためには，海上危険に対する堪航性の他に，運送品を運送・保存するのに適した設備を提供しなければならない。

　堪航能力は，特定の航海における通常の海上危険を前提とすることから，運送品の種類・航海の時季・航路・航海期間等に応じて，各航海の程度で異なる総体的なものである。

2　堪航能力担保義務の法的性質

　運送人が，発航の当時，商法739条 1 項に示された事項について注意を怠らなかったことを証明したときは，損害賠償の責任を負わない（739条 1 項ただし書・756条 1 条，国海 5 条ただし書）。「注意」とは，相当の注意をいうと解され，この場合の運送人の責任は過失責任である。

3　堪航能力を備えるべき時期

　船舶が堪航能力を備えるべき時期は，船舶の発航の当時である（739条 1 項，国海 5 条）。運送品の船積開始時期は発航の当時とはいえないが，運送品を船積みするための設備は船積時点において具備していなければならず，また，船積時点で運送品はすでに海上の危険に晒されるのであるから，「発航の当時」とは，運送品の船積開始時から発航の時までと解される。「発航」とは，船舶の航海開始時ではなく，運送品が船積港を出発する時をいう。

4　堪航能力担保の証明責任

堪航能力担保義務の違反により運送品に滅失，損傷または延着が生じた場合，運送人は損害賠償責任を負う（739条1項・756条1項，国海5条）。この場合，損害が船舶が堪航能力を欠いたことに起因すること（損害原因）の立証責任の帰属者について，商法の規定上，運送人は，堪航能力担保につき注意を怠らなかったことを証明すれば，その責任を免れることから（739条1項ただし書，国海5条ただし書），その趣旨からして，運送人は，運送人のみならず，実際の運送に従事する船長・機関士等もまた注意を尽くしたことを証明しなければ免責されないと解される。「注意」とは相当の注意をいい，その内容は，船舶の種類・航路・運送品の種類等によって個別的かつ客観的に判断される。

5　損害賠償責任の免除・軽減規定の無効

商法739条1項の規定による運送人の損害賠償の責任を免除し，または軽減する特約は，無効とする（739条2項）。

航海傭船契約において，運送人は，商法756条1項において準用する商法739条1項の規定による運送人の損害賠償の責任を免除し，または軽減する特約をもって船荷証券の所持人に対抗することができない（756条2項）。

第4節　海上物品運送契約の履行

1　海上物品運送の流れ
（1）総　　論

海上物品運送は，個品運送契約または航海傭船契約に基づき，船積み，航海，陸揚げの過程を経て行われる。本書では，個品運送契約について中心に論じ，航海傭船契約については，個品運送契約の規定が準用される場合と固有の規定による場合とに分け，前者の場合については準用規定を明示しながら，個品運送契約の中で論ずることとし，後者の場合については航海傭船契約に固有の流れとして論ずることとする。

個品運送に関する商法第3編第3章第1節の規定は，商行為をする目的でもっぱら湖川，港湾その他の海以外の水域（内水）において航行の用に供する船舶（端舟その他ろかいのみをもって運転し，または主としてろかいをもって運転する舟を除く〔非航海船〕）によって物品を運送する場合について準用する（747条・756条1項）。

（2）船 積 み

（i）運送品の受取・船積み・積付け

　個品運送では，定期航路で行われる定期個品運送が多いので，運送品は，船舶の発着時刻表に従って運送人に引き渡され，所定の船舶に船積みされる。運送品の受取は，通常，陸上で行われ，所定の船舶に船積みされなくても，特約により，次便以降での運送が約定されたものと解される。

　運送人は，運送契約に基づいて荷送人から運送品を受け取ったときは，船積みおよび積付けをしなければならない（737条1項）。「積付け」とは，底荷，仕切板等を使用して，運送品を船内に計画的に配置することをいう。

　特約または慣習ある場合を除いて，甲板積は禁止される。甲板積された運送品については，共同海損（809条3項1号ニ）および海上保険において不利益となる。もっとも，コンテナ専用船では，運送品を入れたコンテナが甲板に積み付けられる。

　荷送人が運送品の引渡しを怠ったときは，船長は，ただちに発航することができ，荷送人は，運送賃の全額（運送人が運送品に代わる他の運送品について運送賃を得た場合にあっては，運送賃の額を控除した額）を支払わなければならない（737条2項）。これは，他の荷主の利益を保護するためである。

（ii）船長に対する必要書類の交付

　荷送人は，船積期間内に，運送に必要な書類を船長に交付しなければならない（738条・756条1項）。これは，船長が運送品に関する情報を把握し，適切に対応するためである。

（iii）船荷証券の交付

　（ア）船荷証券の交付義務　　運送人または船長は，荷送人または傭船者の請求により，船積船荷証券または受取船荷証券の1通または数通を交付しなければならない（757条1項）。

　（イ）運送品に関する処分　　船荷証券が作成されたときは，運送品に関する処分は，船荷証券によってしなければならない（761条）。

　（ウ）船荷証券の譲渡または質入れ　　船荷証券は，記名式のときであっても，裏書を禁止する旨を記載したときを除き，裏書によって，譲渡し，または質権の目的とすることができる（762条）。

（iv）複合運送証券の交付

　運送人または船長は，陸上運送および海上運送を一つの契約で引き受けたと

きは，荷送人の請求により，運送品の船積後遅滞なく，船積みがあった旨を記載した複合運送証券の1通または数通を交付しなければならず，運送品の船積み前においても，その受取後は，荷送人の請求により，受取があった旨を記載した複合運送証券の1通または数通を交付しなければならない（769条1項）。

商法757条2項および758条から768条までの規定は，複合運送証券について準用する（769条2項前段）。この場合，商法758条1項中「除く。）」とあるのは，「除く。）並びに発送地及び到達地」と読み替える（769条2項）。

（ⅴ）危険物の船積み等

（ア）荷送人の危険物の通知義務　荷送人は，運送品が引火性，爆発性その他の危険性を有するものであるときは，引渡しの前に，運送人に対し，その旨および運送品の品名，性質その他の運送品の安全な運送に必要な情報を通知しなければならない（572条）。荷送人がこの義務に違反したことで損害が生じた場合には，荷送人は運送人およびその他の被害者に対して，一般法に基づいて損害賠償責任を負うと解される。

（イ）違法な船積品の陸揚げ等　商法によれば，法令に違反して，または，個品運送契約によらないで船積みがされた運送品については，運送人は，いつでも，これを陸揚げすることができ，船舶または積荷に危害を及ぼすおそれがあるときは，放棄することができる（740条1項・756条1項）。そして，運送人は，違法な運送を運送したときは，船積みがされた地および時における同種の運送品に係る運送賃の最高額を請求することができる（740条2項・756条1項）。運送人その他の利害関係人は，荷送人に対して損害賠償を請求することができる（740条3項・756条1項）。

国際海上物品運送法によれば，引火性，爆発性その他の危険性を有する運送品で，船積みの際，運送人，船長および運送人の代理人がその性質を知らなかったものは，いつでも，陸揚げし，破壊し，または無害にすることができる（国海6条1項）。そして，運送人は荷送人に対して損害賠償を請求することができる（国海6条2項）。引火性，爆発性その他の危険性を有する運送品で，船積みの際，運送人，船長または運送人の代理人がその性質を知っていたものは，船舶または積荷に危害を及ぼすおそれが生じたときは，陸揚げし，破壊し，または無害にすることができる（国海6条3項）。運送人は，以上のような処分により運送品につき生じた損害については，賠償の責任を負わない（国海6条4項）。このような処分は，運送契約の範囲内のものである。

（3）航　　海

（i）発航義務・直航義務

　運送品の船積みが完了したときは，運送人は，ただちに発航しなければならない。定期個品運送契約では，事前に公表された時刻表による。

　船舶を発航させた運送人は，予定の航路を著しく変更（離路）することなく，相当の速力で目的港まで直航しなければならない。予定の航路は契約または通常の慣習によって定められるが，正当な理由なく予定の航路を変更すると，運送品の遅延や海上危険の増大を招くおそれがあるので，直航義務が課せられている。もっとも，国際海上物品運送法では，海上における人命もしくは財産の救助行為またはそのためにする離路，もしくはその他の正当な理由に基づく離路は認められる（国海4条2項8号，船員9条）。

（ii）運送品の保管

　運送人は，運送品の保管について，善良な管理者の注意義務を負う。すなわち，運送人が運送品の受取（船積み・積付け），運送，保管（荷揚）および引渡しについて注意を怠らなかったことを証明したときを除き，運送人は，運送品の受取から引渡しまでの間に運送品が滅失しもしくは損傷し，もしくは滅失もしくは損傷の原因が生じ，または運送品が延着したときは，これによって生じた損害を賠償する責任を負う（575条，国海3条1項）。

（iii）荷送人等の指図に従う義務

　運送人は，荷送人または船荷証券所持人が，運送の中止，荷受人の変更その他の処分を請求した場合には，その指図に従わなければならない（580条前段・768条参照）。このような荷送人または船荷証券所持人の処分権は，運送中に状況が変化した場合（運送品価格の急落，荷受人〔買主〕の信用状態の悪化等）に対応するために認められている。もっとも，この処分は，運送契約における運送人の義務の範囲内でしなければならない。この場合，運送人は，すでにした運送の割合に応じた運送賃，付随の費用，立替金およびその処分によって生じた費用（積替費用，保管費用等）の弁済を請求することができる（580条後段・768条）。船荷証券が発行されていない場合には（768条参照），荷受人が運送品の引渡し，または損害賠償の請求をしたときは，行使することができない（581条2項）。

（4）陸揚げ

（i）運送品の陸揚げ

　運送人は，運送契約に定められ，かつ，船荷証券等に記載された港に船舶を

入港させなければならず，船長は，入港後，運送品を遅滞なく陸揚げしなければならない。陸揚作業には，船倉から運送品を取り出し，これを船側まで運ぶ作業，および，船側から埠頭または艀に荷下ろしする作業がある。定期個品運送契約の場合，通常，陸上において，代理店，倉庫業者等が引渡しを行うので，陸揚げは引渡しの前提となる。

（ii）運送品の引渡し

運送人は，運送品を受け取る権利を有する者に運送品を引き渡すことで，運送契約上の債務を履行したことになる。

（ア）船荷証券が発行されていない場合　　船荷証券が発行されていない場合には，運送人は，運送契約で荷受人として特定された者に引き渡す。荷受人は，運送品が陸揚港に到着した後は，運送契約によって生じた荷送人の権利と同一の権利を取得するので（581条1項），運送品の引渡しを請求できる。

（イ）船荷証券が発行されている場合　　船荷証券が発行されている場合には，運送品は，船荷証券と引換えに，その正当な所持人に引き渡される（764条）。

数通の船荷証券を作成した場合，運送品の引渡場所が運送契約上の陸揚港か否かで，運送品の引渡しが異なる。すなわち，陸揚港においては，運送人は，数通の船荷証券のうち1通の所持人が運送品の引渡しを請求したときであっても，その引渡しを拒むことができない（765条1項）。これにより引渡しが完了するので，その他の船荷証券所持人は権利を失う。これに対して，陸揚港外においては，運送人は，船荷証券の全部の返還を受けなければ，運送品の引渡しをすることができない（765条2項）。さらに，2人以上の船荷証券の所持人がある場合において，その1人が他の所持人より先に運送人から運送品の引渡しを受けたときは，他の所持人の船荷証券は効力を失う（766条）。

（ウ）引渡しの実行・荷渡指図書　　運送品の引渡しに際して，海運の実務では，荷渡指図書（delivery order：D/O）が船荷証券に代替している。荷渡指図書とは，荷受人に運送品を引き渡す者に対して，荷渡指図書と引換えに運送品を引き渡すべき旨を指示した書類である。したがって，運送人は，荷渡指図書を呈示した者に運送品を引き渡すことで自己の義務を果たしたことになる。

荷渡指図書には，運送人が船長または陸揚代行業者に宛てて荷渡先を指定して発行するもの（自己宛ての荷渡指図書），および，船荷証券所持人が運送人に宛てて荷渡先を指定して発行するもの（他人宛ての荷渡指図書）がある。荷渡指図書には，運送人が，船荷証券その他の船積書類と照合しながら，船名，品名，

個数，数量，荷印，船荷証券番号等を記載する。

　運送人は，船舶が陸揚地到着前に，荷受人または船荷証券所持人から船荷証券を回収し，照合の上，運送賃（運送賃着払の場合），その他の費用を徴収し，荷渡指図書を交付する。荷受人または船荷証券所持人は，これを運送人指定の陸揚代理業者，または運送品を運送した船舶の船長に提示して，運送品を受け取る。

　自己宛ての荷渡指図書には，一般的に，「譲渡禁止」の旨の文言が挿入されているが，流通を予定している荷渡指図書も存在しうるので，このような自己宛ての荷渡指図書については，証券に記載の運送品の引渡請求権（債権的効力）が認められる。これに対して，荷渡指図書の交付により，運送品の占有が証券所持人に移転するか否か（物権的効力の有無）については，否定される。

　（エ）仮渡し・保証渡し　　運送品の引渡しは，船荷証券が発行されている場合には，船荷証券を運送人に引き渡すことによって行われる。しかし，運送品が陸揚港に到着したものの，船荷証券の盗難・遺失，あるいは，荷為替取引において船荷証券に関連した金融の都合がつかないなど，荷受人（買主）が船荷証券を所持していない場合がある。そのため，運送人は，引渡しの遅延により船舶を出航させることができず，他方，荷受人は運送品の受取ができず商機を失うことがある。そこで，運送人は，後日，船荷証券を入手後，運送人に戻すことを条件に，荷受人の便宜を図って，船荷証券と引き換えることなく運送品を荷受人に引き渡す場合がある（仮渡し）。しかし，運送人は，後日，船荷証券を回収できないと，正当な証券所持人に対して損害賠償責任を負う。そこで，船荷証券の回収不能に備えて，一般的に，荷受人の取引銀行を連帯保証人とする保証状（letter of guarantee：L／G）を運送人に発行させる（保証渡し）。保証状には，船荷証券と引換えでない運送品の引渡しにより運送人が被る損害を賠償する旨が約されている。

　仮渡しおよび保証渡しについては，判例上，商習慣として有効であると解されている（大判昭和5・6・14新聞3139号4頁）。通説もまた，運送品の引渡請求を定める商法764条は，貨物引換証（船荷証券も同様）と引換えに運送品を引き渡すべきことを運送人に義務付けたのではなく，証券と引換えでない引渡請求を拒絶できることを定めたものとして，仮渡しおよび保証渡しを適法と解している。ただ，仮渡しおよび保証渡しの有効性はこれを約した当事者間で認められるのであって，正当な証券所持人から請求があった場合には，運送人は，運送

品の引渡しができないことによる損害の賠償責任を免れない。

（ⅲ）運送品の供託・競売

（ア）船荷証券が発行されていない場合　運送人は，①荷受人を確知できない
とき，および，②荷受人が運送品の受取を拒み，またはこれを受け取ることが
できないときは，運送品を供託できる（582条1項・583条。民494条参照）。

運送品を供託するにあたり，運送人は，①の場合において，運送人が荷送人
に対し，相当の期間を定めて運送品の処分につき指図をすべき旨を催告したに
もかかわらず，荷送人がその指図をしない場合，および，②の場合には，運送
品を競売に付することができる（582条2項・583条）。ただし，損傷その他の事
由による価格の低落のおそれがある運送品は，催告をしないで競売に付するこ
とができる（582条3項・583条）。商法582条2項・3項の規定により運送品を競
売に付したときは，運送人は，代価を供託しなければならないが，代価の全部
または一部を運送賃等に充当することができる（582条4項・583条）。

運送人は，商法582条1項〜3項までの規定により運送品を供託し，または
競売に付したときは，遅滞なく，そして，荷受人が確知することができない場
合には荷送人に対して，その他の場合には荷送人および荷受人に対して，その
旨の通知を発しなければならない（582条5項・583条）。

（イ）2人以上の船荷証券の所持人から請求を受けた場合の供託　2人以上の船
荷証券の所持人が運送品の引渡しを請求したときは，運送人は運送品を供託す
ることができる（767条1項前段）。運送人が商法765条1項の規定により運送品
の一部を引き渡した後に他の所持人が運送品の引渡しを請求したときにおける
運送品の残部についても，同様とする（767条1項後段）。

運送人は，運送品を供託したときは，遅滞なく，請求をした各所持人に対し
てその旨の通知を発しなければならない（767条2項）。

商法767条1項に規定する場合においては，最も先に発送され，または引き
渡された船荷証券の所持人が他の所持人に優先する（767条3項）。

（ⅳ）荷受人等の損害概況通知義務

国際海上物品運送法では，荷受人または船荷証券所持人は，運送品の一部滅
失または損傷があったときは，受取の際，運送人に対し，その滅失または損傷
の概況について書面による通知を発しなければならない（国海7条1項本文）。
この通知がなかったときは，運送品は滅失および損傷がなく引き渡されたもの
と推定される（国海7条2項）。滅失または損傷がただちに発見することのでき

ないものであるときは，受取の日から３日以内にその通知を発すればよい（国海７条１項ただし書）。運送品の状態が引渡しの際に当事者の立会いによって確認されていれば，通知を受ける必要がないから，荷受人または船荷証券所持人は通知義務を負わない（国海７条３項）。また，運送品に滅失または損傷が生じている疑いがあるときは，運送人と荷受人または船荷証券所持人とは，相互に，運送品の点検のため必要な便宜を与えなければならない（国海７条４項）。

　内航船については，これと類似する運送人の責任の特別消滅事由を定めた商法の規定（584条）が適用される。

（ｖ）運送賃の支払

（ア）運送賃請求権
　運送人は，運送を完成したときは，相当な報酬として運送賃を請求できる（512条）。運送契約は請負契約であることから，特約がなければ運送賃の前払を請求できない（民633条）。商法は570条・573条１項において後払を確認しているが，海運の実務では，前払の特約がされることが多い。

　運送品がその性質または瑕疵によって滅失し，または損傷したときは，荷送人は，運送賃の支払を拒むことができない（573条２項）。というのは，この場合，運送人が運送という仕事を完成できなかったことの要因は，荷送人側にあるからである。

（イ）荷受人の運送賃支払義務等
　荷受人は，運送品を受け取ったときは，個品運送契約または船荷証券の趣旨に従い，運送人に対し，①運送賃，付随費用および立替金の額，および，②運送品の価格に応じて支払うべき救助料の額および共同海損の分担額，の合計額（以上，運送賃等）を支払う義務を負う（741条１項・756条１項）。荷受人がこの義務を負っても，荷送人または傭船者の運送賃債務は連帯債務として並存する。

（ウ）運送人の債権の担保（運送品の留置権・競売権）
　運送人は，運送賃等の支払を受けるまで，運送品を留置できる（741条２項・756条１項）。

　運送人は，荷受人に運送品を引き渡した後においても，第三者がその占有を取得したときを除き，運送賃等の支払を受けるため，運送品を競売に付することができる（742条・756条１項）。この競売権は，運送人による運送品の占有を要件としないので，運送品を引き渡した後も行使できる。

（エ）積荷を航海の用に供した場合の運送賃
　運送人は，船長が商法712条１項の規定により積荷を航海の用に供したときにおいても，運送賃の全額を請求できる（746条・756条１項）。というのは，この行為は，航海中の非常の場合の船

舶所有者等の利益を保護するためのものであるからである。

（vi）運送人の債権の消滅時効

運送人の荷送人または荷受人に対する債権は，これを行使することができる時から1年間行使しないときは，時効によって消滅する（586条）。

（5）海上物品運送契約の終了

（i）総　説

海上物品運送契約は，運送人が陸揚港において運送品を荷受人または船荷証券所持人に引き渡すことで終了する。この他，海上物品運送契約は，契約の終了原因を定める民法の規定（民540条），または商法の規定により終了する。商法が海上運送に固有の終了事由を規定するのは，海上運送が通常長時間を要し，その間に市場の変動が生じるという理由に加え，海上運送に特有の危険により運送の履行が不能となるなど，運送契約を終了させる必要性が生じることに対応するためである。

（ii）任意解除

（ア）発航前の荷送人による解除　発航前においては，荷送人は，運送賃の全額を支払って個品運送契約を解除することができる（743条1項本文）。ただし，個品運送契約の解除によって運送人に生ずる損害の額が運送賃の全額を下回るときは，その損害を賠償すれば足りる（743条1項ただし書）。さらに，発航前であっても，運送品の全部または一部の船積みがされた場合には，荷送人は，他の荷送人および傭船者の全員の同意を得たときに限り，個品運送契約を解除できる（743条2項前段）。この場合において，荷送人は，運送品の船積みおよび陸揚げに要する費用を負担しなければならない（743条2項後段）。

荷送人は，個品運送契約を解除したときであっても，運送人に対する付随費用および立替金を支払う義務を免れない（744条・756条1項）。

（イ）発航後の荷送人による解除　発航後においては，荷送人は，他の荷送人および傭船者の全員の同意を得て，かつ，運送賃等および運送品の陸揚げによって生ずべき損害の額の合計額を支払い，または相当の担保を供しなければ，個品運送契約を解除できない（745条）。

（iii）一部航海傭船契約の解除への準用

商法743条，745条および753条3項の規定は，船舶の一部を目的とする航海傭船契約の解除について準用する（755条前段）。この場合において，商法743条1項中「全額」とあるのは「全額及び滞船料」と，商法745条中「合計額」と

あるのは「合計額並びに滞船料」と読み替えるものとする (755条後段)。

2　航海傭船契約に固有の流れ

（1）船　積　み

（i）船舶の回航

　航海傭船契約に基づいて運送品を船積みするためには，船舶が航海傭船契約または慣習により定められた船積地点 (berth) に碇泊していなければならない。船舶が約定の船積港以外の港にある場合には，運送人は，船舶を船積港に回航させる義務を負い，約定の日までに船舶が回航されないときには，不可抗力の場合を除いて，傭船者に契約解除権が生じる。傭船者に船積港を指定する権利が留保されている場合には，その港は安全港 (safe port) であることを要する。

（ii）運送品の受取・船積み・積付け

（ア）船積準備整頓の通知　　航海傭船契約に基づいて運送品の船積みのために必要な準備を完了したときは，船長は，遅滞なく，傭船者に対してその旨の通知を発しなければならない (748条1項)。この通知は船積期間の算定の基準となる。

（イ）碇泊・運送品の船積み　　船積準備整頓の通知を受けた傭船者は，船積期間内に運送品を船積みしなければならない。船積期間中，船長は船積港に船舶を碇泊させておかなければならず，この期間およびその算定方法は航海傭船契約または慣習により定められる。船積期間の定めがある航海傭船契約において始期を定めなかったときは，その期間は，通知があった時から起算し，不可抗力によって船積みができない期間は，船積期間に算入しない (748条2項)。

　傭船者が，船積期間経過前に船積みを完了したときには，節約された碇泊期間に応じて運送人から傭船者に早出料 (dispatch money) を支払うことがある。これに対して，傭船者が船積期間の経過後に運送品の船積みをした場合には，運送人は，特約がないときであっても，相当な滞船料 (demurrage) を請求することができる (748条3項)。運送人は，超過碇泊のために要した費用を滞船料で埋める。

（ウ）第三者による船積み　　船長は，第三者から運送品を受け取る場合において，第三者を確知できないとき，または第三者が運送品の船積みをしないときは，ただちに傭船者に対してその旨の通知を発しなければならない (749条1項)。この場合，傭船者は，船積期間内に限り，運送品の船積みをすることができる (749条2項)。

(エ）積付け　通常，航海傭船契約書に船積みおよび積付けに関する約定がなされる。

（2）航　海

（ⅰ）発航義務

運送品の船積みが完了したときは，運送人は，ただちに船舶を発航しなければならない。通常，発航の時期は航海傭船契約で定められる。

（ⅱ）傭船者による発航の請求

傭船者は，運送品の全部の船積みをしていないときであっても，船長に対し，発航を請求することができる（750条1項）。これは，運送品の陸揚港における市況の変動や航海の安全に関わる事態の発生等に迅速に対応するためなどの理由による。傭船者は，発航の請求をしたときは，運送人に対し，運送賃の全額のほか，運送品の全部の船積みをしないことによって生じた費用を支払う義務を負い，かつ，その請求により，当該費用の支払について相当の担保を供しなければならない（750条2項）。

（ⅲ）船長の発航権

船長は，船積期間が経過した後は，傭船者が運送品の全部の船積みをしていないときであっても，ただちに発航することができ，この場合においては，商法750条2項の規定を準用する（751条）。

（3）陸　揚　げ

運送品の陸揚げのために必要な準備を完了したときは，船長は，遅滞なく，荷受人に対してその旨の通知を発しなければならない（752条1項）。

陸揚期間の定めがある航海傭船契約において始期を定めなかったときは，その期間は，通知があった時から起算する（752条2項前段）。この場合において，不可抗力によって陸揚げができない期間は，陸揚期間に算入しない（752条2項後段）。

荷受人が陸揚期間の経過後に運送品の陸揚げをした場合には，運送人は，特約がないときであっても，相当な滞船料を請求できる（752条3項）。

（4）海上物品運送契約の終了

（ⅰ）総　論

海上物品運送契約は，運送人が陸揚港において運送品を荷受人または船荷証券所持人に引き渡すことで終了する。ただし，全部航海傭船契約には固有の終了事由がある。

（ii）全部航海傭船契約の傭船者による発航前の解除

　発航前においては，全部航海傭船契約（船舶の全部を目的とする航海傭船契約）の傭船者は，運送賃の全額および滞船料を支払って全部航海傭船契約の解除をすることができる（753条1項本文）。ただし，全部航海傭船契約の解除によって運送人に生ずる損害の額が運送賃の全額および滞船料を下回るときは，その損害を賠償すれば足りる（753条1項ただし書）。

　傭船者は，運送品の全部または一部の船積みをした後に商法753条1項の規定により全部航海傭船契約の解除をしたときは，船積みおよび陸揚げに要する費用を負担しなければならない（753条2項）。

　全部航海傭船契約の傭船者が船積期間内に運送品の船積みをしなかったときは，運送人は，傭船者が全部航海傭船契約の解除をしたものとみなすことができる（753条3項）。

（iii）全部航海傭船契約の傭船者による発航後の解除

　発航後においては，全部航海傭船契約の傭船者は，商法745条に規定する合計額および滞船料を支払い，または相当の担保を供しなければ，全部航海傭船契約の解除をすることができない（754条）。

第5節　海上物品運送人の責任

1　運送人の責任原因
（1）責任の原則

　商法および国際海上物品運送法は，運送人の責任について，一般原則（民415条）を前提として，債務不履行責任原則を物品運送契約に対応させている。

　商法では，運送人は，運送品の受取から引渡しまでの間に運送品が滅失もしくは損傷し，もしくは滅失もしくは損傷の原因が生じ，または運送品が延着したときは，これによって生じた損害を賠償する責任を負う（575条本文）。ただし，運送人が運送品の受取，運送，保管および引渡しについて注意を怠らなかったことを証明したときは，損害賠償の責任を負わない（575条ただし書）。商法575条は，運送人は運送品につき，受領という事実によって法律上当然に責任を負うとしていた，ローマ法上のレセプツム（receptum〔受領〕）責任に由来する。

　国際海上物品運送法では，運送人は，自己またはその使用する者（運送人の

履行補助者〔船員，水先人，港湾荷役業者，下請運送人等〕）が運送品の受取，船積み，積付け，運送，保管，荷揚げおよび引渡しにつき注意を怠ったことにより生じた運送品の滅失，損傷または延着について，損害賠償の責任を負う（国海3条1項）。また，運送人は，注意が尽されたことを証明しなければ，責任を免れることができない（国海4条1項）。

（2）滅失・損傷・延着

「滅失」とは，物理的な滅失，盗難や紛失などによって運送人が運送品の占有を回復できないことをいい，「損傷」とは，運送品の価額が減少する状態をいい，「延着」とは，所定の日時または通常到着すべき日時に到着しないことをいう。

（3）損害賠償請求権者

運送人に対して運送品に関する損害賠償を請求できるのは，船荷証券が発行されている場合には，船荷証券の正当な所持人である。船荷証券が発行されていない場合には，請求できるのは荷送人であるが，運送品が到達地に到着し，または運送品の全部が滅失したときは，荷受人は運送契約上の荷送人の権利と同一の権利を取得するので（581条1項），荷受人も損害賠償を請求できる。なお，荷受人が運送品の引渡しまたは損害賠償の請求をしたときは，荷送人は権利を行使できない（581条2項）。

2　損害賠償責任の特則

（1）賠償額の定型化

（i）商法の特則

商法上，運送品が滅失または損傷した場合において運送人が賠償すべき額は，大量の運送品を扱う海上運送業の性質から，通常生ずべき損害の賠償範囲（民416条1項）と異なり，定型化している。すなわち，運送品の滅失または損傷の場合における損害賠償額は，引渡しがされる地および時における運送品の市場価格（取引所の相場がある物品については，相場）で定めることとし，市場価格がないときは，引渡しがされる地および時における同種類で同一の品質の物品の正常な価格で定める（576条1項）。

「引渡しがされるべき地及び時」とは，運送品が滅失した場合は，運送品の約定引渡地における約定引渡予定日をいう。市場価格がないときの損害賠償の額は，運送品が損傷した場合は，運送品を引き渡した日における引渡地の価格を基準とし，損傷を受けることがなかったならば有していたであろう運送品の

価額と，引渡日における引渡地の価格によって算定した損傷状態における運送
品の価額との差額になる。引渡しがされるべき地および時には，損傷を受けた
運送品が延着した場合も含むと解されるので，この場合の損害賠償額は，引渡
予定日における引渡地の価格によって算定した損傷を受けることがなかったな
らば有していたであろう運送品の価額と，引渡日における引渡地の価格によっ
て算定した損傷状態における運送品の価額との差額になる。運送品の滅失また
は損傷のために支払うことを要しなくなった運送賃その他の費用は，損害賠償
の額から控除する（576条2項）。

　商法576条1項・2項の規定は，運送人の故意または重大な過失によって運
送品の滅失または損傷が生じたときは，適用しない（576条3項）。「重大な過
失」とは，故意に近い注意欠如の状態をいい，運送人または履行補助者等の故
意または重過失については損害賠償の請求者が立証する責任を負う。地裁の裁
判例によれば，重過失の立証が困難なことから，運送人の支配下に移った運送
品の紛失原因が不明で，運送人側が立証に協力しなかった場合には，運送人の
重過失を推認する（東京地判平成元・4・20判時1337号129頁）。

　運送品が完全な形で延着したにすぎない場合については，運送人は一般原則
（民416条）に従って責任を負うことになり，すべての損害を賠償する責任を負
うと解される。

（ⅱ）国際海上物品運送法の特則

　国際海上物品運送法も定額賠償を基本としている。すなわち，運送品に関す
る損害賠償の額は，荷揚げされるべき地および時における運送品の市場価格
（取引所の相場がある物品については，相場）で定めることとし，市場価格がないと
きは，その地および時における同種類で同一の品質の物品の正常な価格で定め
るとしている（国海8条1項・2項）。定額賠償が適用されない場合について，運
送人は，運送品に関する損害が，自己の故意により，または認識ある自己の無
謀な行為により生じたときとしている（国海10条）。

（2）高価品に関する特則

（ⅰ）原　　則

　貨幣，有価証券その他の高価品については，荷送人が運送を委託するにあた
り種類および価額を通知した場合を除き，運送人は，滅失，損傷または延着に
ついて損害賠償の責任を負わない（577条1項，国海15条）。「高価品」とは，運送
人の予見可能性からみて，貴金属などのように，容積または重量に比べて著し

く高価な物品をいう（最判昭和45・4・21判時593号87頁〔商百選75〕）。荷送人が高価品であることの通知義務を負うのは，高価品は損害発生の危険が大きく，損害額も高額になることから，危険物に関する通知義務（572条）と同じように，荷送人が高価品であることを通知すれば，運送人は危険に見合った割増運送賃を請求できるし，注意を払うことができるはずであり，通知がなければ，運送人に苛酷な損害賠償責任を負わせることにもなるからである。

商法577条1項の趣旨は，運送人において賠償をする場合の最高額を予知させることにあり，運送人は，運送品について種類および価額の通知を受けない限り，普通品としての損害賠償責任についても負わないとするものであると解される。というのは，運送人に普通品としての損害賠償責任を負わせようとしても，どのような品を普通品とするかの判断は難しいからである。

（ⅱ）特則の例外

商法では，①物品運送契約の締結の当時，運送品が高価品であることを運送人が知っていたとき，および，②運送人の故意または重大な過失によって高価品の滅失，損傷または延着が生じたときは，運送人は損害賠償責任を負うとしている（577条2項，国海15条）。①の場合には，運送人は普通品として運送しており，損害額も予知していたので，普通品としての注意義務に違反するような場合には，運送人は責任を負う。損害賠償額は商法576条によって処理される。運送人が高価品であることを知って高価品の運送に対応した措置を取ったときは，荷送人等に対して相当の報酬を請求できると解される（512条）。これに対して，②の場合には，商法577条1項のように損害賠償責任に関して運送人を保護する規定は，運送人の通常の企業活動を保護する趣旨であるので，荷送人との比較において公平の観点からして，運送人を免責することは妥当ではない。それゆえに，運送人は，故意または重大な過失によって生じたすべての損害について賠償責任を負い，損害賠償額は民法416条により決定されると解される。運送人の故意または重過失を立証する責任は損害賠償を請求する側が負う。

3　複合運送人の損害賠償責任

複合運送において，運送品の滅失等（運送品の滅失，損傷または延着をいう）についての運送人の損害賠償の責任は，各運送において運送品の滅失等の原因が生じた場合に運送ごとに適用されることとなるわが国の法令またはわが国が締結した条約の規定に従う（578条1項，国海15条）。というのは，複合運送では，運送用具の違いで各運送に適用される法令等が異なることから，複合運送人は，

各運送区間について適用される法令または条約の規定が定める強行規定に基づく責任を負うことが必要であるからである。運送区間のいずれかで運送品の滅失等が生じたことが特定されるときは，商法578条1項の規定により，特定されないときは，商法の一般原則による。

4　不法行為との関係

（1）運送人の不法行為責任

（i）総　　論

運送人は，運送品の滅失等について運送契約上の債務不履行責任（民415条）を負うが，運送品の所有者（荷主）の所有権を侵害したことにもなるので，不法行為責任の要件（民709条）が充足されると考えられる。この二つの責任の関係について，同一の事実が二つの責任を満たす場合に，相手方はどちらの責任をも追及できるとする考え方（請求権競合説），および，債務不履行の規定は不法行為の規定の特則であり，不法行為とは異なって契約関係を前提としているから，債務不履行責任が成立する場合には不法行為責任は排除されるとする考え方（法条競合説）がある。

（ii）商法の規定

このような考え方の違いを前提として，商法は，運送人の不法行為責任について次のように定める。すなわち，商法576条，577条，584条および585条の規定は，運送品の滅失等についての運送人の荷送人または荷受人に対する不法行為による損害賠償の責任について準用する（587条本文）。商法587条の規定は，荷主等が運送人に対して不法行為責任を追及することを認めるが，その場合，損害賠償額の定額化，高価品の特則および運送人の損害賠償責任の消滅に関する商法の規定が準用されるということを意味しており，基本的に請求権競合説に立っていると解される。

このように，商法587条の規定は，荷受人に対する不法行為責任についても及ぶとしているが，これは，最高裁が，宅配便の荷物の紛失について，荷受人が運送会社に対して運送契約上の責任限度額を超えて損害賠償を請求した事案において，荷受人も，宅配便によって荷物が運送されることを容認していたなどの事情があるときは，信義則上，責任限度額を超えて運送人に対して損害の賠償を請求できないと判示した（最判平成10・4・30判時1646号162頁〔商百選77〕）ことに対応していると解されている。このような事情があるときには，荷受人は運送品に関して不利益を享受しなければならないことになるが，商法は，荷

受人があらかじめ荷送人の委託による運送を拒んでいたにもかかわらず荷送人から運送を引き受けた運送人の荷受人に対する責任については，運送人は責任を負わないとしている（587条ただし書）。

（ⅲ）国際海上物品運送法の規定

　国際海上物品運送法では，運送品に関する運送人の荷送人，荷受人または船荷証券所持人に対する不法行為による損害賠償の責任に，国際海上物品運送法3条2項・6条4項および8条から10条まで，ならびに商法577条および585条の規定を準用している（国海16条1項）。国際海上物品運送法16条1項の規定は，荷受人があらかじめ荷送人の委託による運送を拒んでいたにもかかわらず荷送人から運送を引き受けた運送人の荷受人に対する責任には，適用しない（国海16条2項）。国際海上物品運送法16条1項の規定により運送品に関する運送人の責任が免除され，または軽減される場合には，責任が免除され，または軽減される限度において，運送品に関する運送人の被用者の荷送人，荷受人または船荷証券所持人に対する不法行為による損害賠償の責任も免除され，または軽減される（国海16条3項）。国際海上物品運送法9条4項の規定は，運送品に関する運送人の責任が同法9条1項から3項までの規定（1項で準用する場合を含む）により軽減される場合において，運送人が損害を賠償したときの，運送品に関する運送人の被用者の責任に準用する（国海16条4項）。国際海上物品運送法16条3項・4項の規定は，運送品に関する損害が，運送人の被用者の故意により，または損害の発生のおそれがあることを認識しながらしたその者の無謀な行為により生じたものであるときには，適用しない（国海16条5項）。

（2）運送人の被用者の不法行為責任

　商法587条の規定により運送品の滅失等についての運送人の損害賠償の責任が免除され，または軽減される場合には，責任が免除され，または軽減される限度において，運送品の滅失等についての運送人の被用者（運送人の使用人，履行補助者，相次運送契約における中間運送人等）の荷送人または荷受人に対する不法行為による損害賠償の責任も免除され，または軽減される（588条1項）。これは，運送人の被用者が運送人の責任を上回る責任を負うことは望ましくないこと，被用者が重い責任を負うとした場合，最終的な負担者は運送人に転嫁され，運送人の責任の減免を定めた商法の立法趣旨にあわないことなどの理由による。商法588条1項の規定は，運送人の被用者の故意または重大な過失によって運送品の滅失等が生じたときは，適用しない（588条2項）。

5　運送人の責任の消滅

（1）特別消滅事由

運送人の損害賠償責任は，免除その他の一般的消滅事由によって消滅するが，多数の運送関係を処理する運送人を保護するため，商法は特別消滅事由を定めている。すなわち，運送品の損傷または一部滅失（損傷等）についての運送人の責任は，荷受人が異議をとどめないで運送品を受け取ったときは，消滅する（584条1項本文）。したがって，荷受人は，運送品を受け取り，運送賃等を支払う場合，まず，運送品を検査し，損傷等が見つかったときは，運送人に対して運送品が損傷等をしていることを知らせることによって運送人の責任の追及を留保する必要があり，それを怠ると損害賠償請求ができなくなる。ただし，運送品にただちに発見することができない損傷または一部滅失があった場合において，荷受人が引渡しの日から2週間以内に運送人に対してその旨の通知を発したときは，この限りではない（584条1項ただし書）。商法584条1項の規定は，運送品の引渡しの当時，運送人が運送品に損傷等があることを知っていたときは，適用しない（584条2項）。

商法は，運送人が第三者に対して運送を委託した場合において，荷受人が所定の期間内に運送人に対して通知を発したときは，運送人に対する第三者の責任に係る所定の期間は，運送人が当該通知を受けた日から2週間を経過する日まで延長されたものとみなすとしている（584条3項）。

（2）短期出訴期間

運送品の滅失等についての運送人の責任は，運送品の引渡しがされた日（運送品の全部滅失の場合にあっては，引渡しがされるべき日）から1年以内に裁判上の請求がされないときは，消滅する（585条1項，国海15条）。これは，運送人の責任を追及する者の出訴期間を定めたものである。運送人が運送について責任を負うのは，運送品の滅失等という事実が存在し，かつ，運送品の受取，運送，保管および引渡しについて注意を怠らなかったことを証明できなかったという主観的態様が存在する場合である（575条参照）。

商法585条1項において短期の出訴期間を定めた理由には，運送人が運送品を引き渡してから1年が経過した時に，運送人の主観的態様が争われることは望ましくないこと，荷主が損害賠償請求を準備する期間は，運送人の主観的態様によって異なるものではないことなどがある。

運送人が運送品を供託した場合（582条・583条），出訴期間は供託をした日か

ら進行する。商法585条１項の「裁判上の請求」とは，支払督促の申立て（民訴382条以下），仲裁人の選任（仲裁17条），調停の申立て（民調４条の２）などをいう。出訴期間は，運送品の滅失等による損害が発生した後に限り，合意により延長することができ（585条２項，国海15条），延長期間の長さは制約がない。

　運送人がさらに第三者に対して運送を委託した場合において，運送人が商法585条１項の期間内に損害を賠償しまたは裁判上の請求をされたときは，運送人に対する第三者の責任に係る同項の期間は，運送人が損害を賠償しまたは裁判上の請求をされた日から３ヶ月を経過する日まで延長されたものとみなす（585条３項，国海15条）。

（3）運送人の債権の消滅時効

　運送人の荷送人または荷受人に対する債権は，これを行使できる時から１年間行使しないときは，時効によって消滅する（586条，国海15条）。

第6節　運送人の責任制限と免責

1　運送人の責任制限

（1）総　　論

　船主責任制限法には，船舶所有者等の責任制限（船責２条２項・４項・３条）が定められているが，国際海上物品運送法には，運送人の責任制限が定められている。

（2）責任制限の方式

　国際海上物品運送法は，運送人の支払う賠償額について一定の制限を設けている（個別的責任制限）。１SDRに相当する金額を「１計算単位」とし（国海２条４項。換算日について９条２項），滅失，損傷を受けた，または延着した運送品に関する運送人の責任は，次の①②のうち多い金額を限度とする（国海９条１項）。

　①　滅失，損傷または延着に係る運送品の包または単位の数に１計算単位の666.67倍を乗じて得た金額　「１包み（package）」とは，梱包されている個々の運送品の一つをいい，「１単位（unit）」とは，梱包されていない運送品について，取引慣行において，計算または計量の単位として使用されているものをいう。

　②　運送品の総重量について１キログラムにつき１計算単位の２倍を乗じて得た金額　損害を被った運送品の総重量に基づく責任制限である。

コンテナ，パレットその他これらに類する輸送用器具（コンテナ等）を用いて運送される場合における国際海上物品運送法9条1項の規定の適用については，運送品の包もしくは個品の数または容積もしくは重量が船荷証券または海上運送状に記載されているときを除き，コンテナ等の数を包または単位の数とみなす（国海9条3項）。

（3）責任制限の排除

（i）運送品の種類・価額の通告

運送人の責任制限に関する規定（国海9条1項〜4項）は，運送品の種類および価額が，運送の委託の際荷送人により通告され，かつ，船荷証券が交付されるときは，船荷証券に記載されている場合には，適用しない（国海9条5項）。

（ii）荷送人の虚偽の通告

国際海上物品運送法9条5項の場合において，荷送人が実価を著しく超える価額を故意に通告したときは，運送人に悪意があった場合を除き，運送人は，運送品に関する損害については，賠償の責任を負わない（国海9条6項・8項）。これに対して，荷送人が実価より著しく低い価額を故意に通告したときは，運送人に悪意があった場合を除き，その価額は，運送品に関する損害については，運送品の価額とみなす（国海9条7項・8項）。

（iii）責任制限の阻却事由

運送人は，運送品に関する損害が，自己の故意により，または認識ある自己の無謀な行為により生じたときは，責任制限の利益（国海8条・9条1項〜4項）を享受できず，一切の損害を賠償する責任を負う（国海10条）。この「運送人」とは，運送人自身をいう。

2　運送人の免責等

（1）航海上の過失免責

運送品の損害が，船長，海員，水先人その他運送人の使用する者（船長等）の航行または船舶の取扱いに関する行為により生じたときは，運送人は損害賠償責任を負わない（国海3条2項）。

船長等の航行または船舶の取扱いに関する行為を航海上の過失（航海過失）といい，これ以外のものを商業上の過失という。航海過失免責は，船長等に過失があった場合に認められ，運送人の過失に起因する場合には認められない。船舶の航行に関する過失とは，船舶の航行を指揮する行為に関する過失をいい，船舶の取扱いに関する過失とは，船舶のためになされた行為をいう。

（2）船舶の火災免責

運送人は，船舶における火災によって運送品に損害が生じたとき，それが運送人の故意または過失によって生じた場合を除き，損害賠償責任を負わない（国海3条2項）。「船舶における火災」とは，船舶内に原因がある火災をいい，出火原因は問わない。「運送人」とは，運送人自身をいう。

（3）証明責任に軽減事由

運送人は，列挙する11の事実があったこと，および，運送品に関する損害がその事実により通常生ずべきものであることを証明したときは，損害賠償責任を免れる（国海4条2項柱書本文）。ただし，損害賠償を請求する者が，同条の注意が尽されたならば損害を避けることができたにかかわらず，その注意が尽されなかったことの証明があったときは，運送人は免責されない（国海4条2項柱書ただし書）。船荷証券の不実記載について定める商法760条の規定は適用される（国海4条3項）。

3　免責約款の制限

（1）免責特約の禁止規定

商法では，個品運送の場合，船舶の不堪航による損害について，運送人の賠償責任を免除し，または軽減する特約は，無効としている（739条2項）。

国際海上物品運送法では，同法3条から5条までもしくは7条から10条まで，または商法585条，759条もしくは760条の規定に反する特約で，荷送人，荷受人または船荷証券所持人に不利益なものは，無効とし（国海11条1項前段），免責特約の強行法的禁止を明確にしている。また，運送品の保険契約によって生ずる権利を運送人に譲渡する契約その他これに類似する契約も無効としている（国海11条1項後段）。これに対して，運送人が自己に不利益な特約をすることは可能であり，この場合には，荷送人は，船荷証券にその特約を記載すべきことを請求できる（国海11条2項）。

（2）免責特約禁止規定が適用されない場合

国際海上物品運送法11条1項の規定は，次の場合には適用されず，運送人は免責約款による特約をすることができる。

①　運送品の船積み前または荷揚げ後の事実により生じた損害には，特約ができる（国海11条3項）。この特約をした場合，特約が船荷証券に記載されていないときは，運送人は，その特約をもって船荷証券所持人に対抗できない（国海11条4項）。

②　船舶の全部または一部を運送契約の目的とする場合には，特約ができるが，運送人と船荷証券所持人との関係については，特約禁止規定が適用される（国海12条）。

③　運送品の特殊な性質もしくは状態，または運送が行われる特殊な事情により（特殊な運送），運送品に関する運送人の責任を免除し，または軽減することが相当と認められる運送には，特約禁止規定は適用されない（国海13条）。

④　生動物の運送および甲板積みの運送には，特約禁止規定は適用されない（国海14条）。

第7章
船舶の衝突・海難救助・共同海損

第1節　船舶の衝突

1　総　　論

　船舶が航行中に他船等と衝突した場合，衝突による損害を賠償する関係を明確にする必要がある。商法は，船舶の衝突に関する規定を設けており，民法の規定（民709条以下）に優先して適用される。また，船舶の衝突が船長その他の船員の過失によって生じ，第三者に損害を与えたときは，船舶所有者は商法690条により損害賠償責任を負う。さらに，船舶の衝突に関係する公法として，海上衝突予防法（昭和52年法律第62号），海上交通安全法（昭和47条法律第115号）および港則法（昭和23年法律第174号）があり，これらの規定が適用される。

　衝突は外国船との間で生ずることもあり，この場合には渉外関係が発生する。そのことから，1910年「船舶衝突ニ付テノ若干ノ規定ノ統一ニ関スル条約」（ブリュッセル条約〔衝突統一条約〕）（大正3年条約第1号）が成立し，わが国も批准している。

2　船舶の衝突の意義・要件等
（1）船舶の衝突の意義

　船舶の衝突とは，2隻以上の船舶が，海上または内水上において物理的に接触し，損害を生じることをいう（広義の船舶衝突）。商法は，船舶の衝突のうち，衝突した船舶が双方とも航海の用に供される船舶（航海船）または商法の準用のある船舶（船舶35条）の衝突について規定している（狭義の船舶衝突）（788条1項）。船舶と非航海船との事故については，商法の規定（788条〜790条）が準用され（791条），公用船と私有船とが衝突した場合，公用船が被害船舶のときは，商法の規定が適用される。また，衝突した船舶が同一の所有者に属する場合，運送品の所有者（荷主）や保険者などの利害関係人との関係から，船舶の衝突として扱われることがある。

（2）船舶の衝突の態様

　船舶の衝突の発生場所は，海上または内水上であることを問わず（衝突1条参照），船舶が航行中または碇泊中であることを問わない（衝突2条2項参照）。ただし，商法788条・789条の規定は，船舶が相手船の航行を避けようとして座礁して損害が生じた場合（準衝突）などのように，船舶が航行もしくは船舶の取扱いに関する行為または船舶に関する法令に違反する行為により他の船舶に著しく接近し，当該他の船舶または当該他の船舶内にある人もしくは物に損害を加えた事故について準用する（790条）。

　曳船列を一定目的のためには法律上単一の船舶とみなす，いわゆる曳船列一体の原則によれば，曳船列と第三船とが衝突した場合，被曳船側に責任をすべて帰属させるという判断になる。最高裁平成4年4月28日判決（判時1421号122頁〔商百選101〕）は，この原則を肯定したと解される判断を下している。

（3）船舶の衝突による損害の発生

　船舶の衝突は，損害が発生したものに限られる。損害が発生した限り，損害が，いずれの船舶に生じたか，あるいは，誰に生じたかを問わない。

3　船舶の衝突の効果

（1）船舶の衝突の原因

　船舶の衝突の原因は，（ⅰ）不可抗力，（ⅱ）原因不明，（ⅲ）当事者の故意，（ⅳ）当事者の過失に分けられる。（ⅰ）の場合，責任を負担する者がいないので，損害は被害者が負担する（衝突2条1項）。（ⅱ）の場合，加害船舶の故意または過失を立証できないので，損害は被害者が負担する（衝突2条1項）。（ⅲ）の場合，故意に衝突した加害者がすべての責任を負う。（ⅳ）の場合，①一方の船舶に過失があり，その船舶が分かっている場合，②衝突の原因が船舶の一方の過失によることは明らかであるが，いずれにあるか不明の場合，③双方の船舶に過失があり，その割合が分かっている場合，④双方の船舶に過失があるが，その割合が不明の場合に分かれる。このうち，（ⅳ）①の場合，過失により衝突した加害者がすべての責任を負い，（ⅳ）②の場合，被害者が損害を負担する。

（2）船舶所有者間の責任の分担

　商法は，船舶の衝突に係る事故が生じた場合において，衝突したいずれの船舶についても船舶所有者または船員に過失があったときは，裁判所は，これらの過失の軽重を考慮して，各船舶所有者について，その衝突による損害賠償の

責任およびその額を定めるとしている（788条前段）。これは，上記（ⅳ）③の場合が該当する。

　さらに，商法は，788条前段の場合において過失の軽重を定めることができないときは，損害賠償の責任およびその額は，各船舶所有者が等しい割合で負担するとしている（788条後段）。これは，上記（ⅳ）④の場合が該当する。船舶所有者の損害負担の割合について，双方の船舶所有者がたがいに損害賠償請求権を持ち合うことになる（交差責任）（東京地判昭和40・7・20下民集16巻7号1257頁〔商百選104〕）。商法788条後段は，積荷の所有者または旅客など，船舶所有者以外の第三者に生じた損害については，その適用が否定されている（大判明治44・11・6民録17輯627頁〔商百選105〕）。すなわち，改正前商法797条（現行788条後段）は船舶所有者間の内部の関係を定めた規定であり，過失による衝突損害は不法行為による損害であって，不法行為者は損害額の全部につき賠償責任を負うべきであり，双方の船舶所有者は，共同不法行為者の責任を定める民法719条に従い，被害者たる第三者に対して連帯して責任を負うものとすると解されている。

（3）船舶の衝突による損害賠償請求権の消滅時効

　船舶の衝突を原因とする不法行為による損害賠償請求権（財産権が侵害されたことによるものに限る）は，不法行為の時から2年間行使しないときは，時効によって消滅する（789条）。船舶衝突である限り，双方過失または一方過失を問わない。船舶の衝突に起因する不法行為による損害賠償請求権は，財産権が侵害されたものに限ることから，人の生命または身体の侵害による債権は含まれない（大判大正4・4・20民録21輯530頁）。

　時効の起算点は不法行為の時であり，船舶の衝突の時である。衝突統一条約7条1項は，衝突事故のあった日と定めている。

第2節　海難救助

1　海難救助の意義

　海難（大判昭和11・3・28民集15巻565頁〔商百選106〕）に遭遇した船舶・積荷・船上の人命などを救助することを広義の海難救助といい，救助者と被救助者またはその代理人との契約に基づく救助も含まれる。この場合，海難救助契約（請負契約）に関する標準書式に基づいて，海難救助業者が行う。これに対して，

狭義の海難救助とは，海難に遭遇した船舶または積荷その他の船舶内にある物（積荷等）の全部または一部を契約に基づかないで救助する場合をいう（729条1項）。商法では，「契約に基づかないで救助したときであっても」としていること（792条1項），「船舶所有者及び船長は，積荷等の所有者に代わってその救助に係る契約を締結する権限を有する」としていること（792条2項），および，「人命の救助に従事した者」も救助料の請求をできるとしていることからして（796条2項），商法は，全体として，広義の海難救助を定めていると解される。

　海難救助は外国船との間でも行われ，渉外関係が生じるので，1910年「海難ニ於ケル救助救援ニ付テノ若干ノ規定ノ統一ニ関スル条約」（ブリュッセル条約〔海難救助統一条約〕）（大正3年条約第2号）が成立し，わが国も批准している。その後，原油や危険物を運送する船舶の海難による環境汚染に対して，海難救助の際の環境汚染の防止・損害の軽減の必要性が高まり，海難救助条約が1989年に成立し，1996年に発効しているが，わが国は批准していない。

2　海難救助の要件

　商法において海難救助が成立して救助料請求権が発生するためには，①船舶または積荷その他の船舶内にある物の全部または一部（積荷等）が海難に遭遇したこと，②これを救助したこと（救助作業の実施），③救助が成功したことが必要とされる。

　海難救助の対象は，船舶または積荷等である（792条1項，救助1条〔最判昭和49・9・26民集28巻6号1331頁（商百選107）〕）。「船舶」には，航海船および内水船が該当し，海難救助統一条約は内水船への適用を認めている（救助1条）。海難救助統一条約は，対象として船舶，船舶内の物，積荷の運送賃および旅客運賃を定めており（救助1条），「船舶内の物」には，旅客や船員の手荷物も含まれると解される。対象には人命は含まれないが，人命救助が船舶または積荷等の救助と同時に行われた場合，人命救助者も，船舶または積荷等の被救助者から救助料の分配を受けることができる（796条2項，救助9条）。

　海難救助は，船舶または積荷等が海難に遭遇していた場合に行われれば足りる。契約に基づかない救助（792条1項）とは，私法上の義務なくしてした救助をいう。「海難」とは，船舶が自力では克服できない程度の危険をいい，船舶または積荷等に滅失損傷の危険があることを要する。危険は，現実に予見できるもので足りる。海難の発生場所は，海上であると内水上であるとを問わない。救助船と被救助船とが同一の船舶所有者である場合にも，海難救助の成立が認

められる（救助5条）。というのは，海難救助の効果が船舶所有者以外の者に及ぶからである。

　船舶または積荷等が救助されたことを要する（792条，衝突2条。結果主義）。救助されたとは，救助行為により船舶または積荷等が海難を免れ，安全な状態に置かれていることをいう。したがって，成功しなければ救助行為者に報酬は支払われない（衝突2条）。これは，救助の仮装による救助料の不当請求を防止するためである。

　船舶所有者および船長は，積荷等の所有者に代わってその救助に係る契約を締結する権限を有する（792条2項）。

3　海難救助の効果

（1）救助料債権の発生

　船舶または積荷等の全部または一部が海難に遭遇した場合において，これを救助した者があるときは，その者（救助者）は，契約に基づかないで救助したときであっても，その結果に対して救助料の支払を請求することができる（792条1項）。救助料債権者は，救助に従事した船舶の船員および船舶所有者である（797条1項）。救助料債務者は，救助された船舶または積荷等の所有者であり，人命救助された者はこれに含まれない。

　これに対して，救助者は，①故意に海難を発生させたとき，②正当な事由により救助を拒まれたにもかかわらず，救助したときは，救助料を請求することができない（801条）。②は，他人が遭遇している海難に乗じて利得を得ようとする弊害を防止する趣旨である。拒絶の意思表示は客観的に明瞭になされることを要し，船長の他，救助料債務者となる船舶所有者および積荷等の所有者も行うことができる。拒絶は救助開始の後でもよいが，拒絶前に行われた救助行為については，海難救助が成立する。

（2）救助料の額

　救助開始前または救助中に救助料につき特約がなされた場合には，特約された額が救助料の額となる。これに対して，救助料につき特約がない場合において，その額につき争いがあるときは，裁判所は，危険の程度，救助の結果，救助のために要した労力および費用（海洋の汚染の防止または軽減のためのものを含む）その他一切の事情を考慮して，これを定める（793条，救助8条1項）。救助料は具体的な金額で表示される必要がある。

（3）救助料の増減の請求

　海難に際し，切迫かつ緊張した状況において，救助料を迅速に算定することは難しく，約定された額が不相当の場合，衡平の理念からこれを回避する必要があることから，商法は，海難に際し契約で救助料を定めた場合において，その額が著しく不相当であるときは，当事者はその増減を請求することができ，この場合においては，商法793条の規定を準用するとしている（794条）。

（4）救助料の上限額

　救助料の額は，特約がないときは，救助された物の価額（救助された積荷の運送賃の額を含む）の合計額を超えることができない（795条，救助2条3項）。というのは，被救助者は，救助料の額が救助された物の価額の合計額を超える場合，その救助を望まないことがあるからである。

　船舶所有者等は救助料債務について責任制限できないが（船責4条1号），積荷等の所有者は，当該積荷等の全部または一部が救助されたときは，当該積荷等をもって救助料に係る債務を弁済する責任を負う（804条）。

（5）救助料の割合等

　海難救助には複数の救助者が参加することが多い。数人が共同して救助した場合（共同救助）において，被救助者が複数の救助者との間でそれぞれの救助料について特約をすれば，それに従うが，特約がなく，協議が整わない場合には，各救助者に支払うべき救助料の割合については，商法793条の規定を準用する（796条1項，救助6条）。「数人が共同して救助した場合」とは，複数の船舶が共同して海難救助を行う場合をいい，複数の救助者が同時に救助を行う場合および，相次いで救助に参加し，救助がなされた場合がある。

　救助に従事した船舶に係る救助料については，その3分の2を船舶所有者に支払い，その3分の1を船員に支払わなければならない（797条1項）。これは，船員を保護するための規定であるが，海難救助統一条約では，裁判所が一切の事情を斟酌して分配を定めるとしている（救助6条3項）。商法797条1項の規定に反する特約で船員に不利なものは，無効とする（797条2項）。この規定は強行規定である。

　商法797条1項・2項の規定にかかわらず，救助料の割合が著しく不相当であるときは，船舶所有者または船員の一方は，他の一方に対し，その増減を請求することができ，この場合には，商法793条の規定を準用する（797条3項）。というのは，救助に従事した者同士において約定された額が不相当である場合，

衡平の理念からこれを回避する必要があるからである。

　各船員に支払うべき救助料の割合は，救助に従事した船舶の船舶所有者が決定し，この場合には，商法796条の規定を準用する（797条 4 項）。船舶所有者が各船員に支払うべき救助料の割合を決定するにあたっては，船長等，実際に救助に従事した者の情報をもとになされることになろう。

　救助者が救助することを業とする者（救助業者）であるときは，商法797条 1 項から 4 項までの規定にかかわらず，救助料の全額をその救助者に支払わなければならない（797条 5 項）。なお，救助業者の他に，救助に従事した者があったとしても，救助料は救助業者に支払われる。

（6）救助料の割合の案

　船舶所有者が商法797条 4 項の規定により救助料の割合を決定するには，航海を終了するまでにその案を作成し，これを船員に示さなければならない（798条）。船員は，その案に対し，異議の申立てをすることができる。この場合において，当該異議の申立ては，その案が示された後，当該異議の申立てをすることができる最初の港の管海官庁にしなければならない（799条 1 項）。船員が異議を申し立てる時期が制限されているのは，証拠の収集が容易なうちに申し立てられた異議を解決することが望ましいからである。

　管海官庁は，商法799条 1 項の規定による異議の申立てを理由があると認めるときは，商法798条の案を更正することができる（799条 2 項）。船舶所有者は，異議の申立てについての管海官庁の決定があるまでは，船員に対し，救助料の支払をすることができない（799条 3 項）。

　船舶所有者が商法798条の案の作成を怠ったときは，管海官庁は，船員の請求により，船舶所有者に対し，その案の作成を命ずることができる（800条 1 項）。船舶所有者が管海官庁の命令に従わないときは，管海官庁は，自らの決定（797条 4 項）をすることができる（800条 2 項）。「管海官庁」は，最初の港の管海官庁に限らない。

（7）積荷等についての先取特権

　救助料に係る債権を有する者は，救助された積荷等について先取特権を有する（802条 1 項）。商法802条 1 項の先取特権については，船舶およびその属具に対する先取特権に関する商法843条 2 項，844条および846条の規定を準用する（802条 2 項）。

（8）救助料の支払等に係る船長の権限

　救助された船舶の船長は，救助料の債務者に代わってその支払に関する一切の裁判上または裁判外の行為をする権限を有する（803条1項）。商法上，船長は，船籍港外においては，所定の行為を除き，船舶所有者に代わって航海のために必要な一切の裁判上または裁判外の行為をする権限を有することから（708条1項），商法803条1項の規定は，船籍港内における救助料の支払に関して，救助された船舶の船長の権限を認めたものであると解される。

　救助された船舶の船長は，救助料に関し，救助料の債務者のために，原告または被告となることができる（803条2項）。

　商法803条1項・2項の規定は，救助に従事した船舶の船長について準用する（803条1項前段）。この場合，これらの規定中「債務者」とあるのは，「債権者（当該船舶の船舶所有者及び海員に限る。）」と読み替えるものとする（803条1項後段）。このことから，救助に従事した船舶の船長もまた，救助された船舶の船長と同様の権限を有することになる。それゆえに，救助に従事した船舶の船長が訴訟を遂行した場合，判決の効力は救助料の債務者にも及ぶ。

　商法803条1項から3項までの規定は，契約に基づく救助については，適用しない（803条4項）。

（9）特別補償料

　船舶や積荷等が海難に遭遇した場合，海洋汚染などに起因する環境損害を発生させることがある。環境損害は救助者の救助行為によって防止または軽減されることから，商法は，海洋汚染に起因する環境損害を防止または軽減するための措置をとった場合について規定している（805条）。

　それによると，海難に遭遇した船舶から排出された油その他の物により海洋が汚染され，当該汚染が広範囲の沿岸海域において海洋環境の保全に著しい障害を及ぼし，もしくは人の健康を害し，または，これらの障害を及ぼすおそれがある場合において，当該船舶の救助に従事した者が当該障害の防止または軽減のための措置をとったときは，その者（汚染対処船舶救助従事者）は，特約があるときを除き，船舶所有者に対し，特別補償料の支払を請求することができる（805条1項）。すなわち，汚染対処船舶救助従事者は，救助作業で支弁した費用が救助した財産で満足できない場合には，特別補償料（支出額に相当する金額および割増金）を船舶所有者から受け取ることができる。環境損害について，海難救助統一条約の新条約草案は，「汚染，汚濁，火災，爆発その他類似の巨大事

故によって沿岸，内水又は隣接水域における人の健康又は海岸生物もしくは資源に生じた重大な物的損害」をいうとしている。

特別補償料の額は，商法805条1項に規定する措置として必要または有益であった費用に相当する額とする（805条2項）。

汚染対処船舶救助従事者がその措置により商法805条1項に規定する障害を防止し，または軽減したときは，特別補償料は，当事者の請求により，商法805条2項に規定する費用に相当する額以上当該額に100分の30（当該額が当該障害の防止または軽減の結果に比して著しく少ないことその他の特別の事情がある場合にあっては，100分の100）を乗じて得た額を加算した額以下の範囲内において，裁判所がこれを定める。この場合においては，商法793条の規定を準用する（以上，805条3項）。

汚染対処船舶救助従事者が同一の海難につき救助料に係る債権を有するときは，特別補償料の額は，当該救助料の額を控除した額とする（805条4項）。

汚染対処船舶救助従事者の過失によって商法805条1項に規定する障害を防止し，または軽減できなかったときは，裁判所は，これを考慮して，特別補償料の額を定めることができる（805条5項）。

(10) 救助料に係る債権等の消滅時効

救助料または特別補償料に係る債権は，救助の作業が終了した時から2年間行使しないときは，時効によって消滅する（806条）。2年という短期消滅時効の期間は，証拠の保全が難しいことによる。

4 非航海船の救助への準用

商法792条から807条の規定は，非航海船または非航海船内にある積荷その他の物を救助する場合について準用する（807条）。というのは，海難救助作業は非航海船にも共通しているからである。

第3節 共同海損

1 共同海損の意義

船舶の航行により，船舶所有者等は，船舶・積荷等について損害を被ることがある。このような損害を海損（広義の海損）という。

海損は，船体の消耗，燃料費，入港費などのように，船舶の航行により必然的に発生するもの（通常海損または小海損），および，偶然的または非常的に発生

するもの（非常海損）に分けられる。通常海損は，予測可能な費用なので，運送賃に組み込むことなどによって回収できる。これに対して，非常海損は，船舶または積荷等のいずれかに発生するもの（単独海損）と，船舶および積荷等に共同して発生するものに分けられる（共同海損〔General Average：GA〕）。商法では，船舶および積荷等に対する共同の危険を避けるために船舶または積荷等について処分がされたときは，当該処分（共同危険回避処分）によって生じた損害および費用は，共同海損とするとしている（808条 1 項）。

　船舶の航行中に，船舶および積荷等に共同した危険に遭遇した場合，その危険を回避するために，船舶およびまたは積荷等を処分し，その結果，船舶およびまたは積荷等が損害を被らないことがある。この場合，船舶およびまたは積荷等の全部または一部は危険を回避できたが，危険を回避するため処分された船舶およびまたは積荷等の全部または一部について損害および費用が発生した場合において（共同海損），その損害および費用を誰がどのように負担するのかが問題となる。

　共同海損は，利害関係人の国籍の違い，運送契約の締結地・船積港・陸揚港の所在国の違いなどにより，渉外関係が生じることから，1924年「ヨーク・アントワープ規則」（York-Antwerp Rules：YAR）などが海上運送関係の契約書式に摂取されており，もっとも広く利用されているのは，1994年版のヨーク・アントワープ規則（YAR 1994）（規則）である。海運の実務では，商法の規定は補充的に適用される。

2　共同海損の要件

　共同海損は，船舶および積荷等に対する共同の危険を避けるため，船舶または積荷等についてした処分（共同危険回避処分）によって生じた損害および費用について成立する（808条 1 項）。

　共同海損は，船舶および積荷等に共同の危険が存在する場合に成立する。したがって，共同の危険は，積荷の船積前および陸揚後には存在しない。船舶および人命または積荷および人命の間に共同の危険があっても，共同海損は成立しない。危険は，現実のものでなければならず，ただちに対策を講じるのが適切なほどに差し迫っているもの（切迫した危険）であれば足りる。危険は，商法が処分と保存との因果関係について定めていないので，救助者の合理的判断により認定される主観的危険で足りると解される（規則A条）。危険の発生原因は問わない。したがって，商法808条 1 項の規定は，同項の危険が過失によって

生じた場合における利害関係人から当該過失のある者に対する求償権の行使を妨げず（808条2項），共同海損は成立する。

　共同海損は，共同危険回避処分によって損害および費用が生じる必要がある（808条1項）。共同危険回避処分は，故意で異常なものでなければならない（規則A条1項）。

　共同海損は，共同危険回避処分と相当因果関係のある損害および費用であることを要する。損害または費用が発生すれば足りる。共同海損となる損害および費用は，共同安全または共同利益を増進しなくとも，処分と相当因果関係があるものをいう。

　共同海損が成立するためには，船舶または積荷のいずれかが，一時的にでも保存されたことを要する。

3　共同海損の精算の効果

（1）総　　論

　共同海損が成立すると，共同海損行為によって生じた損害および費用は，利害関係人によって分担される。共同海損の精算の原則は，海難に遭遇した共同の危険体の構成員が他の構成員の犠牲により共同の危険を免れた場合，保存された利益の割合に応じて，利益の限度でその犠牲を分担し，犠牲を被った他の構成員も平等に犠牲を分担することにある。

　共同海損の精算を行うためには，これを分担する財産（分担財団）の範囲および価額を確定しなければならない。

（2）共同海損となる損害または費用

　共同海損となる損害の額は，次に掲げる区分に応じ，当該区分に定める額によって算定する（809条1項本文）。すなわち，①船舶については，到達の地および時における当該船舶の価格，②積荷については，陸揚げの地および時における当該積荷の価格，③積荷以外の船舶内にある物については，到達の地および時における当該物の価格，④運送賃については，陸揚げの地および時において請求することができる運送賃の額をいう。

　①について，「到達の地」とは，当該船舶が予定していた地をいい，そこに到達できなかった場合，現実に航海が終了した地をいう。「価格」は，市場価格を標準にし，無事に到達していたならば有していたであろう価格から，現存価額または売却価格を控除した額が損害額となる。船舶が修繕可能であった場合，修繕に要した費用を基準にして損害が評価される。②について，「陸揚げ

の地」は，陸揚港が異なる積荷が処分された場合には，積荷ごとに異なる。「陸揚げの時」とは，陸揚げの終了時点である。市場価格を標準にして，積荷の損害額が評価される。③について，属具などが該当すると解される。④について，積荷の利害関係人が負担することになる。船舶を処分することにより運送が中止になった場合，運送人は運送賃の支払請求権を全部または一部失うことがあるが，運送人が割合運送賃を取得した場合には，これを合意された運送賃から控除しなければならない。なお，②④の額については，積荷の滅失または損傷のために支払うことを要しなくなった一切の費用（関税・陸揚荷役費用等）の額を控除する（809条1項ただし書）。

　船荷証券その他積荷の価格を評定するに足りる書類（価格評定書類）に積荷の実価より低い価額を記載したときは，その積荷に加えた損害の額は，当該価格評定書類に記載された価額によって定める（809条2項前段）。積荷の価格に影響を及ぼす事項につき価格評定書類に虚偽の記載をした場合において，当該記載によることとすれば積荷の実価より低い価格が評定されることとなるときも，同様とする（809条2項後段）。これは，実価より低い価額を記載した不実記載に対する制裁を加えるとともに，共同海損の分担の公平を期するものである。

　次の損害または費用は，利害関係人が分担することを要しない（809条3項）。すなわち，①船舶所有者に無断で船積みがされた積荷（イ），船積みに際して故意に虚偽の申告がされた積荷（ロ），高価品である積荷であって，荷送人または傭船者が運送を委託するにあたりその種類および価額を通知していないもの（ハ），甲板上の積荷（ニ），属具目録に記載がない属具（ホ）に加えた損害，および，②特別補償料が分配の対象から除かれる（809条3項1号・2号）。ただし，（ハ）に掲げる物にあっては商法577条2項1号に掲げる場合を，（ニ）に掲げる物にあっては甲板積みをする商慣習がある場合を除く（809条3項1号ただし書）。（イ）（ロ）（ハ）（ホ）については，申告・通知または記載などをしなかったことに対する制裁である。（ニ）については，甲板積の積荷は海難に遭遇した際，処分が容易であり，海難の回避方法として効果的である上に，甲板積みは通常の積付方法ではないからである。②については，海洋汚染等の除去費であることによる。

（3）共同海損の分担額

　共同海損は，次に掲げる者（船員および旅客を除く）が当該各号に定める額の割合に応じて分担する（810条1項）。

①　船舶の利害関係人は，到達の地および時における当該船舶の価格（810条1項1号）

②　積荷の利害関係人は，陸揚げの地および時における当該積荷の価格（イ）から，共同危険回避処分の時において積荷の全部が滅失したとした場合に当該積荷の利害関係人が支払うことを要しないこととなる運送賃その他の費用の額（ロ）を控除した額（810条1項2号）

③　積荷以外の船舶内にある物（船舶に備え付けた武器を除く）の利害関係人は，到達の地および時における当該物の価格（810条1項3号）

④　運送人は，第2号ロに規定する運送賃のうち，陸揚げの地および時において現に存する債権の額から，船員の給料その他の航海に必要な費用（共同海損となる費用を除く）のうち，共同危険回避処分の時に船舶および第2号イに規定する積荷の全部が滅失したとした場合に運送人が支払うことを要しないこととなる額を控除した額（810条1項4号）

共同危険回避処分の後，到達または陸揚前に船舶または積荷等について必要費または有益費を支出したときは，当該船舶または積荷等については，商法810条1項1号から3号までに定める額は，その費用（共同海損となる費用を除く）の額を控除した額とする（810条2項）。

商法810条1項に規定する者が共同危険回避処分によりその財産につき損害を受けたときは，その者については，同項各号に定める額は，その損害の額（当該財産について前項に規定する必要費または有益費を支出した場合にあっては，その費用〔共同海損となる費用に限る〕の額を超える部分の額に限る）を加算した額とする（810条3項）。

価格評定書類（809条2項）に積荷の実価を超える価額を記載したときは，その積荷の利害関係人は，当該価格評定書類に記載された価額に応じて共同海損を分担する（810条4項前段）。積荷の価格に影響を及ぼす事項につき価格評定書類に虚偽の記載をした場合において，当該記載によることとすれば積荷の実価を超える価格が評定されることとなるときも，同様とする（810条4項後段）。これは，実価を超える価額を記載した不実記載に対する制裁を加えるとともに，共同海損の分担の公平を期するものである。

（4）共同海損を分担すべき者の責任

商法810条の規定により共同海損を分担すべき者は，船舶の到達（810条1項2号または4号に掲げる者にあっては，積荷の陸揚げ）の時に現存する価額の限度にお

いてのみ，その責任を負う（811条）。

（5）共同海損の分担に基づく債権の消滅時効

共同海損の分担に基づく債権は，その計算が終了した時から1年間行使しないときは，時効によって消滅する（812条）。

（6）精算手続

共同海損の利害関係人，分担の割合および額が決定されると，精算者は，分担義務者から分担額を徴収し，分担請求者に対しては，賠償額と分担額の差額を決済する。

精算者は，船長と解されるが，海運の実務では，専門の業者である海損精算人が行う。精算地は，航海終了の地である最後の運送品の陸揚地と解される。共同海損があった場合，船長は，最初の最寄港において，官海官庁に海難報告書を提出し，各荷受人に通知する。船舶所有者の主導により，各利害関係人の間で共同海損盟約書（Average Bond）に署名がなされる。これに従い，精算がなされ，各利害関係人が精算結果を了承すれば，共同海損精算書に承諾の署名をし，手続が終了する。

第8章
海上保険

第1節　海上保険の意義・種類

1　海上保険の意義

　海上保険契約とは，損害保険契約のうち，保険者（営業として保険の引受けを行うものに限る）が航海に関する事故によって生ずることのある損害をてん補することを約するものをいう（815条1項）。「航海に関する事故」とは，沈没，転覆，座礁，座州，火災，衝突など，海上の航行に関連して生ずる一切の事故（海上危険）を包含する概念である（大判大正2・12・20民録19輯1036頁。船舶1条）。これらの事故は代表的な海上危険を例示したものであり，保険者が包括的に海上危険を担保するところに海上保険の特徴がある（包括責任主義）。

　海上保険も損害保険の一種であるから，商法第3編第7章に別段の定めがある場合を除き，保険法第2章第1節から第4節，第6節，第5章の規定を適用する（815条2項）。商法第3編第7章の規定は，その性質が許す限り，相互保険について準用する（830条）。

2　海上保険の種類

（1）船舶保険

　船舶保険とは，船舶所有者（船主）が所有する船舶について有する利益を被保険利益とする保険をいう。海運の実務では，海上保険は保険約款に基づくことから，船舶保険では，ロンドン保険業者協会（Institute of London Underwriters）が制定した「新協会期間保険約款−船舶（New Institute Time Clause − Hulls）」が標準約款に取り入れられている。日本では，船舶保険普通保険約款と，それを修正・補充する船舶保険特別約款とに基づいている。

（2）貨物海上保険

　貨物海上保険（貨物保険）とは，海上運送品（貨物）についてその所有者（荷主）が有する利益を被保険利益とする保険をいう。貨物保険は，国際貿易貨物を対象とする外航貨物保険と，沿岸輸送貨物を対象とする内航貨物保険とに大

別される。外航貨物保険は，国際貿易に密接に関係するので，国際性が強く，英文証券が使用され，一般的に，特別約款としてロンドン保険業者協会が制定した協会貨物約款（Institute Cargo Clauses：ICC）が使用される。保険者のてん補責任の有無や精算については，イギリス法（1906年英国海上保険法）や慣習に準拠する。その他の特徴として，①担保条件および保険料率は原則として保険者が自由に決定する，②戦争保険が付保される，③保険金額はCIF価額に希望利益として通常10％を加えた金額とする，④予定保険などがある。

（3）PⅠ保険

　PⅠ保険（Protection and Indemnity Insurance）とは，船主または運航者が船舶の運航に伴って負担することのある賠償責任および費用をてん補する保険であり，船主または運航者としての第三者に対する責任および雇主としての船員に対する責任（Protection risk）と，海上運送人としての荷主に対する責任（Indemnity risk）とを担保する。

第2節　保険契約の内容

1　保険の目的（保険の目的物）

　船舶保険は，海上運送を行う船舶を目的物（被保険船舶）とする。航海船であれば，公用船も目的物となる。航行しない浮きドックや灯台船などは船舶に含まれないが，船舶に準ずるものとして目的物となる。建造中の船舶も，船台にキールを据え付けた後は建造保険において船舶として扱われる。商法上，船舶は合成物であり，船体の他に，機関や操舵機なども船舶の一部となる。属具目録に記載された属具もその従物と推定されることから（685条1項），目的物に含まれる。保険の実務では，目的物が拡大されており，属具および備品や燃料，食料その他の消耗品等で，船舶の使用目的に供するため船舶内に存在するすべての物が目的物となる（船舶約2条1項）。

　貨物保険は，海上運送中の貨物を目的物（被保険貨物）とする。

2　保険者のてん補責任

（1）担保危険

　商法上，保険者は，商法第3編第7章または海上保険契約に別段の定めがある場合を除き，保険の目的について，保険期間内に発生した航海に関する事故によって生じた一切の損害をてん補する責任を負う（816条）。「航海に関する事

故」は，船舶の海上航行に関連して生じる一切の事故を包含するので，内水航行中または停泊中の危険も，主たる航海に付随したものである限り，引き受けられる。

　保険者は，海難の救助または共同海損の分担のため被保険者が支払うべき金額をてん補する責任を負う（817条1項）。一部保険について定める保険法19条の規定は，商法817条1項に規定する金額について準用する（817条2項前段）。この場合，「てん補損害額」とあるのは，「商法（明治32年法律第48号）第817条第1項に規定する金額」と読み替えるものとする（817条2項後段）。

（2）船舶保険契約のてん補範囲

（i）総　　論

　保険者がてん補することのある損害は，航海に関する事故によって被保険利益に生じた損害（直接損害）であり，海上危険から生じた損害であっても，保険に付されなかった利益に生じた損害（間接損害）はてん補されない。すなわち，被保険船舶が他船と衝突した場合に，被保険船舶に生じた物的損害は船舶の所有者利益に生じた直接損害であるから，船舶保険でてん補されるのに対して，損害防止費用や衝突損害賠償金のような費用損害や責任損害は間接損害なので，てん補されない。しかし，法律または約款において，直接損害でもてん補しない消極的例外と，間接損害でもてん補する積極的例外が認められており，後者では，保険者は共同海損分担額についててん補責任を負う。

　代表的約款である第5種特別約款では，以下の損害および費用がてん補される。

（ii）てん補範囲

（ア）全損　「全損」とは被保険船舶の滅失をいい，船舶が沈没して救助が物理的に不可能な場合や，座礁などの遭難により船舶としての原形をとどめないほど破損した場合などが該当する。修繕費などが保険価額を超過する（経済的に修繕が不可能である）場合や，一定期間にわたって船舶が行方不明となった場合なども，全損として取り扱われる（船舶約3条）。

（イ）修繕費　海難事故によって被保険船舶が被った損傷を，損傷発生直前の状態に復旧するために要する妥当な費用をいう（船舶約4条）。

（ウ）共同海損分担額　共同海損の精算によって被保険船舶が分担すべき額をいう（船舶約5条）。

（エ）衝突損害賠償金　被保険船舶が他船と衝突したことにより，他船もし

くは他船上の積荷またはその他の財物に生じた損害について，被保険者が負担する損害賠償金をいう（船舶約6条）。これは責任保険であり，船舶保険の保険金額を限度として保険金が支払われる。損害賠償金がてん補される衝突損害は，他船もしくは他船上の積荷またはその他の財物に限られる。したがって，他船の乗組員などの人命損害，船舶の引揚げなどに要する費用，海洋汚染損害，ブイや岸壁等への衝突によって生じた損害などは，ＰＩ保険でてん補される。

（オ）損害防止費用　　被保険船舶が海難事故に遭遇した場合の損害防止費用および救助料，第三者に対する請求権などの保全費用，応訴費用や仲裁費用をいう（船舶約7条）。

（カ）火災消火・汚染防止損害　　火災消火や汚染防止などのために公権力が講じた緊急措置から生じた損害をいい，費用を含まない（船舶約8条）。

（3）貨物保険契約のてん補範囲

（ⅰ）保険約款

外航貨物保険の英文保険証券および保険約款として利用されているのは，一般的に，①ロイズSG（Ship and Goods）証券に準拠した約款を本文とし，これを旧協会貨物約款，協会戦争約款および協会ストライキ約款などの各種約款で変更ないし補充する形式をとる書式（旧書式），②1982年に制定された新協会貨物約款による自己完結的な書式（新書式）などである。

（ⅱ）担保危険

新協会貨物約款には，担保危険の数により，Ａ・Ｂ・Ｃの3種類がある。約款Ａでは，保険者は原則として一切の危険を担保する（オール・リスクス担保）。約款Ｂ・Ｃでは，担保危険が具体的に列挙され，旧約款が使用する海固有の危険（Perils of the seas）や，その他一切の同種危険（All other perils）という包括的な概念は排除されている。新協会貨物約款は，各約款に共通する免責危険として，被保険者の故意の違法行為，通常の濡損，重量または容積の通常の減少および自然消耗，梱包の不十分，貨物の固有の瑕疵，遅延，船舶の不堪航，原子力兵器の使用による損害，戦争危険，ストライキ危険などを規定している。

（ⅲ）てん補範囲

担保危険が現実となった保険事故による損害が発生した場合，保険者は，以下の範囲で損害（直接損害，費用損害，責任損害）をてん補する責任を負う。

（ア）全損　　現実全損と推定全損とがある。「推定全損」とは，法律の解釈または擬制によって全損とみなす損害をいう。

（イ）分損　ここでの分損とは，貨物の一部の滅失損傷のうち，荷主が単独で費用を負担する単独海損をいう。

（ウ）救助料　救助契約によらず任意になされた救助行為に対して，救助者に支払われる報酬をいう。

（エ）共同海損　貨物保険でてん補される共同海損は，共同海損犠牲の他に，共同海損費用および分担金をいう。

（オ）単独費用　貨物の安全または保存のために被保険者が支出した費用で，共同海損費用および救助料以外のものをいう。損害防止費用と特別費用とからなる。

（カ）付帯費用　損害の原因や損害額の確定および証明のために被保険者が支出する費用をいう。

（キ）双方過失衝突の損害賠償金　船舶の衝突が双方の過失による場合，船荷証券の双方過失衝突条項によって，貨物の所有者は，相手船から回収した損害賠償金の半額を積載船の所有者に支払う義務を負うことがある。この義務は，貨物の所有者が，積載船の所有者の相手船に対する損害賠償責任を分担する趣旨である。この場合，貨物保険によって貨物の所有者の賠償額がてん補される。

3　保険価額

　保険価額は保険事故が発生した地および時において算定されるのが原則であるが（保18条1項参照），その算定が難しいので，海上保険では，保険価額不変更主義がとられる。すなわち，商法上，船舶保険契約の保険価額は，保険期間の始期における船舶の価額とし（818条），貨物保険契約の保険価額は，貨物の船積みがされた地および時における貨物の価額，運送賃ならびに保険に関する費用の合計額を保険価額とする（819条）。保険の実務においても，保険事故後に保険価額を評価する際の紛争を防止するために，保険契約の締結の時に保険者と保険契約者との間で保険価額を協定する評価済保険の方式をとり，協定された保険価額は，保険期間中，変更されない。船舶保険の保険金額は通常は協定保険価額と同額であり，全部保険となる。しかし，船価が暴落し，実際の船価が保険価額を大きく下回ることがある。この場合，保険契約者側において保険金の取得を目的として保険事故を惹き起こすなどの道徳的危険（モラル・ハザード）を誘発するおそれがあるので，約款上，保険期間中に目的物の価額が著しく減少したときは，保険者は保険金額を減額することができる（船舶約18条2項）。

4　保険期間

　保険者は，保険期間内に発生した航海に関する事故によって生じた損害をてん補する責任を負う（816条）。保険期間には，暦日よる期間保険，一定の航海による航海保険，期間と航海の双方による混合保険がある。約款では，船舶が発航港において発航のために係留索を解き始めた時または錨を揚げ始めた時に始まり，到達港に入った後24時間を経過した時に終わる（船舶約10条3項）。また，約款では，船舶の航行中または損害が確定する以前に保険期間が満了する場合を考慮して，継続約款を定め，保険契約者側の利益の保護を図っている。

第3節　保険契約の成立過程

1　告知義務

　保険契約者または被保険者になる者は，海上保険契約の締結に際し，海上保険契約によりてん補することとされる損害の発生の可能性（危険）に関する重要な事項について，事実を告知する義務を負う（820条）。保険者は，保険契約者または被保険者が，危険に関する重要な事項について，故意または重大な過失により事実の告知をせず（不告知），または不実の告知をした（不実告知）ときは，海上保険契約を解除することができる（829条前段）。この場合，告知義務について定める保険法28条2項（1号に係る部分に限る）および4項ならびに31条2項（1号に係る部分に限る）の規定を準用する（829条後段）。

2　契約締結時に交付すべき書面（保険証券）の記載事項

　保険者が海上保険契約を締結した場合においては，保険法6条1項に規定する書面（保険証券）には，同項各号に掲げる事項のほか，船舶保険契約および貨物保険契約の区分に応じ，①船舶保険契約を締結した場合には，船舶の名称，国籍，種類，船質，総トン数，建造の年および航行区域（一の航海について船舶保険契約を締結した場合にあっては，発航港および到達港〔寄航港の定めがあるときは，その港を含む〕）ならびに船舶所有者の氏名または名称，②貨物保険契約を締結した場合には，船舶の名称ならびに貨物の発送地，船積港，陸揚港および到達地を記載しなければならない（821条）。書面は保険契約の内容を明確にするものであり，証拠としての機能も果たす。

3　予定保険

　海運の実務上，貨物保険契約の締結時に，船積みする貨物の数量，積載する

船舶等が確定していない場合がある。このような場合，貨物の数量・金額等について概算で保険契約を締結することがある。これを予定保険契約という。予定保険について，商法は次のように定めている。すなわち，貨物保険契約において，保険期間，保険金額，保険の目的物，約定保険価額，保険料もしくはその支払の方法，船舶の名称または貨物の発送地，船積港，陸揚港もしくは到達地（保険期間等）につきその決定の方法を定めたときは，保険法6条1項に規定する書面には，保険期間等を記載することを要しない（825条1項）。保険契約者または被保険者は，商法825条1項に規定する場合において，保険期間等が確定したことを知ったときは，遅滞なく，保険者に対し，その旨の通知を発しなければならない（825条2項）。保険契約者または被保険者が故意または重大な過失により遅滞なく通知をしなかったときは，貨物保険契約は効力を失う（825条3項）。

第4節　保険契約の進行過程

1　航海の変更

保険期間の始期の到来前に航海の変更をしたときは，海上保険契約は効力を失う（822条1項）。「航海の変更」とは，予定の航路を変更（離路）することをいう。保険者は，保険期間内に航海の変更をしたときは，変更以後に発生した事故によって生じた損害をてん補する責任を負わないが，変更が保険契約者または被保険者の責めに帰することができない事由によるものであるときは，損害をてん補する責任を負う（822条2項）。到達港を変更し，その実行に着手した場合には，海上保険契約で定める航路を離れないときであっても，航海の変更をしたものとみなす（822条3項）。

2　著しい危険の増加

保険料を増額して対応することが難しい程度の危険の増加を「著しい危険の増加」という。次の場合，保険者は，その事実が生じた時以後に発生した事故によって生じた損害を，著しい危険の増加があったとして，てん補する責任を負わない（823条本文）。すなわち，①被保険者が発航または航海の継続を怠ったとき，②被保険者が航路を変更したとき，③①②の他，保険契約者または被保険者が危険を著しく増加させたときをいう。ただし，当該事実が当該事故の発生に影響を及ぼさなかったとき，または保険契約者もしくは被保険者の責め

に帰することができない事由によるものであるときは，保険者は責任を負う（823条ただし書）。

3　船舶の変更

　貨物保険契約で定める船舶を変更したときは，保険者は，その変更以後に発生した事故によって生じた損害をてん補する責任を負わない（824条本文）。というのは，船舶の変更により，貨物に関する危険の程度が変わり，約定した保険料では不足する場合があるからである。ただし，その変更が保険契約者または被保険者の責めに帰することができない事由によるものであるときは，保険者は損害をてん補する責任を負う（824条ただし書）。

第5節　保険契約の処理過程

1　保険者の免責

（1）商法の規定

　保険者は，航海に関する一切の海上危険を担保する。しかし，損害の発生原因が公序良俗（民90条）に反する場合，および保険の本質を害する場合，ならびに，保険運営の技術上必要とされる場合には，保険者はてん補責任を負わず，免責される（826条1号～5号）。すなわち，①目的物の性質もしくは瑕疵または通常の損耗によって生じた損害，②保険契約者または被保険者の故意または重大な過失（責任保険契約では故意）によって生じた損害，③戦争その他の変乱によって生じた損害，④船舶保険契約にあっては，発航の当時，商法739条1項各号（707条および756条1項において準用する場合を含む）に掲げる事項を欠いたことにより生じた損害，⑤貨物保険契約にあっては，貨物の荷造りの不完全によって生じた損害については，保険者は免責される。ただし，④の損害にあっては，保険契約者または被保険者が発航の当時，同号に規定する事項について注意を怠らなかったことを証明したときは，保険者は損害をてん補する（826条ただし書）。

（2）約款の規定

　約款では，①戦争危険，海賊行為，ストライキまたは原子力危険などの客観的事由（船舶約11条），②保険契約者，被保険者または保険金受取人の故意または重過失などの主観的事由（船舶約12条），③船舶の自然消耗，欠陥または不堪航などの事由（船舶約13条）によって生じた損害については，保険者は免責され

る。

　さらに，危険の変動など一定の事由が生じた場合には，保険者はその後は免
責される。本来は危険変動の問題であるが，保険約款には便宜上これを爾後免
責として次のように規定している（船舶約14条）。すなわち，①船舶が安全に航
海を行うために必要な検査を受けなかった場合，②船級が変更または抹消され
た場合，③船舶が航路定限（期間保険において限定される船舶の航行区域）外を航行
した場合が該当する。また，切迫した危険の回避，人命救助または船上にある
者の医療のためである場合を除いて，船舶が保険者の承諾なく航路定限を逸脱
したときは，以後に生じた損害については，保険者は免責される。

2　貨物の損傷等の場合のてん補責任

　保険の目的物である貨物が損傷し，またはその一部が滅失して到達地に到着
したときは，保険者は，商法827条1号の額の同条2号の額に対する割合を保
険価額（約定保険価額があるときは，約定保険価額）に乗じて得た額をてん補する責
任を負う（827条柱書）。その額には，①貨物に損傷または一部滅失がなかった
とした場合の貨物の価額から損傷または一部滅失後の貨物の価額を控除した額，
②貨物に損傷または一部滅失がなかったとした場合の貨物の価額が該当する。

3　不可抗力による貨物の売却の場合のてん補責任

　航海の途中において不可抗力により保険の目的物である貨物が売却されたと
きは，保険者は，商法828条1号に掲げる額から2号に掲げる額を控除した額
をてん補する責任を負う（828条柱書）。その額には，①保険価額（約定保険価額が
あるときは，当該約定保険価額）（828条1号），②貨物の売却によって得た代価から
運送賃その他の費用を控除した額（828条2号）が該当する。

第6節　PI保険

1　PI保険の引受主体

　PI保険を専門に引き受ける保険者はPIクラブと呼ばれる。PIクラブは
船主または運航者の相互保険組合という事業形態をとっており，営利を目的と
しない相互組織であるところに特色が見られる。わが国では，船主相互保険組
合法（昭和26年法律第177号）に基づいて設立され，定款で運用されている日本船
主責任相互保険組合が唯一のPIクラブである。

　日本船主責任相互保険組合は，木船以外の船舶の所有者もしくは賃借人また

は用船者（傭船者），運航受諾者，船舶管理人および船員配乗者を組合員とする（定款8条）。組合員は，出資金および保険料を負担し（定款32条〜36条），組合は保険者として，組合員が所有ないし運航する船舶の事故によって生じた責任および費用を担保する（定款37条）。

2　ＰＩ保険によるてん補の範囲

　船舶保険でてん補する損害は，ＰＩ保険のてん補範囲から除外される。保険運営の技術上，基準てん補の範囲が定められ，これを超える危険は特約で担保される。

　日本船主相互保険組合の内航船保険の基準てん補の範囲に含まれる責任および費用は，以下の通りであり，運送人としての積荷に関する責任は特約で担保される（定款37条）。すなわち，①船員および船客に関する責任および費用，②船員および船客以外の人に関する責任および費用，③財物などに関する責任および費用（港湾設備などに生じた損害に関する責任，接触および衝突以外の原因により第三者の船舶または積荷その他の財物に生じた損害に関する責任，船骸などの撤去の費用など），④水質汚濁過怠金，⑤責任防衛などのための費用である。

第9章
船舶先取特権・船舶抵当権・強制執行

第1節　総　　論

　海上企業は，船舶を建造したり，運航する際，資金を調達することがある。これに対応するために，商法は船舶先取特権および船舶抵当権に関する規定を定めており，船主責任制限法および船舶油濁損害賠償保障法も船舶先取特権の規定を定めている。また，船舶は高価であることから，債権者にとって弁済を強制する手段として船舶に対する強制執行が有効であるが，船舶に対する強制執行は動産に対する強制執行の手続によることが適当ではないので，民事執行法に固有の規定が定められている。

第2節　船舶先取特権

1　船舶先取特権の意義
　船舶先取特権とは，船舶に関する法定された特定の債権を有する債権者に，船舶および属具について認められる海商法上の特殊な先取特権をいい（842条），その限りにおいて，法定担保物権である。船舶先取特権は，民法上の先取特権の一種であることから，船舶先取特権が生じる債権を有する者は，船舶等につき優先弁済権を行使することができる。

2　船舶先取特権を生ずる債権
（1）商法の定める債権
　次の債権を有する者は，船舶および属具について船舶先取特権を有する（842条）。

　①　船舶の運航に直接関連して生じた人の生命または身体の侵害による損害賠償請求権（842条1号）　　船舶の運航に起因する人の死亡または負傷による損害賠償請求権は，最も優先される債権である（843条1項本文）。

　②　救助料に係る債権または船舶の負担に属する共同海損の分担に基づく債

権（842条2号）　　船舶は，海難救助または共同海損行為などによって滅失損傷を免れることがあるので，これらの債権も担保の原因となる債権である。「救助料に係る債権」には，契約に基づく債権も含まれると解される。

③　国税徴収法（昭和34年法律第147号）もしくは国税徴収の例によって徴収することのできる請求権であって，船舶の入港，港湾の利用その他船舶の航海に関して生じたもの，または，水先料もしくは引き船料に係る債権（842条3号）

　トン税，入港税，灯台税などの船舶が公共施設を利用する代償であり，国庫の歳入を確保するための規定である。水先案内および曳船は船舶が航海を行うために必要なものであり，これらによる債権は共同の利益のために生じたものである。

④　航海を継続するために必要な費用に係る債権（842条4号）　　船舶の修繕・必需品の購入・積荷処分などによる債権である。「航海」とは，船舶が船籍港を出て，船籍港に寄港するまでの航海をいう（最判昭和58・3・24判時1077号126頁）。この債権について，最高裁昭和59年3月27日判決（判時1116号133頁〔商百選108〕）では，船舶所有者が締結した契約に基づき航行中の遠洋漁船に補給された燃料油や食料などの代金債権も含まれるとしている。

⑤　雇用契約によって生じた船長その他の船員の債権（842条5号）　　船長その他の船員の生活を保護するための規定である。送還費（船員47条以下），船員の給料その他の報酬（船員52条以下），療養補償費（船員89条以下）などは該当するが，雇止手当（船員46条）は船員の労働の対価ではないので，この債権にはあたらない（福岡高判昭和58・9・28判時1109号130頁）。「その他の船員」には，水先人や曳船業者は含まれない。

　船舶先取特権は法定担保物権であるから，商法842条での列挙は制限的列挙であり，船舶所有者の陸上の使用人の給与債権について船舶上に先取特権が生じることがあっても，それは船舶先取特権にあたらないと解される。

（2）特別法の定める債権

　制限債権者は，制限債権（物の損害に関する債権に限る）に関し，船舶先取特権が認められる（船責95条1項）。制限債権者は，船舶所有者などからは制限債権の対抗を受けるが，他の債権者は船舶所有者に対して無限責任を追及できることから，制限債権者が不利益になることを考慮したものである。この先取特権は，商法842条5号の先取特権の次順位となる（船責95条2項）。

　タンカー油濁損害に係る制限債権者は，制限債権につき，先取特権が認めら

れる（油濁55条1項）。この先取特権は，商法842条5号の先取特権の次順位となる（油濁55条2項）。

3　船舶先取特権の目的物

船舶先取特権が認められるのは，債権を発生させた船舶およびその属具である（842条柱書，船責95条1項，油濁55条1項）。目的物となる船舶は，債権者が権利を実現するときのものである。船舶が滅失損傷した場合に船舶所有者が取得する保険金請求権や，船舶の滅失損傷が第三者の行為により生じた場合に船舶所有者が取得する第三者に対する損害賠償請求権などについては，物上代位によって船舶先取特権が及ぶ（民304条1項）。難破物のように，船舶としての価値を失っている場合には，船舶先取特権はその物の上に及ぶ。

4　船舶先取特権の順位

（1）船舶先取特権相互間の順位

商法842条各号に掲げる船舶先取特権が互いに競合する場合には，優先権の順位は，同条各号に掲げる順序に従う（843条1項本文）。商法842条には，厚く保護する必要がある債権から順次列挙しているからである。ただし，商法842条2号に掲げる債権で救助料に係る船舶先取特権は，債権の発生の時においてすでに生じている他の船舶先取特権に優先する（843条1項ただし書）。

同一順位の船舶先取特権を有する者が数人あるときは，これらの者は，債権額の割合に応じて弁済を受ける（843条2項本文）。ただし，商法842条2号から4号までに掲げる債権にあっては，同一順位の船舶先取特権が同時に生じたものでないときは，後に生じた船舶先取特権が前に生じた船舶先取特権に優先する（843条2項ただし書）。

船主責任制限法および船舶油濁損害賠償保障法に定める船舶先取特権は，商法842条5号の先取特権に次ぐ同一の順位とされている（船責95条2項・3項，油濁55条2項・3項）。

（2）船舶先取特権と他の担保物権との間の順位

（ⅰ）他の先取特権との関係

船舶先取特権と他の先取特権とが競合する場合には，船舶先取特権は，他の先取特権に優先する（844条）。船舶先取特権の優先を認めなければ，船舶先取特権を認めた意味が失われるからである。

（ⅱ）船舶抵当権との関係

船舶先取特権と船舶抵当権とが競合する場合には，船舶先取特権は，船舶抵

当権に優先する（848条1項，船責95条3項，油濁55条3項）。これは，船舶抵当権は約定担保物権であることから，法定担保物権である船舶先取特権の債権者を保護するためである。船舶抵当権と船舶先取特権を除く先取特権とが競合する場合には，船舶抵当権は，動産の先取特権の順位を定めた民法330条1項に規定する第1順位の先取特権と同順位とする（848条2項）。

（ⅲ）留置権との関係

船舶先取特権を有する債権者が船舶を競売しても，留置権は存続し，買受人は留置権者に債権額を弁済しなければ，目的物を引き渡してもらえないので（民執189条），留置権が船舶先取特権に優先すると解される。

5　船舶先取特権の効力

船舶先取特権は，目的物について競売権および優先弁済権が認められる（民執189条，民303条）。登記船の場合，不動産と同じく，商法845条が追及効（目的物が債務者である船舶所有者から第三者に譲渡された場合の追求権）を前提とする除斥方法を定めていることから，船舶および属具の上に先取特権の追及効が当然に認められる。

6　船舶先取特権の消滅

船舶先取特権は，先取特権に関する民法上の一般消滅原因によって消滅するが，商法などは固有の消滅原因を定めている。

①　船舶の譲渡の場合（845条，船責95条3項，油濁55条3項）　船舶所有者が船舶を譲渡したときは，譲受人は，登記をした後，船舶先取特権を有する者に対し，一定の期間内にその債権の申出をすべき旨を公告しなければならず，この場合，その期間は1ヶ月を下ることができない（845条1項）。船舶先取特権を有する者が商法845条1項の期間内に同項の申出をしなかったときは，船舶先取特権は消滅する（845条2項）。船舶先取特権の追及効は船舶および属具に及ぶ。

②　発生後1年の経過（846条，船責95条3項，油濁55条3項）　船舶先取特権は，発生後1年を経過したときは，消滅する。この期間は除斥期間である。1年という短期消滅としているのは，船舶の担保的価値を維持することで，債権者の利益を図るためである。

第3節 船舶抵当権

1 船舶抵当権の意義・目的物

　船舶抵当権とは，登記船舶を目的とする商法上の特殊な抵当権をいい（847条1項），その限りにおいて，法定担保物権である。船舶は，船舶所有者の重要な資産なので，有力な担保物なる。しかし，登記船舶は質権の目的とすることができない（849条）。というのは，登記船舶に質権の設定を認めると，船舶所有者は船舶の占有を失う結果，それを利用することができず，また，債権者は船舶を適切に利用できないからである。

　船舶抵当権は，登記した船舶および属具に及ぶ（847条2項）。船舶共有の場合，船舶に対する共有者の持分も抵当権の目的物となる。

2 不動産の抵当権に関する規定の準用

　船舶は不動産的取扱いを受けることから（687条・847条），船舶抵当権には，不動産の抵当権に関する規定を準用する（847条3項前段）。この場合，民法384条1号中「抵当権を実行して競売の申立てをしないとき」とあるのは，「抵当権の実行としての競売の申立て若しくはその提供を承諾しない旨の第三取得者に対する通知をせず，又はその通知をした債権者が抵当権の実行としての競売の申立てをすることができるに至った後1週間以内にこれをしないとき」と読み替えるものとする（847条3項後段）。

3 船舶抵当権の順位

（1）船舶抵当権相互間の関係

　船舶抵当権には，不動産の抵当権に関する規定が準用されることから（847条3項前段），同一船舶上に複数の船舶抵当権が競合する場合，その順位は登記の前後により決まる（民373条）。

（2）留置権との関係

　船舶抵当権は船舶留置権に優先すると解される。

（3）船舶賃借権との関係

　船舶賃借権との関係では，登記の前後による（701条）。

4 船舶抵当権の効力

　船舶抵当権には，不動産の抵当権に関する規定が準用されるので（847条3項前段），その効力について，競売権および優先弁済権が認められる。すなわち，

船舶所有者が船舶を堪航能力のないまま航海の用に供したりするなどの場合には，期限の利益を喪失し，ただちに弁済を請求することができる（民137条2号）。

第4節　製造中の船舶への準用

　商法「第3編海商　第8章　船舶先取特権及び船舶抵当権」の規定（842条〜850条）は，製造中の船舶について準用する（850条）。製造中の船舶は船舶ではないが，海上企業者は船舶の製造のために巨額の資金を必要とすることから，商法は海上企業を支援するために定めている。

第5節　船舶に対する強制執行等

1　船舶に対する強制執行・仮差押え

　総トン数20トン以上の船舶（端舟その他ろかいまたは主としてろかいをもって運転する舟を除く）に対する強制執行（船舶強制執行）は，強制競売の方法により行う（民執112条）。船舶強制執行については，強制競売の開始決定の時の船舶の所在地を管轄する地方裁判所が，執行裁判所として管轄する（民執113条）。執行裁判所は，強制競売の手続を開始するには，強制競売の開始決定をし，かつ，執行官に対し，船舶の国籍を証する文書その他の船舶の航行のために必要な文書（船舶国籍証書等）を取り上げて，執行裁判所に提出すべきことを命じなければならない（民執114条1項）。強制競売の開始決定においては，債権者のために船舶を差し押さえる旨を宣言し，かつ，債務者に対し船舶の出航を禁止しなければならない（民執114条2項）。強制競売の開始決定の送達または差押えの登記前に執行官が船舶国籍証書等を取り上げたときは，差押えの効力は，その取上げの時に生ずる（民執114条3項）。船舶執行の申立て前に船舶国籍証書等を取り上げなければ船舶執行が著しく困難となるおそれがあるときは，その船舶の船籍の所在地（船籍のない船舶にあっては，最高裁判所の指定する地）を管轄する地方裁判所は，申立てにより，債務者に対し，船舶国籍証書等を執行官に引き渡すべき旨を命ずることができ，急迫の事情があるときは，船舶の所在地を管轄する地方裁判所も，この命令を発することができる（民執115条1項）。

　船舶に対する仮差押えの執行は，仮差押えの登記をする方法，または執行官に対し船舶の国籍を証する文書その他の船舶の航行のために必要な文書（船舶

国籍証書等）を取り上げて，保全執行裁判所に提出すべきことを命ずる方法により行う（民全48条1項）。仮差押えの登記をする方法による仮差押えの執行は仮差押命令を発した裁判所が，船舶国籍証書等の取上げを命ずる方法による仮差押えの執行は船舶の所在地を管轄する地方裁判所が，保全執行裁判所として管轄する（民全48条2項）。

2　差押え・仮差押えの制限

　差押えおよび仮差押えの執行（仮差押えの登記をする方法によるものを除く）は，停泊中の船舶を除き，航海中の船舶に対してすることができない。

事項索引

判例索引

［著者紹介］

岡田　豊基（おかだ　とよき）

1977年　大阪市立大学法学部卒業
1984年　神戸大学大学院法学研究科博士後期課程単位取得退学
　　　　鹿児島大学法文学部助教授
1987年　神戸学院大学法学部助教授
1993年　神戸学院大学法学部教授
博士（法学）

〔主要著書・主要論文〕
『現代企業法入門〔第4版〕』（中央経済社・2006年・共著）
『請求権代位の法理―保険代位論序説―』（日本評論社・2007年）
『レクチャー新保険法』（法律文化社・2011年・共著）
『現代保険〔第2版〕』（中央経済社・2017年）
『現代商法総則・商行為法』（中央経済社・2018年）

現代保険法・海商法

2020年4月1日　第1版第1刷発行

著　者　岡　田　豊　基
発行者　山　本　　継
発行所　㈱中央経済社
発売元　㈱中央経済グループ
　　　　パブリッシング

〒101-0051　東京都千代田区神田神保町1-31-2
電　話　03(3293)3371(編集代表)
　　　　03(3293)3381(営業代表)
http://www.chuokeizai.co.jp/
印刷／㈱堀内印刷所
製本／㈲井上製本所

©2020　Printed in Japan

※頁の「欠落」や「順序違い」などがありましたらお取り替えいたし
ますので発売元までご送付ください。（送料小社負担）
ISBN978-4-502-34061-1　C3032

判例法理
取締役の監視義務
● 近藤光男編

取締役の責任をめぐる論点のうち「監視義務」についての訴訟を分析する。研究者と弁護士が昭和25年商法改正以降の判例について網羅的に検討を重ねた上で，コメントを付する。

A5判・ハードカバー・536頁

判例法理
経営判断原則
● 近藤光男編

取締役の責任追及に重要な役割を果たす「経営判断原則」の法理。その評価は論者によって大きく異なっている。研究者・弁護士が過去の判例を検討し，約120例を取り上げて分析。

A5判・ハードカバー・440頁

証券会社の経営破綻と資本市場法制
──投資者保護基金制度を中心に
● 松岡啓祐著

証券会社破綻時の法的対応について，投資者保護基金制度の活用を念頭において検討する。金融資本市場の先進国であるアメリカの法制度から，日本における規制のあり方に示唆を得る。

A5判・ハードカバー・360頁

組織再編の法理と立法
──利害関係者の保護と救済
● 受川環大著

会社の組織再編等における利害関係者の保護・救済について，わが国の会社法や金融商品取引法等の解釈上・立法上の諸問題を，ドイツ法を比較対象としながら検討する研究書。

A5判・ハードカバー・448頁

内部統制と会社役員の法的責任
● 伊勢田道仁著

会計不正等の企業不祥事が続き内部統制システムの有効性が疑われる状況にあるのは，その意義への理解が不十分であるとの問題意識から，錯綜する判例・学説を整理し，理論的検討を行う。

A5判・ハードカバー・304頁

中央経済社

日本の資本主義と会社法
──グローバルな基準への提言
●森田　章著

グローバルな競争にさらされる資本主義経済のインフラとして，わが国の制度の課題を論ずる。法が，起業家精神あふれる経営者の枷とならないために，規制のあり方を検討する。

A5判・ハードカバー・256頁

会社の目的と取締役の義務・責任
──CSRをめぐる法的考察
●畠田公明著

営利を目的とする企業活動と社会的責任の関係について，企業価値最大化の視点から分析・検討を行うとともに，企業の社会的責任をめぐ経る営者の義務と法的責任を明らかにする。

A5判・ハードカバー・328頁

企業結合法制の将来像
●高橋英治著

独コンツェルン法制の発展過程を通史的に扱い，その特異な構造を解明。その分析を基礎に，わが国における従属会社の少数株主保護のあり方を立法論に至るまで検討・提示した労作。

A5判・ハードカバー・324頁

会社法の規制緩和における司法の役割
●玉井利幸著

わが国会社法の規制緩和・自由度の拡大を踏まえ，それがもたらす危険性に事後的に是正を加える裁判所の役割を重視し，自由の制約方法を米デラウェア州法による司法判断をもとに詳論。

A5判・ハードカバー・360頁

社債権者保護の法理
●森まどか著

社債権者と株主の利害を調整が，企業価値増加に資する可能性があるとの視点から，社債をめぐる諸制度を考察。社債不履行が多発するなかで，制度再評価の方法論までを提言。

A5判・ハードカバー・284頁

中央経済社

「Q&Aでわかる業種別法務」シリーズ

――――――― 日本組織内弁護士協会〔監修〕 ―――――――

　インハウスローヤーを中心とした執筆者が，各業種のビジネスに沿った法務のポイントや法規制等について解説するシリーズです。自己研鑽，部署のトレーニング等にぜひお役立てください。

Point

- 実際の法務の現場で問題となるシチュエーションを中心にQ&Aを設定。
- 執筆者が自身の経験等をふまえ，「実務に役立つ」視点を提供。
- 参考文献や関連ウェブサイトを随所で紹介。本書を足がかりに，さらに各分野の理解を深めることができます。

〔シリーズラインナップ〕

銀行 ……………………………………	好評発売中
不動産 …………………………………	好評発売中
自治体 …………………………………	好評発売中
医薬品・医療機器 ……………………	好評発売中
証券・資産運用 ………………………	好評発売中
製造 ……………………………………	続　　刊
建設 ……………………………………	続　　刊
学校 ……………………………………	続　　刊

中央経済社